아시아라는 사유공간

아시아라는 사유공간

쑨 꺼 지음 류준필 외 옮김 류준필 대담

동아시아의
비판적 지성

창비
Changbi Publishers

■

비판적 지성이 만드는 동아시아

16세기에 지리적 명칭으로 도입된 '아시아'는 굴욕과 영광의 언어이다. 19세기 후반 서세동점의 역사 속에서 서양의 문명적 표준에 비춰진 동아시아는 '야만' 또는 '반야만'으로 위치지어진 이후로 그로부터의 탈출을 역사적 과제로 삼는 피동적 존재였다. 그러나 동아시아는 또한 이 지역 인민이 제국주의에 대항하기 위한 지역연대를 꿈꾸는 상상력의 근거이기도 했다. 더 나아가 20세기 후반에는 세계경제의 활력을 불러일으키는 거점으로서의 자부심을 표상하는 기호로 떠올랐다. 21세기 초입인 지금 동아시아는 세계의 번영과 쇠퇴, 평화와 전쟁을 갈음하는 핵심적 지역으로 부상하고 있다.

동아시아의 중간에 위치한 한반도에서는 19세기에서 20세기로 넘어가는 교체기에 지역연대로서의 동아시아 구상이 등장했지만, 일제 식민지로 전락하면서 그 지역구상도 민족국가 수립의 비원에 가려져 몰락했다. 해방이 되어서도 사정은 달라지지 않았다. 냉전이 조성한 진영적 논리에 사로잡혀 우리의 공간인식은 반도의 남쪽을 벗어나지 못했다. 그러나 지난 90년대 분단체제가 흔들리면서 한반도를 넘어선 지역에 대한 주체적 관심이 되살아나, '동아시아' 담론이 지식인사회에서 유행이랄 정도로 활기를 띠었다. 이런 흐름을 타고 국내에서 동아시아 연대운동을 주도하는 움직임이 움트더니, 급기야 '참여정부'가 '평화와 번영의 21세기 동북아시대'를 국정목표로 정해 대외적으로 제안할 정도가 되었다. 동아시아지역을 단위로 한 발상이 우리의 현실을 움직이고 있는 증거가 아닐 수 없다.

이런 상황은 이제 우리가 '왜' 동아시아인가에서 더 나아가 '어떤' 동아시아인가를 물을 때임을 깨닫게 한다. 동아시아란 지리적으로 고정된 경계나 구조를 가진 실체가 아니라, 이 지역을 구성하는 주체의 행위에 따라 유동하는 역사적 공간이다. 이 때문에 동아시아를 문화적 구성물로 간주하는 시각이 우리 수위에서 유행하고 있는 것 같다. 이 시각이 동아시아를 지리적으로 고정된 것으로 보는 관념을 해체하는 데 일정 정도 기여함은 인정되지만, 우리로 하여금 동아시아를 말하지 않을 수 없게 하는 역사적 맥락에 소극적으로 대응하도록 조장하는 경향이 있지 않은지 따져보아야 한다. 사실 동아시아세계에는 서로 긴밀히 연관된 문화적 가치나 역사적으로 지속되어온 일정한 지역적 교류 등의 실체 같은 것이 있고, 특히 근대에 들어와 제국주의와 냉전이 조성한 시공간적 상황 속에서 갖게 된 공통의 경험은 이 지역을 역사적 실체로서 규정할 수 있게 하는 기반이 아닐 수 없다. 이제 동아시아가 역사적 실체로서 허용하고 요구하는 미래지향적 과제를 한층 더 적극적으로 감당해야 할 싯점이다. 이것을 '실천과제(또는 프로젝트)로서의 동아시아'라 부르고자 한다. 새로운 동아시아는 목하 형성중이다.

그간 한국에서 비판적 토론의 산실이 되어온 창비는 우리의 논의를 동아시아적 맥락에서 재조명함으로써 새로운 발전을 위한 성찰의 기회를 얻고자 비판적 지성 6인이 발신하는 동아시아의 비전에 주목한다. 2차대전 종결 이후 동아시아 출생자인 이들은 타이완, 중국 대륙, 일본, 미국에 흩어져 활동하지만, 그 시야는 전공학문 영역과 국가의 경계를 넘나든다는 점에서, 그리고 이 지역에 드리워진 식민주의와 냉전 그리고 미국 주도의 패권질서에 비판적 거리를 유지하고 있다는 점에서 공통된다. 이들이 자신의 사상 모색의 기반인 개별 정치사회의 역사와 현실에 대해 비판적 시각을 견지하되 그것을 동아시아적·전지구적 근대성의 맥락과 연결하여 파악함으로써 동아시아 근대질서, 나아가 근대 세계질서에 대한 근본적인 문제제기를 통해 새로운 대안으로서의 미래, 전지구적 희망의 근거지로서의 새로운 동아시아의 상(像)을 모색해온 점을 소중하게 생각한다. 이들에게는 자기 사회의 과제와 동아시아의 과제, 전지구적 과제가 하나의 유기적 총체를 구성하고 있다. 이들 지식인들이 펼치는 동아시아에 대한 새로운 상상이 기존의 숱한 동아시아론과 구별되는 것도 바로 이 지점이다.

이들이 자민족중심주의를 비판하고 동아시아의 근대성이 지닌 내재적 모순을 직시하면서 21세기 새로운 사회의 구상력을 동아시아란 공간에서 탐색해온 지적 성과와 그 과정에서 변화하는 자기 자신에 대한 증언을 한데 모은 것이 이번 기획씨리즈 '동아시아의 비판적 지성'이다. 이 기획서의 간행이 안으로는 한반도에서 수행해온 이론적·실천적 모색이 평화공존과 호혜평등의 동아시아를 건설하는 발단이자 핵심임을 자각하여 가일층 분발하는 다짐의 계기가 되고, 밖으로는 동아시아 지식인이 공동으로 향유하는 열린 토론공간의 확산에 기여해 주체적 참조체계 형성의 연결고리로 작동하기를 간절히 바란다.

*

6인 가운데 하나이며 이 책 『아시아라는 사유공간』의 저자 쑨 꺼(孫歌)는 일찍부터 동아시아에 관심을 갖고 학과라는 규범과 제도를 가로질러 중국·일본의 문학과 사상을 비교 연구해온 드문 지식인이다. 그가 주도해온 '중일 지식공동체' 활동은 전지구화의 국면에서 반패권적이고 과문화적(跨文化的 transcultural)인 지식인의 입장을 세우려 한 것으로 주목된다. 이제 그 모임은 그간의 사업을 총괄하고 새로운 변화를 모색하고 있는바,

동아시아 지식인연대운동의 성과와 한계를 함께 보여주는 그 경험은 우리가 공유할 자산목록에 들어가 마땅하다. 이같은 그의 이론적·실천적 성취는 그를 '동아시아의 비판적 지성'의 한 인물로 선정하는 데 주저하지 않게 한다.

그에게 '아시아'는 지역 명칭도, 서양에 대항하는 존재의 명칭도 아닌, 근대의 문제에 대면하여 대안을 찾도록 돕는 '기능'이다. 또한 이문화(異文化)간의 토론에 활력을 불어넣는 또하나의 공간감각이고, 지적 공동체에 의해 형성되는 동아시아인의 공공영역이다.

그는 동아시아를 말할 때 직면하게 되는 '딜레마'와 그것을 넘어서는 길에 대해 말한다. 국가 단위의 경계를 강조하거나 그것을 간단히 부정하는 것 모두 진정한 문제에 대한 회피를 조장할 수 있다는 점을 깨닫는 데 아시아담론의 관건이 있다는 것이다. 그렇기 때문에 그는 국가의 역할에서 살릴 것은 살리면서도 국가본위의 좁은 사유방식을 해체하는 이율배반적 과제 수행의 지적 긴장을 유지해야 진정한 동아시아적 시각이 세워진다고 강조한다.

중국과 일본을 넘어 한국을 포함한 동아시아 전체로 시야가 넓어지면서 중국 대륙의 현실에 비판적으로 개입하기 시작한 그의 동아시아론이 이제 이곳에서도 소통공간을 확대할 것이다.

2003년 9월
'동아시아의 비판적 지성' 기획위원
백영서 이연숙 이욱연 임성모

차례

— 일러두기 —

1. 이 책은 「지적 편력」 「문선」 「대담」의 3부로 구성되어 있다.
2. 「지적 편력」은 한국 독자들의 이해를 돕기 위해 저자의 지적인 궤적을 자전적으로 서술한 글로, 이 씨리즈를 위해 저자가 새로 집필했다.
3. 「문선」은 기획위원들과 저자가 협의하여 추린 논문들로, 저자의 사상을 가장 핵심적으로 드러내는 글들을 가려 뽑았다.
4. 「대담」은 한국의 대담자가 저자와 직접 또는 전자우편을 통해 주고받은 글로, 논문에서는 파악되기 어려운 저자의 생생한 육성을 들려준다.
5. 주요 개념어를 우리말로 옮길 때는 개별 저자들의 섬세한 쓰임을 존중하여 각권별로 통일하는 것을 원칙으로 하였다.
6. 본문의 주는 저자의 것이고 한국 독자들을 위해 번역자가 작성한 주에는 '옮긴이'라고 표시하였다.
7. 외국어와 외래어는 현지음에 가깝게 표기하되, 굳어진 표기는 관용에 따랐다.

지적 편력　　知的遍歷

知
的

지적 편력

가로지르며 걷는 길

遍
歷

1

나의 글이 한국어로 옮겨져 한국 친구들을 만날 수 있게 되어 아주 기쁘다. 이 일로 나는 한국의 독자와 대면할 기회를 얻었다. 이번 일을 주선한 한국 친구는 이 책 속의 글에 대해서가 아니라, 나 자신에 대해서 이야기해 달라고 했다. 나의 개인적인 경력이 무슨 가치가 있으랴마는, 아마 현재 중국과 한국의 지식인은 아직도 상대방의 문화배경과 행동논리가 때때로 낯설게 느껴지기 때문이리라. 지식으로는 서로를 잘 알고 있다고 느낄지라도 말이다. 자기에 대해서 진솔하게 이야기하는 것이 어쩌면 우리 사이의 거리를 좁힐수 있을 것이다.

1995년 나는 처음 한국을 방문했다. 부산에서 열린 학술토론회에 참가하기 위해서였다. 그때의 한국행은 잊기 힘든 중요한 경험이었다. 그것은 내게 커다란 충격이었다. '동아시아'에 관한 경험을 피부감각으로 모색하게 했기 때문이다.

나는 중문과 출신으로, 뒤에서 이야기하겠지만, 정통적인 '문학연구'에서 벗어나 일본사상사를 연구했다. 십몇년 동안, 나는 줄곧 중국과 일본 사이의 문제에만 몰두했다. 기회가 없기도 했고, 한국문제에 진입할 만한 능력도 없었기 때문이다. 사실 처음 한국을 방문할 수 있었던 것도 일본 친구의 주선 덕분이었다. 그래서 몇몇 일본 학자와 한국 유학생과 함께 일본에서 부산으로 갔다.

어쩌면 이런 방식으로 한국과 접했기 때문에 '순수한 중국인'이 주목하기 어려웠던 사실을 관찰할 수 있었을 것이다. 한국과 일본이 '대립'하거나 '대화'하는 동안에 '한중(韓中)' 혹은 '중일(中日)'이라는 비슷한 상황에서는 결코 쉽게 이루어질 수 없는 진실한 접촉을 하고 있다는 점에서 말이다. 한국인과 일본인이 서로 이렇게 교진하는지, 어떻게 내화의 통로를 찾는지 알 수 있었다. 그게 적대·대립이든 우호든 쌍방은 대화에 필수적인 '주고받음'을 갖고 있었다. 이와 비교해볼 때, 중국은 한국과 일본에 대해서 마치 상대방을 향한 효과적인 길을 찾지 못한 듯, 감각상의 주고받음이 전혀 없었다. 어쩌면 바로 이런 상황이기에 중국 지식인이 한국 지식계와 대화하면서, 가령 서구 근대성이론이나 비판이론 같은 서구에서 주장해온 매개를 더 많이 빌려올 수밖에 없는지도 모르겠다. 직접 대화하기가 상당히 어렵다. 물론 성의가 있다 하더라도 서로 아무 매개 없이 상대방의 문제와 고민에 접근한다는 것은 어려운 일이다.

처음 한국을 방문한 지 벌써 7년이 흘렀다. 모든 것이 변했다. 한국의 상황은 더 많이 중국 지식계의 시야로 들어왔고, 대화도 깊어졌다. 그렇다고는 해도 처음에 느꼈던 곤혹스러움이 여전히 남아 있음을 나는 어슴푸레하게나마 느끼고 있다. 반대로 더 은폐된 형태로 우리들의 '교류'를 좌지우지하고 있다. 중국 지식인의 입장에서 말하면, '한국논리'는 낯설 뿐만 아니라 난해하기까지 하다. 그것을 '번역'해 '영어논리'로 만들고, 거기에 여러 사람들이 대부분 공유하는 이론분석을 보충해야만 겨우 접근할 수 있고 이해할 수 있다. 한국 지식계의 입장에서 보면, 중국 지식인에게 '아시아의식'이 없다는 것은 중화제국의 자아중심주의의 현대적 판본으로 여겨지기 쉽다.

14

나는 중국 지식인에게는 아시아의식이 없다는 한국 친구의 비판이 정확하다고 생각한다. 설령 오늘날 '아시아담론'이 점점 유행하는 상황일지라도 중국 지식계에는 여전히 아시아의식이 빠져 있다. 우리도 아시아에 대해서 논한다. 그렇다고 반드시 아시아의식이 있다고 할 수도 없다. 서구의 이론을 자원으로 이용한다고 해서 서구중심주의를 고취한다고 볼 수 없는 것처럼. 내가 이렇게 생각하고 여기에 관심을 갖게 된 것은 상당 부분 동북아지역이 공유하는 지식상황 때문이다. 동·서가 서로 충격을 가하고 융합하는 체제 내에서 자기의 역사과정을 토론할 때, 우리들은 이미 이른바 '순수한 본토'니 '타자와 구별되는 자아'니 하는 분류로 확립된 주체성에 의지할 수 없다. 동시에 우리들의 모어문화(母語文化)에는 간단히 요약할 수 없는 성질이 있음도 부정할 수 없다. 기껏 문화본질주의와 문화상대주의, 국제주의와 민족주의라는 대립범주로는 이렇게 복잡한 현 상황에 효과적으로 접촉하거나 대면할 수 없다. 게다가 문제를 세계화에 놓고 서술한다 할지라도, 상황 내의 가장 복잡한 성분은 어쩔 수 없이 버리게 된다. 이는 문제를 회피할 생각이 없는 사람이라면 모두가 인정할 수밖에 없는 것이다.

이러한 대전제에 대해서 토론을 하지 않으면, 우리들은 더 복잡한 정신영역의 기본적인 문제와 대면할 수 없다. 왜 우리들은 아시아를 토론해야 하는가? 이 명제와 이 지역에서 자라난 우리 지식인 사이에는 무슨 관계가 있는가? 경제세계화와 동아시아사회의 급속한 부상, 아시아 금융위기는 동아시아와 동남아시아 등 각 지역간의 관계를 긴밀하게 만들었다. 더이상 '아시아'가 서구를 향한 피동적 실체가 아님을 깨닫게 했다. 아시아는 서구세계가 만든 객체를 자신에게 전향시켜 자기의 주체성을 확립하도록 했다. 이 과정이 일단 시작되자, 기존의 민족국가를 기점으로 '서구에 대항'하는 구도는 더이상 명료하지 않은 것으로 바뀌었다. 마찬가지로 자기의 국토 내에 미군기지를 둘 수밖에 없는 한국과 일본이 만약 '아시아' 문제를 제기하지 않는다면, 민족국가를 전제로 각각 미국에 대항한다는 생각은 여전히 유효할 것이다. 그러나 아시아, 특히 동아시아에 관한 서술이 전제가 될 때 한국과 일본 간의 모순도 함께 교직되고, 역사상의 은원(恩怨) 기억은 미국점령으로 인한 현실적 상처에 뒤지지 않을 것이다.

그러므로 불거져나온 '동아시아 내부의 모순'은 우리가 국제정치관계를 새롭게 서술할 수밖에 없도록 만든 것이다. 그 모순은 더이상 '서구 패권이 동양을 침입'했다는 차원의 문제가 아니다. 일본의 '대동아공영권' 이데올로기가 은폐한, 일본이 아시아 각 나라를 침략했다는 사실을 단지 '동·서 대항'이라는 틀로 증명하려 한다면 역사상의 긴장관계는 해석할 수 없기 때문이다. 일본의 역사에서 '아시아를 대표해 서구에 대항한다'라는 구호는, 아시아의 일체화가 아니라 이웃나라를 참혹하게 침략하고 수탈하면서 조직된 것이다. 이 난처한 문제가 동아시아 지식인의 면전에 턱하니 버티고 서 있다. 사실 서구에 대항한다는 자세가 자기 자신은 패권에서 벗어나 있다는 논리를 반드시 보증하는 것은 아니다. 하물며 전후 동아시아는 냉전구도에서 분열상태였고, 이미 미국을 서구 패권의 상징으로 '내재화'했던 것이다.

아시아(동아시아)가 서구에 대항한다는 상상은 사실 그저 논리상 가능할 뿐이다. 현실과 역사의 관계에서 이런 식의 표현은 정치와 사회생활의 진정한 상황을 건드릴 수 없다. 진정한 상황이란, 복잡한 패권관계가 '내부'와 '외부'가 상호작용하는 과정을 통해서 아시아 내부의 패권관계와 동양에 대한 서구(특히 미국)의 패권관계가 서로 긴밀하게 얽어매는 상황이다. 비록 민족국가의 경계가 여전히 유효하고 지정학적 시각이 새로운 시야를 개척한다 할지라도, 복잡한 국제정치관계 구조에 직면해 예전처럼 고정된 틀과 시각에 의지해 모든 문제를 해석해내는 것은 어려운 일이다. 설령 상대적으로 유효한 틀과 시각일지라도 상황은 언제나 격렬하게 변동하기 때문이다.

앞에서 말한 것을 기본으로, 나는 나 개인의 유한한 지식과 사유범위 내에서 동아시아 특히 중국과 일본 간의 '아시아 내부문제'를 계속해서 다루려고 했다. 아시아 혹은 동아시아의 원리를 발견해낼 만한 능력은 없지만, 이렇게 모색하는 가운데 동·서가 상호작용하는 과정으로 이끌렸고, 유동하는 상황에 직면하지 않을 수 없었다. 그리고 나는 자각하기 시작했다. 아시아와 대면할 수 있는가, 아시아를 과제로 삼을 수 있는가는 문제의 관건이 아니다. 문제의 관건은 이런 사고를 통해서 나를 어떤 문제군(群)에 두느냐이다. 바꿔 말하면, 아시아와 대면하고 동아시아와 대면할 때, 나는 진정으로 유동하는 상황과 대면했는가?

2

1978년 봄, 지린(吉林)대학 교문을 걸어 들어가면서 나의 학문탐구는 시작되었다. 그때는 마침 역사적인 전환기였다. 문화대혁명(문혁)이 끝난 뒤 처음으로 시험성적에 맞추어 대학에 들어간 문과생으로, 우리 학번 대학생과 이후 몇 학번의 학생들은 지식과 정신에서 하나의 '단층'과 대면했다. 동란에서 막 벗어난 지식인인 선생님들 중 다수가 문혁 기간에 비판을 받았고, 그들의 마음에는 여전히 상처와 어두운 그림자가 드리워져 있었다. 이런 까닭으로 그들은 학생들을 가르칠 때 다소 타협과 양보의 자세를 취할 수밖에 없었다. 교재와 교수법은 문혁 전과 문혁 기간의 것을 이어받아, 새롭다고는 할 수 없었다. 바로 이 시기에 중국의 문학예술계는 뛰어난 작품을 창작하기 시작했다. 많은 유명 외국문학작품도 도서관에서 '해빙' 되었다. 비록 어떤 책은 여전히 대출할 수 없었고, 어떤 책은 공개적으로 열람하고 토론하기가 어려웠지만 말이다. 한편 강의실 밖은 이미 나날이 많은 정보들로 넘쳐났다. 그때, 특히 중국의 뚱뻬이(東北)지방은 '유행'이라는 의식이 전혀 없었고, 모든 소식은 '과거'를 향해 있었다. 이것은 당시 뚱뻬이지역이 고전을 공부할 수 있는 아주 좋은 장소였음을 의미한다.

모교 문과대의 각 학과에는 우수한 선생님들이 있었다. 어떤 분은 당시에 이미 일류 선생님이었다. 그러나 학생들이 과목을 선택하기가 지금처럼 자유롭지 않아 학과를 가로지르며 과목을 선택할 수는 없었다. 에피쏘드를 하나 들면, 당시 철학과의 우수한 선생님이 로크(Locke) 강의를 개설했다. 나는 그 강의를 듣기 위해서 전공수업을 빼먹고 몰래 철학과 교실에 들어갔다. 그러니 불행하게도 두 번밖에 들을 수가 없었다. 철학과 행정관리인에게 들켜 쫓겨났기 때문이다. 그렇지만 당시 대학 교정에는 지금의 젊은 학자들이 느낄 수 없는 자유가 있었다. 윗세대의 가슴 아픈 경험과 급격한 사회변화는 지식의 단절을 만들었다. 이 역사의 틈새에서 우리는 비록 겉으로는 인위적인 간섭을 많이 받았지만, 우리가 인정하는 규범을 '학문'으로 우리들의 감각체계 안에 넣지 않을 수 있었다.

각종 제도는 권위를 만들 수는 있지만, 사유하는 데 장애를 만들 수는 없다. 진정한 장애란 스스로 주류와 동일시하는 본능에서 유래하기 때문이다. 그래서 그런 환경에서 도리어 윤곽이 모호하지만 진실이 존재하며 자유롭게 사고할 수 있는 공간이 형성될 수 있었다. 나는 몇년이 지나서야 이런 사실을 알 수 있었다. 어쩌면 이런 자유 덕분이었을까, 당시 내 동창생 중 재능있던 몇몇이 시인으로 이름을 날렸다. 그들은 훗날 같은 시기에 중국 시단을 풍미했다. 그때 그 친구들은 시 모임을 조직해 항상 시를 지어 주고받았다. 줄곧 작가를 꿈꿨던 나도 몇편을 써서 떠들썩한 그 무리에 들어가고 싶었다. 그러다가 곧 나는 내게 그런 재주가 없노라고 고백하지 않을 수 없었다. 생각해보니, 대학시절에 내가 가장 상처입었던 것은 아마도 그 친구들이 나를 거절했던 일인 듯하다.

학교를 졸업하고 내가 학술기관에서 일했던 시기는 중국이 '과학생산력'으로 기존의 정치이데올로기를 대체하려고 한 1980년대였다. 이 시기를 중국 지식인들은 '신시기(新時期)'라고 부른다. 신계몽의 시기라는 의미다. 내가 보기에, 시야가 확대된 시기임이 틀림없다. 그러나 나는 거기에 속하지 않았다. 나와 나이가 같은 또래의 친구들은 그때 학술계에서 대단한 위력을 드러내 당시 새로운 학문연구 방향을 만들어 이끌 정도였다. 내가 속했던 중국문학연구 영역도 당시에는 '인간의 주체성'이 관심의 대상이었기 때문에 화려한 역할을 맡았다.

그렇지만 바로 그 시기에 나는 뜻하지 않게 중국문학연구를 떠나게 되었다. 그러나 당시 서구철학과 사상이론을 학습하는 기세등등한 분위기에 녹아들지도 않았다. 이미 이 모든 일이 어떻게 일어났느냐는 별로 중요치 않게 되었다. 내가 의식적으로 선택한 것이 아니었기 때문이다. 가령 자신이 처한 장(場)이나 지식의 분위기와 잘 맞지 않을 때도 있는 것이라면, 나는 정확히 그런 경험을 한 셈이다. 지금 돌이켜 생각해보면, 아마도 어렸을 때 뚱뻬이지방에서 공부한 경력과 관계가 있을 것이다. '시대조류'가 모자란 뚱뻬이의 정신풍토에서는 유행을 창조하거나 좇아가는 유형도 있고 시대정신과 거리를 유지하며 '시대를 거스르는 자'도 있다. 내가 느끼기에 나는 후자의 유형에 속한다. 당시의 시대조류에 합류하기를 거절한 것이 아니라 단지 그런 본능이 없었을 따름이다. 사실 이런 거리감 덕분에 나는 오히려 지식이 처한 모종의 환경에 대해서 반성할 수 있는 가능성을 얻었다. 만일 이런 우연한 개체경험을 개인적인 것으로, 게다가 '시대정신'과 거리를 둔 상황을 역사와 사회의 다른 측면으로 본다면, 이런 측면을 역사와 사회로 진입하는 다른 사유로 볼 수 있지 않을까? 뒷날의 연구생활에서 나는 나도 모르는 사이에 '거리감'을 자기의 사유와 글쓰기의 시각으로 바꾸기 시작했다. 그리고 '시대정신'을 추구하는 사고를 함으로써 시대와 역사를 관찰하는 데서 벗어났다. 지금에 이르러 이것은 마침내 나의 학술습관이 되었다.

나는 아주 우연히 일본에 가게 되었고, 아주 우연히 일본사상사 연구에 빠져들었다. 1990년대로 들어서자 중국 학술계는 한번, 두번의 토론을 통해서 자신을 자각하기 시작했고, 사회과학의 규범화에 관해서 한바탕 토론을 벌이기도 했다. 1990년대에 중국 학술계는 날이 갈수록 학술형식의 엄격함과 제도화의 중요성을 강조하였다. 그럴 때 나는 규범에서 상당히 벗어난 방식으로 '사상사 연구'를 시작했다. 나의 경험으로 보자면, 중국과 일본의 사상사 분야 모두 나에게 비규범적인 방식으로 연구할 수 있는 공간을 남겨두지 않았다. 말을 하고 나니 이상하기는 하지만 어쨌든 나는 이런 식으로 오늘에 이르렀다.

사실, 나는 결코 고군분투한 게 아니다. 지금까지도 나는 중국과 일본의 선배 학자 두 분께 감사한다. 그들은 나의 이런 규범적이지 않은 시작점을 결정해주었기 때문이다. 1980년대 말, 나는 외국의 중국문학연구 성과물을 전문적으로 번역하고 소개하는 간행물을 편집하는 일을 했다. 당시의 상사였던 잡지 편집자가 억지로 나를 일본에 가도록 '밀었다'. 그는 내가 일본에 가서 공부할 수 있는 기회를 만드는 데 발 벗고 나서서 도와주었고, 내게 "나가서 한번 봐라"라고 강하게 권했다. 이렇게 해서 나는 난생처음 일본에 가게 됐다. 내가 원했던 것은 아니다. 만약 그가 이런 결정을 내리지 않았다면, 아마도 나는 평생 일본과는 어떤 인연도 맺지 못했을 것이다. 몇년 후, 중국의 현대작가 샤 옌(夏衍)을 연구하는 한 일본 학자가 이름도 없고 나이도 어린 나에게 객원연구의 기회를 만들어주었다. 이 분은 내게 이렇게 말하였다. 내 연구실에 이름을 걸어놔라, 아무 의무도 없다, 네가 가고 싶은 곳은 어디라도 갈 수 있고, 하고 싶은 일은 무엇이든 할 수 있다.

내가 존경하는 두 분은 지금 모두 퇴직하셨다. 그들은 나의 연구를 직접 지도한 적은 없다. 그분들과 나는 지금까지도 아주 가끔씩 연락이나 할 뿐이다. 그러나 그분들께 감사하는 마음은 뒤에 만난 어떠한 선생님이나 친구들보다 더하다. 그들은 내가 가장 도움이 필요할 때 일반적인 규칙을 위반하면서까지 나를 도와주었기 때문이다. 그들은 '학과'나 '지위'에 관해 어떠한 고려도 하지 않았음이 분명하다. 그들은 기회라는 것이 별로 필요치 않은 명사(名士)에게 기회를 만들어주거나 학과체제의 평가기준에 따라 후임자를 요구하는 것보다, 더 많은 자유와 발전 가능성이 있는 후배에게 기회를 주는 것이 낫다고 단지 생각했을 것이다.

힘들게 얻은 기연(機緣)으로 나는 중국문학연구를 떠났다. 어쩌면 이렇게 말할 수도 있다. 중국문학연구를 '확대'하여, 자족하는 학과라면 결코 고민할 필요가 없는 문제를 중국문학연구와 다른 학과에 교착(交錯)시키고 충돌시키려고 말이다. 몇년이 지나서야 알게 되었다. 이른바 '학과 가로지르기'는 대단히 어려운 일로, 반드시 가로지른 학과의 내부 지식상황을 깊이 천착해 파악하는 것을 전제해야 한다는 것을. 단순하게 부정하는 방식으로 각 학과를 능가하는 것과는 전혀 다르다. 실제로 학과 가로지르기는 각 학과의 폐쇄성에 충격을 주었을 뿐만 아니라, 각 학과의 지식 수준이 얼마나 낮은지를 여실히 보여주었다. 어쩌면 오늘날의 학과 가로지르기가 체제에 의해 편성된 현실에서, 지식체제(體制)가 사이비 '학과 가로지르기' 방식을 긍정해야만 그제서야 자신의 평가 메커니즘과 지식축적 방식이 얼마나 빈곤한지를 충분히 폭로할 수 있을 것이다.

내가 이 점을 알게 된 것은 나의 다른 지지자들, 바로 나보다 어린 친구들 덕분이다. 앞에서 말한 두 분의 선생님이 없었다면 나는 아마도 일본과 어떤 인연도 맺지 못했을 것이다. 또 젊은 친구들의 지지와 기대가 없었다면 지금의 나는 없을 것이다. 이 친구들 대부분은 잡지 편집일을 전업하거나 겸업하였던 탓에, 끊임없이 자신들의 편집방침을 바꾸거나 새로운 방침들을 만들 수 있었다. 또한 끊임없이 나에게 원고와 의견을 달라고 요구했다. 그들과 상호작용하는 과정에서 나는 『학술사상평론(學術思想評論)』의 편집자에게 크게 감동했다. 자금이 완전하게 보장되지 않은 상황에서, 이 젊은이는 자신의 노력으로 민간학술문총(民間學術文叢)을 기획하고 편집하였다. 문총은 동인지 성격이 아니어서 필진은 개방되어 있었다. 1990

년대를 통틀어 중국 학술계는 사상과 학술을 분리해 논하는 추세였으므로, 이 문총은 학술과 사상의 진실한 관계를 아주 훌륭하게 보여주었다. 대부분의 나의 학술논문은 이 문총에 발표하였다. 편집자는 쉼없이 내 생각에 의문을 제기하고 의견을 보내와 나는 감히 게으름을 피울 수 없었다. 이 경험은 나에게 확신을 주었다. 어떤 의미에서는 젊은이들이 나를 키운 것이다. 1990년대 내내 중국 지식계는 분화하고 변화하는 과정에서 간단히 통합할 수 없는 새로운 구도를 형성했다. 이 구도는 약간의 유형(有形) 논쟁으로는 개괄하기 힘들다. 만약 논쟁이 '시대정신'의 상징으로 보인다면, 나는 차라리 그것의 외부에서 이 시대의 활력을 찾을 것이다. 설사 그것이 고정된 형상(形狀)을 갖추지 않았을지라도.

그 활력의 하나로 아마도 지식체제 외부에서 생긴 '민간간행물'을 들수 있을 것이다. 이 간행물은 체제 내부의 물질적 원조를 받지 못했지만 종종 편집자의 깊은 사고와 탐색정신 덕분에 체제 내부의 간행물이 확보하지 못한 수준 높은 독자군을 가질 수 있었다. 바로 이런 독자들 덕분에 탐색과 토론을 갈망하는 작가들을 끌어들일 수 있었다. 분명히 출판물의 수준을 재는 잣대는, 절대적인 기준은 아니지만, 지식체제 내부에 있는 것이지 지식체제와 어떤 관계를 갖느냐에 있는 것이 아니다. 출판물의 수준은 편집자의 능력에 달렸기 때문이다. 어떤 의미에서 보면, 십여년 동안 중국에서 집중적으로 쏟아져나온 각종 유형의 민간간행물은 수준이 일률적이지 않다. 게다가 체제 내부의 간행물과 경쟁하려고 하지 않고, 일부 우수한 간행물은 체제 내부의 자원을 이용해서 생존했다. 정확하게 말하면, 1990년대 이후의 출판상황은 아카데미학술이 나날이 규범화되는 과정에서 등장한 어쩔 수 없는 필연적 산물이다. 학술이 규범화되면서 학과가 정비되었다. 이와 동시에 협소화·경직화가 일어나고, 마침내 가짜 학술과 죽은 지식이 정당성을 획득하는 지경이 되면, 반드시 생명력있는 사고와 탐색이 흘러넘치는 이른바 '학과규범'이 생길 것이다. 이런 사고들도 반드시 자기의 생존공간을 모색할 것이다. 요컨대 이 십여년은 중국학술 전환기의 귀중한 틈새이다. 지식제도의 주변에서 정형화되지 않은 아주 많은 사유를 촉진했기 때문이다.

다행히 나는 이 황금시기를 만났다. '박사'니 '교수'니 하는 직함이 날이 갈수록 학술을 재는 척도로 변하고 있는 지금도 중국에는 여전히 이런 힘들에 제약받지 않는 사고능력이 존재하고, 여전히 학술의 정수를 탐색하는 사람들이 존재한다. 특히 이들은 자신의 편집과 저작을 통해서 활력이 넘쳐흐르는 사유공간을 건립하려 한다. 끊임없이 학술과 사회 및 학술 그 자체가 처한 현실상황을 사색하는 이들은 답을 내릴 수 없을 듯한 난처한 문제에 계속 직면하게 되었다. '유행의식'이라는 작업방식이 모자란 나는 이런 사람들 사이에서 공명을 얻었다. 그들은 마치 『학술사상평론』의 편집자와 마찬가지로, 부질없는 '사상'의 광휘를 머리에 이지 않고 진실한 사상과제를 직시했다.

3

학술연구영역에 발을 들여놓은 때부터, 개인적인 능력의 한계로 나는 어떠한 '사조'에도 개입한 적이 없다. 심지어 의지할 만한 학과를 배경으로 삼은 것도 아니었다. 그랬기 때문에 나는 전적으로 이런 의미의 대표성을 갖고 있지 않으며 이런 배경에서 도움을 받아 자기 작업을 자리매김하는 것도 매우 어려웠다. 이뿐만이 아니다. 나는 일본 현대사상사의 사건과 인물을 연구대상으로 삼았기 때문에, 이중의 자리매김이 갖는 곤란함에 직면해야 했다. 바로 나와 모어문화를 연결하는 방식이었다. 이런 개인적인 경험은 아주 특별한 감각을 갖게 했는데, 그건 바로 중국문화에 대한 새로운 동일시과정이었다.

연구자는 자기의 연구대상에 진입해야 하는지에 대해 예전에 함께 일했던 친구와 토론한 적이 있다. 만약 그럴 수 있고 또 반드시 그래야 한다면, 도대체 진입이란 어떠한 과정인가? 이 몇년 동안 나는 줄곧 이런 작업을 시도해왔다. 이는 자신의 감각으로 내가 대면한 일본사상사의 기본문제에 신중하게 접근하면서, 내가 연구하는 대상은 역사 속에서 어떻게 생각하고 어떻게 감각하고 있는지를 상상해보는 것을 의미한다. 이런 방식은 나를 어느정도 일본사상사로 들어가게 했지만, 나를 '일본화'하지는 못했다. 왜냐하면 나는 식관석으로 자기의 '감각'을 사용하는 것, 직관적으로 자기의 연구대상과 동일시하는 것을 피하려고 노력했기 때문이다. 중문과 출신은 비교적 직관의 잘못을 저지르기 쉽다. 자기가 보고 감각한 것이 바로 진실한 세계라고 여기거나, 자기의 토론이 사회가 나아가는 바에 직접적인 영향을 미칠 것이라고 생각하는 것이다. 게다가 각종 현상에서 추상적인 결론을 얻어내는 것을 당연하다고 생각해, 직관과 추상 사이에 존재하는 일말의 근거 없는 도약에 대해 되돌아볼 겨를이 없다. 중문과 출신인 나도 이 '저열한 근성'과 투쟁하지 않을 수 없었다. 지성의 측면에서 연구대상으로 진입하고자 했고 자기를 그 안에서 끄집어낼 수 있는 역량을 갖추려고 했다. 그런데 이런 진입에서 도리어 의외의 것을 획득하게 되었다. 내가 원래 갖고 있던 문화동일성의 직관성을 파괴하게 된 것이다.

외국연구에 종사하는 학자가 가장 쉽게 범하는 착오는, 상대방 문화논리로 진입하려는 노력이 실패로 돌아간 뒤에는 자기의 모어문화를 퇴로로 삼는다는 것이다. 이런 상황에서 모어문화는 아주 쉽게 절대화되고 분석할 수 없는 전제가 된다. 본국의 문제를 연구하는 연구자들과 비교해, 외국연구 종사자들이 더 격렬하지만 더 단순하게 민족주의 경향을 갖기 십상인 이유가 대략 여기에 있는 것이다. 일본사상사의 일부 자료를 다루기 시작했을 때, 나 역시 이런 위험에 봉착했다. 일련의 문제를 토론하는 과정에서 나는 이 위험은 사실 앞서의 위험과 서로 표리를 이루고 있음을 발견했다. 즉 사유방식이 직관적이 되면 될수록 모어문화로 동일시하려는 맹목성의 정도가 높아진다는 것이다. 이런 직관과 맹목의 문화동일시는 사실 사회와 지식에 관한 유효한 입장을 제공할 수 없다. 특히 복잡한 국제 정치관계에서 이런 맹목성은 실제 문제를 처리하는 데 커다란 장애가 될 뿐이다.

앞에서 말한 이중의 위험과 대면하면서 나는 일본의 현대정신사에 진입하려고 했다. 이때 나는 자기 감정의 직관성을 제어해 사유의 동력으로 삼는 것을 배울 수 있었다. 바로 이런 과정을 겪으며 나 자신의 문화동일시를 다시 다듬을 수 있었다. 지식을 직업으로 하는 중국인으로서 자신이 처한 환경을 대표할 수도, '시대정신'을 대표할 수도 없는 사색자로서, 나는 비로소 모어문화가 내게 준 모든 것을 되돌아볼 수 있었다. 이런 되돌아봄은 내가 인접한 동아시아 이웃국가의 사람들과 접촉할 때, 글자로는 표현되지 않는 세밀한 부분들을 감찰(感察)할 수 있게 했고 침묵 속에서 각종 정보를 체득하도록 가르쳤다. 바로 이런 되돌아봄 덕분에 사실 내가 자연적으로 모어문화에 속하지 않음을 발견할 수 있었다. 모어문화에 대한 동일시는 노력해야만 들어갈 수 있는 과정임을 발견할 수 있었다. 그래서 나는 학문을 하는 데 간단한 법칙 하나를 깨달았다. 만약 진정으로 자기 문화로 진입하길 희망한다면, 우선 다른 문화에 진입하는 실험을 해도 된다는 사실을 깨달은 것이다. 외국어능력이 통상 모어능력에 제약받는 것과 마찬가지다. 다른 종류의 문화로 효과적으로 진입할 수 없다는 것은 통상 모어문화에 대한 자신의 감각능력이 모자란다는 것을 의미한다. 내가 연구대상 속으로 깊이 빠져들면 들수록, 나 역시 나날이 강렬하게 모순된 문제를 느낀다. 연구대상으로 진입한다는 것은 '감정이입'식으로 대상을 동일시하는 것을 의미하지 않는다. 나를 '상황성'이 풍부한 자신으로 변모시키는 것을 의미한다. 다시 말하면 유동하고 변화하는 과정에서 자각적으로 자기의 주체성을 만들고 탄성(彈性)을 풍성하게 해야 한다. 또한 이런 탄성은 지성의 측면에서 일국(一國) 단위 경계를 가로지르며 더 구체적인 문제에 관심을 갖게 만들고 구체적인 문제에서 해석의 가능성을 찾게 할 것이다. 이 과정에서 국가간 체제를 단순하게 이용해 곤혹스런 '외국의 문제'들을 거부할 수는 없다. 오히려 '타인'의 문제로 들어가고자 하는 바람이, 내가 중국인임을 망각했을 때 더 모어문화에 근접해 있음을 느끼게 한다. 자신이 반드시 모어문화의 대표자인 것은 아니라고 의식할 때, 비로소 타자 속으로 진입하는 노력으로 모어문화에 진입할 수 있고, 자기와 이 문화의 연결점을 찾을 수 있기 때문이다. 주체형성의 과정은 이런 '진입'의 노력으로 진실하게 변한다. 지성의 측면에서 나는 개체의 문화동일시가 갖는 비직관성을 이해하기 시작했다.

아마도 이러한 기본입장 덕분에, 경험은 부족해도 동아시아 삼국간 국제관계의 불균형에 대해서 관심을 가질 수 있었다. 이 글의 서두에서 제기한 것처럼, 삼국과 삼국 사람들 사이의 접촉방식과 효과는 서로 다르다. 국가의 측면이든 민간사회의 측면이든 심지어 개체 교류의 측면이든 간에, 불균형을 명백히 볼 수 있다. 중국인과 한국인 간의 격절(隔絕)은 피차의 문화적 착위(錯位)에 뿌리내리고 있어, 지식이라는 방식으로는 보완하기가 어렵다. 이런 불균형상태는 지리적으로 대국과 소국의 차이에 일차적인 원인이 있다. 그러나 문제를 단지 이 측면에서만 추구하면 여전히 문제를 설명해낼 도리가 없다. 서로 접촉하는 데의 장애라든지 피차의 무시 같은 문제를 어느정도 해결하고 난 뒤에야 다음과 같은 질문 및 해답이 가능하지 않을까. 즉 '동아시아' 시각은 진일보하게 대국과 소국 간에 내재하는 메커니즘의 차이를 드러낼 수 있을 것인가? 이런 메커니즘의 차이는 국가간 경계를 이용해 드러낼 수 있으며, 뿐만 아니라 국가간 경계를 타파해 '내외가 상호작용'하는 측면에서 드러낼 수 있을 것인가?

'사조'를 사용해 한 시대를 자리매김하고, '국가'와 '문화'를 단위로 삼거나 행위와 현상의 위치를 설정하는 것은 우리들의 사유습관에 비교적 부합한다. 만약 이런 식의 자리매김의 내부에 깊이 들어가 확정적이지 않은 요소들을 발견한다면, 어쩌면 현실상태의 복잡성은 명확히 드러날 것이다. '한국'을 상대화하여 '중국'을 하나의 실체로 정합할 때, 문제는 비교적 쉽게 파악할 수 있는 것으로 변한다. 일단 유동적인 상황 그 자체로 진입하면, 모든 상황을 민족국가 구도에 끼워맞출 수 없다. 이와는 반대로, 현실적으로 '내부'와 '외부'가 서로 맞물려 돌아가는 양상은 국가별 체제의 통치기능에 비해 손색이 없다. 문화동일시의 진실성은 곧 이런 확정적이지 않은 상황에서 발생한다. 진정한 의미의 주체성도 이런 확정적이지 않은 상황에서 형성된다.

9·11사건부터 세계구도는 역사적인 변화를 맞이했다. 이제 민족국가의 존재방식과 그것의 실제 기능이 바야흐로 사고의 대상이 되어간다. 가장 중요하면서도 곤란한 지점은 아마도 우리들이 어떻게 민족국가의 실제 기능을 하나의 시각으로 삼아, 전제 혹은 결론이 아니라, 상황에 대한 토론 속으로 녹아들 수 있느냐이다. 이런 상황에서 국가별 논술이 갖는 유효성은 곧 한계에 다다를 것이다. 우리는 다른 사람의 정치와 문화생활 속으로 더 깊이 들어가 '내외가 상호작용'할 가능성이 있는 문제들을 찾아내지 않으면 안된다. 단지 이런 토론에서만 '아시아' 혹은 '동아시아'가 의미를 가질 수 있고, 우리들의 사유도 현실의 진정한 상황에 들어가서 그것에 대면할 수 있다.

문 선　　　　文 選

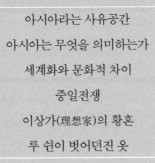

문선

아시아라는 사유공간

- 1 -

처음으로 타이완에서 책을 내게 되었다. 과연 타이완 독자들이 내 글을 어떻게 생각할지, 다소 당혹스럽기까지 하다. 하지만 대륙의 독자와 대화하는 것에 비하면, 타이완 독자들이 이 책[1]의 내용에 더욱 친근함을 느끼지 않을까 싶다. 물론 그 반대일 수도 있겠지만 말이다.

더욱 친근할 수 있다 함은 어디까지나 대륙의 독자들에 비해서 그렇다는 것이다. 이는 나의 논의 대부분이 일본사상사 자료에 기대고 있기 때문이다. 대륙의 지식계는 일본사상사에 대해 잘 모른다. 최근에 다소 상황이 바뀌기는 하였지만, 전체적으로 볼 때 아직도 일본문제에 대해 대륙의 지식인들은 별다른 관심을 보이지 않는다. 그 이유는 여러가지인데, 일본 관련 분석이 자신이 아는 한 가지로 나머지 열을 억지 해석하는 수준에서 거의 벗어나지 못한 것도 그중의 하나이다. 나 역시 그러한 위험을 무릅쓰고 가장 기본적인 사실 한 가지만을 지적하고자 한다. 즉 이데올로기적 이유로 대륙은 일본에 대해 상상력의 빈곤을 겪을 수밖에 없다는 점이다. 물론

---

1) 여기서 말하는 '이 책'은 2001년에 타이완에서 간행된 저자의 『아시아는 무엇을 의미하는가(亞州意味著什麼)』를 가리킨다. 이 글은 이 책의 서문으로 씌어졌다 ─ 옮긴이.

여기에는 동북쪽의 세 성[2]에 세워졌던 '만주괴뢰국' 같은 역사적인 경험도 작용하였다. 그 결과 우리 중국인은 일본에 대해 주로 '건달'류를 연상하지 않으면 그것과 표리를 이루는 '앞잡이'류를 떠올리곤 한다. 중국현대사를 서술할 때도 일본 관련 부분은 주로 '항일'이라는 단 두 글자로 수렴한다. 이처럼 대륙에서는 '식민지'라는 역사경험에 대한 인식이 그다지 명료하지 못하다. 이는 일본이 한때 폭력에 의지하여 대륙을 주름잡긴 했지만 문화와 생활 면에서 중국사회의 일상 속으로 깊이 스며들 기회가 없었기 때문이기도 하다. 이는 개인적 체험이나 국부적 경험만으로는 손쉽게 뒤집을 수 없는 '총체적인 경험'이다. 대륙의 저항이라는 것이 이러한 경험에서 발원하였기 때문에 상대적으로 단순할 수밖에 없었고, 이런 단순함 때문에 대륙의 중국인은 정감과 지성적 삶 모두에서 일본과 일정한 거리를 두게 되었다.

일본, 또는 동아시아나 아시아에 관한 논의 모두에서 대륙의 학계는 이렇다 할 만한 성과라는 것이 축적되지 못했다. 이에 비해 타이완에서는 그들에 대한 논의가 이미 상당한 수준에 도달했다. 타이완의 문화풍토 자체가 그러한 주제를 건설적으로 토론할 수 있는 토양이었으므로, 타이완인들은 식민지 시절의 아픈 상처와 경험이 초래한 식민통치자에 대한 원한과 배척을 넘어 그들의 내부로 깊이 파고들 수 있었다. 이러한 이유 때문에 나는 내가 고민한 문제들에 대해 타이완 독자들에게서 한 수 배울 수 있으리라 기대한다. 우리 중국인들은 많은 주제를 공유할 수 있다고 믿기 때문이다.

과연 그럴 수 있을까 하는 회의가 없는 것은 아니다. 대륙에서 내 글은 일본학 이외의 분야에서 주목받았다. 따라서 내 글을 이해하기 위해서 일본에 대해 명료하게 알고 있을 필요는 결코 없다. 사실 이 책에는 일본 한

----

2) 헤이룽장성(黑龍江省)·지린성(吉林省)·랴오닝성(遼寧省) ― 옮긴이.

나라만을 겨누고 집필한 글은 하나도 없다. 내 글에서 논의된 사항들은 무엇보다도 대륙의 지식계 그 자체의 문제이다. 그래서 나는 이러한 문제들이 타이완의 친구들과 얼마만큼이나 소통될 수 있을지 잘 모르겠다고 한 것이다.

중문과 출신인 내가 일본사상사를 연구한다는 것은 무척 어울리지 않는 일이다. 사실 나는 내 작업을 '사상사 연구'라고 칭할 수 있는지조차 잘 모르겠다. 만일 문화연구에 종사하는 친구들이 문제삼지 않는다면, 나는 그들의 동업자가 되고 싶다. 물론 내 글에는 사전적 의미에서 문화연구가 지녀야 할 몇가지 특질이 결여되어 있다. 예컨대 대학에서 수행한 연구에서 보이는 정치한 분석이라든지, 대중문화 특히 언론매체에 대한 주목 또는 사회현상 그 자체에 대한 비판적인 분석 같은 작업을 나는 거의 한 적이 없다. 그러나 이러한 선행규정에서 자유로울 수 있다면, 나의 작업은 몇몇 지점에서 문화연구와 만날 수 있으리라 생각한다. 어쩌면 '풀 수 없을지도 모르는' 그러한 문제들을, 사고의 능력을 최대한으로 활성화하여 추적하는 가운데 나는 늘 "기존의 어떠한 학과규범으로도 당신은 당신이 마주한 문제를 원하는 대로 처리할 수 없으며" 또한 "현존하는 어떠한 이론도 말로 표현하기는 어렵지만 중요한 원리를 발견하는 데에 별 도움이 되지 못한다"라는 난제와 거듭 맞닥뜨렸기 때문이다.

이러한 난제가 내가 일본사상사에 관심을 갖게 된 동기였다. 그것은 결코 어느 한 분과학문에서 훈련받은 결과가 아니었다. 나는 중국문학이라는 하나의 영역만으로는, 또 문학텍스트에 기대는 것만으로는 오늘을 사는 중국인에 대한 기본적인 물음조차 해결할 방도가 없음을 알게 되었다. 예컨대 "우리가 살고 있는 근대는 어떤 모습인가" "우리는 근대성 논의에 참여하고 있는가" "설령 근대성을 논의하고 있다 할지라도 그것은 어떠한 맥락에 놓여야 하며, 그로 인해 파생된 문제는 또 무엇인가" "우리들은 실제 벌어지고 있는 상황과 어떠한 관계에 있는가" "우리는 구체적인 상황을 사유하면서 까다롭기 그지없는 핵심적인 문제들을 어떻게 추적해나갈 것인가" 같은 물음에 대한 답변 말이다. 동시에 나는 사회조사를 업으로 삼거나 장기간에 걸친 자원봉사활동을 한 적이 없는 연구자는 그들이 사용한 언어가 실제와 얼마나 부합되는지를 반드시 따져봐야 한다는 점을 발견하였다. 아울러 그것이 내 자신의 실천윤리여야 함도 깨달았다. 곧 내가 눈앞의 정치현실에 대해 경솔하게 논의해서는 안되며, 늘 주변자적 의식을 지니고서 사유해야 함을 깨달을 수 있었다. 나는 이러한 회의와 문제의식을 가지고 역사를 뒤지기 시작했나. 그 속에 어떠한 시사점이 있지 않을까 해서였다. 그러다 보니 나는 어느덧 량 치차오(梁啓超)와 그 시대 사람들이 취했던 '길찾기' ── "'일본'에서 길을 취하여 '중국'으로 되돌아오리라" ── 라는 기나긴 여로에 올라 있었다. 그리고 그렇게 한번은 '가고' 한번은 '돌아오는' 과정에서, 의심할 나위 없이 확고했던 '중국'과 '일본'에 대한 나의 감수(感受)방식이 변하기 시작했다. 이는 정말 뜻밖의 일이었다. 그래서 나는 번거로운 문제와 대면하게 되었다. "일본의 언어장(言語場)에서 중국의 문제를 찾는 방식인만큼, 내 논의는 일본의 상황과도 부합해야 하고 또 중국 대륙의 맥락과도 잘 맞아야 한다. 과연 이러한 문화와 문화를 가로지르는 방식이 가능한 것인가?"

　나는 일본학이나 사상사를 전공하지 않았다. 따라서 나는 이 두 분야의 학문연구 방식을 어떻게 활용해야 할지 몰랐다. 결국 나는 이것저것 따져볼 새도 없이 '학제간 연구: 분과학문 가로지르기'를 시작할 수밖에 없었다. 결코 원했던 것은 아니었지만 말이다. 그것은 무척 위험한 작업이었다. 진정한 학제간 연구란 이미 '가로지른' 학문분야의 기존 성과를 존중함과 동시에 해당 분야의 전형적인 학문연구방법론도 극복해야 하기 때문이다. 또한 그 성과는 절대로 어느 한 분야에 국한되어 평가될 수 없으며, 상이한 학문분야에 걸쳐 반향을 불러일으켜야 하기 때문이다. 문학연구 훈련만을 근근이 받아온 나에게 이러한 작업은 나의 실제 능력을 훨씬 넘어선 요구

34

였다.

사실 문화간(文化間) 연구나 학제간 연구는 동일한 현실적 필요에서 비롯되었다. 우리들은 무척 복잡다단한 문제들과 마주하고 있다. 만일 이러한 문제들을 어느 하나의 문화나 학문만으로 조명함으로써 그들이 단순화되고 고착화되며 나아가 생동감을 잃게 된다면, 그 본래의 상태를 드러내기 위해서라도 인위적으로 나누어진 학문영역을 개방할 수밖에 없다. 분과학문의 경계를 허문다는 사유는 그것을 부정하기 위해서가 아니라 도리어 그것을 견인해내기 위한 것이다. 왜냐하면 모든 학문자원이라는 것은 기실 그 자신의 경계를 넘어섰을 때 비로소 최대한도로 재생될 수 있기 때문이다.

이러한 모색과 좌절을 통해 나는 일본과 기묘한 인연을 맺게 되었다. 나에게 일본은 당시의 량 치챠오나 루 쉰(魯迅)처럼 세계를 보는 창구가 아니었으며, 져우 쭤런(周作人)이나 타오 징쑨(陶晶孫)처럼 감정이입의 대상도 아니었다. 그것은 시종 나의 안에 있으면서도 동시에 바깥에 있는 자기부정이자 자기갱신의 매개체였다. 또한 일본은 늘 단순한 지적 탐구의 대상이 아니었으며 동시에 정감을 촉발해주는 계기도 아니었다. 비록 중국 연구자에게 그 두 가지가 모두 필요한 것처럼 보일지라도, 나는 그것들을 선택하지 않았다. 어쩌면 바로 그러하기 때문에 나는 나의 방식으로 일본이라는 컨텍스트 또는 난제 속으로 파들어갈 수 있었고, 그 과정에서 모어문화에 대한 나의 감각을 동일한 방식으로 구성해낼 수 있었는지도 모른다.

나는 오늘날까지 줄곧 비틀대며 걸어왔다. 고개 돌려 내 글을 정리하다 보니, 그 모두가 임계점(臨界點)에 이른 상태에서 씌어졌음을 발견하였다. 어쩌면 내 자신이 그러한 임계상태에 있다는 점만이 유일한 진실일지도 모른다.

수많은 사유를 단순하게 어느 하나로 귀속시킬 수는 없다. 사유의 대상인 갖가지 문제 자체를 어느 하나로 분류할 수 있는 것이 아니기 때문이다. 다만 우리가 자신의 생각을 말하려고 할 때, 이따금 분류하지 않고는 교류 자체가 불가능해질 때가 있기도 하지만.

수많은 분류법 가운데 가장 그 기초가 튼튼한 것은 '문화적 일체화'이다. 지금까지 우리는 민족구의를 비판석으로 검토하면서 '아이덴티티'(identity)에 관해 매우 명확하게 이해한 듯하면서도 한편으론 그에 대해 무척 혼란스러워하고 있다. 때로는 여러가지 해설과 주석을 붙이지 않고서는 이 말을 '자연스럽게' 사용하지 못하기도 한다. 그러나 명확하든 혼란스럽든 간에 그 모두는 이 말이 표피적인 감각 내부로 깊이 스며들지 못한 경우로, 이는 이질적인 문화가 충돌할 때 제일 먼저 발생하는 내재적인 방해 때문에 발생한 현상이다. 이것이 바로 문화적 일체화의 문제이다. 탈근대담론이 '자기동일성'을 어떤 식으로 해체하든지 또 현실의 지역중심적 운동이 이러한 일체화된 동일성을 허물 수 있는 기초를 얼마나 제공하든 지간에 몇몇 까다로운 문제들은 여전히 임계점 위에 있다. 예컨대 우리들은 상이한 '문화전통'을 어떻게 다룰 것인가? 우리가 몸담고 있는 전통과 그렇지 않은 전통을 어떻게 처리할 것인가? 설령 몸담고 있다고 하자. 그것이 합법적인 문화적 대표권을 지녔음을 의미하는 것일까? 당신이 몸담고 있지 않다고 하자. 그래서 당신이 소속되지 않은 문화에 대해 냉정한 태도를 견지해야만 비로소 현명한 행동이라 할 수 있을까? 이 모든 문제는 본래 상이한 '언어 내부'[3]와 언어의 문면적(文面的)인 의미 사이의 길항작

---

3) 어느 언어이든지 기호로 표기된 언어의 근저에는 그 언어를 사용하는 성원들의 세계관이나 문화심리 같은 요소들이 스며들어 있게 마련인데, 저자는 이를 '언어 내부'라고 표현한 듯하다 — 옮긴이.

용으로 발생한 것이기도 하지만, 그보다는 언어화(言語化) 이전의 문제라 할 수 있다.

아도르노(Adorno)는 미국에서 망명생활을 하던 시절에 이 점을 절실하게 느꼈던 듯하다. 괴테(Goethe)라는 위대한 전통을 낳고 계승하였던, 그러나 그러한 조국을 도무지 일체시할 수 없었던 유태인 지식인 아도르노. 그의 망명생활은 단지 나찌의 박해를 피하기 위해 어쩔 수 없이 유랑했던 시기가 아니라, 자신이 처한 실존상황을 진정으로 성찰할 수 있었던 계기였다. 아도르노가 느낀 문화적 일체화의 문제는 어쩌면 미국에서 망명생활을 하면서 진정으로 성립되었을지도 모른다. 언어적으로 아무런 장벽도 없는데 막상 해당 언어의 문화적 컨텍스트에 소속되지 못했을 때, 또 자신이 일체시할 대상이 갑자기 사라졌을 때, 아도르노는 '일체화'에 대해 진정으로 체험할 수 있었으리라. 나아가 그는 감수성 방면에서 훗날 『부정의 변증법』(*Negative Dialektik*)을 저술할 때 지닌 정서를 이미 이때부터 지녔던 듯하다. 그것은 사회와 전통이란 그물에 깊숙이 사로잡힌 한 개체의 고독한 상황에 대한 인지이며, 이를 기반으로 허구적인 동일성을 성찰할 수 있는 능력이다. 아도르노가 『최저한도의 도덕』(*Minima Moralia*)에서 탐구한 것은 그가 「감사의 말」에서 말한 것과 같이 "개인생활의 가려지고 주름진 곳에 침투하여 개인생활을 제어하는 각양각색의 객관적인 힘"[4]에 관한 것이었다. 또한 그는 탐구의 창 끝을 "개념세계에서 일어나는 보편자와 개별자의 화해가 역사현실에서는 한번도 실현된 적이 없다"라는 골치아픈 문제에 겨누었다. 아도르노는 자기중심적인 인식과 경험에 충실할 때 바로 사람들은 개체로서의 입장을 넘어설 수 있고 개체가 처한 진상을 밝힐 수 있는 통찰력을 잃게 될 것이며, 그 결과 한 개체가 직접적으로 경험한 것을 진정한 사상적 에너지로 더 나아가 인류세계와 소통할 수 있는 동력으로 전화

---

4) Adorno, Theodor W., *Minima Moralia*, 三光長治 譯, 일역본 『ミニマ・モラリア』, 法政大學出版局 1979, 1면.

시킬 수 있는 방도도 함께 사라지게 될 것이라는 의미심장한 사실을 지적하였다. 이것은 곧 개념세계에서는 가능한 보편자와 개별자 간의 화해가 현실에서 실현되지 못하는 원인이 어디 있는지를 암시해준다.

아마도 제2차 세계대전중에 망명한 독일의 유태인이라는 신분 때문에 아도르노는 이러한 철저한 통찰력을 지닐 수 있었던 듯하다. 그가 "지금 사람을 전율케 하는 현실을 직시하고, 그것을 견뎌내며, 부정(否定)의 의식을 풍부하게 갖춘 채로, 더 나은 세계에 대한 가능성을 탐색하는 냉철하고도 깨어 있는 눈빛을 잃지 않았을 때만이 비로소 우리에게 아름다움과 위로가 있을 수 있다"라고 선포했을 때, 또 "지식인의 경우, 침범당하지 않는 고독만이 오늘날의 연대를 지속할 수 있는 유일한 상태이다. 교제와 참여 그리고 타인과 협동할 수 있는 길을 도모하는 것이 바로 인성(人性)이라고 선전된다 하더라도, 기실 그 모두는 암묵적으로 인정해온 '인성 아닌 것〔非人性〕'의 위장에 지나지 않는다. 우리들이 연대해야 할 대상은 인류의 고뇌이다"[5]라고 선언하였을 때, 그는 이미 '일체화'의 새로운 방식을 다시 한번 제시하였던 것이다. 고독의 정도가 절대로 남보다 더하다거나 덜하다는 식으로 비교되지 않을 때 연대는 비로소 성립할 수 있으며, 강렬한 부정의 의식으로 인류의 고뇌와 대화하고 또 더 나은 세계의 가능성을 탐색할 때 일체화는 비로소 진실할 수 있다는 것이다. 고독을 회피하기 위한 참여는 본질적으로는 진실한 연대에서 이탈한 샛길에 지나지 않는다는 것이다.

내가 아도르노를 읽으면서 느꼈던 것은 한 철학가의 날카로운 지성만은 아니었다. 그것은 문화적 주변부에 처했던 한 지식인의 정확하고도 세밀한 감수성이었다. 비록 아도르노와 같이 긴장된 상황에 처해 있다 할 수는 없지만, 나 역시 어떤 의미에서는 그와 유사한 역설적인 상황을 늘 감지

---

5) Adorno, 같은 책 18~19면.

하고 있었다. 만약 당신이 어느 하나의 문화를 대표하여 말할 수 없다면, 이는 당신이 '분류'한 뒤에 남은 그 무언가에 해당한다는 사실을 의미한다. 어쩌면 남겨진 그 개별자가 바로 일체화로 향하는 참된 통로일지도 모른다. 그것은 당신을 보편성과의 섣부른 화해로 이끌지 않을 것이다. 그와는 반대로 아도르노가 말한 '인류의 고뇌'로 이끌 것이다. 만약 당신이 늘 자기중심적인 의식과 경험에서 벗어나 있었다면, 눈앞에 마주한 문제들은 직관적인 일체화를 파괴해주는 가장 효율적인 돌파구로 변할 것이다.

일본사상사 분야의 기본적인 문제를 해결하는 과정에서 나는 어느 한 가지의 문화나 분과학문에 내 자신을 일체화할 수가 없었다. 나는 내가 아무리 노력한다 해도 일본인처럼 사상적 유산 가운데 가장 미묘한 부분을 체득할 수 없다는 것을 알게 되었다. 그것들은 부호화된 언어로 정착되기 이전에 발생한 것으로, 기본경향으로서의 전통이라는 요소를 구성한다. 만약 그들의 존재를 체득하고 온몸으로 그들을 느끼고자 한다면, 가장 좋은 방법은 일본인으로 태어나는 것이다. 만일 나에게 간섭하는 '언어화 이전〔前言語〕의 요소'를 내가 의식적으로 배제하지 못한다면, 다시 말해 내가 살아온 문화에서 얻게 된 그 어떤 언어로도 표현할 수 없는 기본경향의 간섭을 배제하지 못한다면, 나는 언어를 효과적으로 사용하는 방식으로는 일본인과 그들의 사상적 유산을 공유할 수 없게 된다. 사실 우리들이 공용하고 있다고 믿는 모어문화권의 내부일지라도, 이와같은 문제는 결코 단순해지지 않는다. 예컨대 동일한 문화권 안의 개체 혹은 집단이라도 엄청나게 다양한 잠재의식이 존재한다. 그러나 이에 대해서는 잠시 논의를 미루기로 하자. 설령 공유할 수 있는 집단무의식을 설정할 수 있을지라도, 그 누가 자신의 '언어화 이전의 상태'를 진정으로 정확하게 파악할 수 있을 것이며 또한 전통 속에서 그것을 느낄 수 있고 서술할 수 있단 말인가?

학술계에서는 이러한 번거로운 문제들을 다른 분과학문으로 미룬다. 그러나 정신분석학파가 학리(學理)의 차원에서 이들을 문제화했다 할지라도, 그러한 곤경에 대한 회신을 직접적으로 드러낼 방도를 찾지는 못했다. 이 번거로운 문제에 직접 대면했던 아도르노조차도 부정의 변증법을 수립하는 데에 그친 것처럼 말이다. 이러한 곤경 가운데에서 문화의 본질을 해체한다는 탈근대의 입장은 그다지 효과적이지 못한 듯하다. 왜냐하면 해체 그 자체는 말로는 형용할 수 없는 '침묵'과 '공백'이 지니는 놀라운 조종능력을 도리어 은폐함으로써, 그러한 곤경을 더욱더 방비하기 어렵게 만드는 것 외에 거의 아무런 역할도 할 수 없는 듯하기 때문이다.

이러한 이유로 나는 정규과정의 사상사 연구방법에 기대어 내가 봉착한 문제를 풀고자 하지 않았다. 사상사 연구를 통해 해결할 수 있는 언어화 이전의 문제는 매우 적다. 그것은 접근하기 까다로운 미묘한 정감에게로 나를 인도해줄 수 없다. 나는 '털끝만큼의 실수로 엄청난 차이를 초래'하기도 하는 그러한 미묘한 정감이 실제상황에서 가장 처리하기 어려운 문제임을 갈수록 더욱 절실하게 느꼈다. 지금처럼 이렇게 유동적이고 불균형적인 '일체화'의 세계에서 가장 실제적이고도 가장 해소하기 어려운 차이는 결코 거시적인 대범주 안에 존재하지 않는다. 그것은 매우 미세하고 심지어는 개개인의 경험이라는 층위에 존재한다. 이데올로기적으로는 이른바 특수성을 기반으로 한 논술을 완전하게 제거할 수 있으며, 나아가 참으로 실제적이고도 광범위한 상호연동체계를 구현할 수도 있다. 그러나 우리들은 여전히 아도르노가 말했던 개인생활이나 사회생활의 주름진 곳에 은폐되어 있는 그러한 '문화삼투력' —— 이는 이데올로기 비판으로 간단하게 해체할 수 있는 '개별경험'이 절대로 아니며 또한 '개인화된 경험'도 결코 아니다 —— 을 해소하는 데에는 상당한 어려움을 느낀다.

십여년간에 걸쳐 일본 지식인과 교류하면서, 또 사상사 관련 자료를 접하면서 나는 이러한 '주름진 곳'의 존재방식을 체험할 수 있었다. 그리고 이들을 통해 무형의 문화삼투력을 추적하기 시작했다. 나는 그들의 존재를 깊이 느낄 수는 있었으나 중국어 혹은 일본어로 그것을 표현할 수 있는 능력은 없었다. 다만 나는 행복하게도 이러한 미묘한 처지를 기탁할 수 있는 일본 사상가들과 조우할 수 있었고, 그들간의 대화와 충돌 속에서 이러한 '주름진 곳'을 드러낼 수 있는 방법을 발견할 수 있었다. 그리고 그것은 대륙의 근대화방식에 대한 사고와 질문의 형식으로 구체화되었다. 이는 결코 근대화 그 자체에 대한 저항이 아니었다.

문화적 일체화의 발생은 근대화라는 전지구적 차원의 운동에 기대어 있다. 그러나 근대성담론의 시각만으로는 문화적 일체화의 가장 심층에 있는 주름들과 마주하기 어려우며, 그 주름진 곳에 삼투하여 있는 문화역량과 마주친다는 것은 더욱더 어렵다. "쾌속으로 달리는 선미(船尾)에 이는 물보라와 같다"라는 포스트구조주의의 그 유명한 은유처럼, 그들은 통상 형태가 없으며 순간적으로 나타났다가는 바로 사라지는 것들이지 지표면에 자신의 흔적을 뚜렷하게 남기는 존재가 아니다. 근대성담론이 처리할 수 있는 층위는 문화적 일체화의 문제를 '어떻게 주체성을 인지할 것인가'라는 기초적인 문제로 유도함으로써, 궁극적으로 주체성을 완전하게 구축하는 방향 대신에 주체성을 타격하는 쪽으로 문화적 일체화의 문제를 활용한다는 정도이다. 그러나 이론만으로는 그 잠재적인 층위에 도무지 도달할 수가 없다. 문제는 자아동일성이 도전을 받느냐에 있는 것이 아니라 그것이 늘 언명(言明)의 바깥에 존재한다는 데에 있다.

사실 '전지구화'가 거역할 수 없는 대세로 굳어지면서 그 어떠한 시대보다도 '개별'과 '보편' 사이의 화해가 더욱 어려워졌다. 그러한 어려움은 이론이나 언어의 층위에 드러나 있지도 않으며, 경제제도나 정치제도에 표출되어 있지도 않다. 또한 이데올로기적 대립구도 속에 존재하는 것도 아니다. 그것은 어쩌면 그 모두의 내부에 존재할 수도 있으며, 자신을 직접적으로 드러내지 않는 모종의 문화삼투력에 깊이 뿌리박고 있을지도 모른다. 이론이나 개념에 관해 추론하고 분석하는 과정에서 또 직접 경험한 것을 서술하는 과정에서 이러한 문화삼투력은 시종 그 어떤 틈과 침묵의 자리에 존재한다. '보편'의 대립물도 아니며 동시에 '보편'과 공모자도 아닌 이러한 '개별', 그것은 '보편성'적인 서사 속에 존재하는 이른바 '특수성'이라는 범주 바깥으로 미끄러져 나오게 된다.

일본 정신에 관한 자료를 깊이 파고들수록 나를 가장 당혹케 한 것은 하필이면 이러한 결코 추상화될 수 없는 '특수성'적인 '개별'이었다.

- 3 -

일본에 머물렀던 1995년 8월의 어느날, 나는 아주 우연한 기회에 한국에서 열린 동북아시아 사상사 관련 소규모 학술대회에 참석할 기회가 있었다. 그때의 한국행은 내가 알 수 없는 어떤 사유와 정감을 구성할 수 있었던 한 계기가 되었다.

그 학회는 요즈음 학계에서 흔히 볼 수 있는 학술토론회 형식으로 진행되었다. 한국 학자와 일본·중국에서 건너간 학자들은 중국사상사와 관련된 몇몇 문제에 대한 연구결과를 발표하였고, 토론을 거쳐 발표내용을 학리화(學理化)하는 작업을 수행하고 있었다. 그러나 그 특별한 해와 그 특별한 달에 있었던, 동아시아지역 주민들의 기억에 막대한 영향을 미쳤던 역사적 사건이 이 '사상사'라 명명된 학술토론회에서는 전혀 다루어지지 않았다. 제2차 세계대전 말이다.

중국인으로서 그러한 장면을 지켜보고 있노라니 마음의 평정을 가눌 길이 없었다. 비록 토론회 자리에서는 제2차 세계대전 문제를 언급하지 못했지만, 별도의 모임에서 이 문제를 제기할 기회가 있었다. 나는 한국 친구더러 한국에 대해 매우 우호적인 일본 친구에게 그 문제에 관해 물어볼 것을 청했다. 잠시 후 한국 학자가 일본 학자에게 전쟁책임문제에 대해 어떻게 생각하느냐고 묻자 장중의 분위기는 일순간 매우 어색해졌다. 분노한 질문자나 어물쩍 넘어가려는 답변자 모두 동일한 문제를 마주하고 있었다. 우리가 아무리 개인적 차원에서 우호와 평화를 향해 함께 나아가는 데에 동의한다 해도, 그것이 역사적인 화해를 의미할 수 없다는 까다로운 문제에 말이다. 설령 우리들 자신이 제2차 세계대전을 직접 경험한 것은 아니라 할지라도, 우리들은 여전히 역사적인 은원(恩怨)관계에 있을 수밖에 없었다.

나는 지금까지도 그 장면을 잊을 수가 없다. 그러한 장면은 대륙에서도 종종 목격된다. 아마 타이완 독자들에게도 이러한 어색함은 결코 낯설지 않으리라. 우리들이 우호를 앞세워 그러한 어색함을 덮어보려 하면, 그것은 한층 더 선명한 모습으로 우리에게 되돌아오곤 한다. 이같은 원한과 어색함은 순수한 개인적 경험이나 이데올로기적 조작의 결과가 결코 아니다. 마치 개인적 경험이나 이데올로기에 의해 촉발된 듯이 보인다고 해서 모든 원인을 그들에게로만 돌리는 것 역시 잘못이다. 원한과 어색함은 분명 질서정연하던 상황을 돌변시켜 평형을 잃게 한다. 한순간에 기존의 모든 이론과 전제들을 어둠속에 몰아넣음으로써, 주름진 곳에 도사리고 있던 침묵의 힘이 돌연 눈앞에 드러나기 시작한다. 나는 '민족주의'라는 용어만으로는 그것을 형용할 방도가 없다고 생각하며, 화해라는 바람만으로는 그것을 제거할 수 없다고 본다. 따라서 문제의 관건은 역사적으로 형성된 은원관계가 단지 어색함을 초래하는 데서 그치는 것이 아니라, 당면한 문제의 본질을 비켜가게 함과 동시에 '민족의 기억'이라는 형식으로 민족적 일체감을 강화하고 완전하게 하며 나아가 사람들에게 아도르노가 비판했던 의미에서의 인성이라는 가면을 쓰게 하여 도리어 인류의 고뇌에서 멀어지게 한다는 점을 명확하게 인식하는 데에 있다.

나는 대륙의 동북부에 위치한 챵춘(長春)시에서 태어났다. 그곳이 과거 만주괴뢰국의 수도였던 탓에 나는 결코 개인적인 경험에 국한될 수 없는 복잡한 정서를 비교적 쉽게 이해할 수 있었고, 그러한 정서가 지니는 파괴적인 효능에 대해서도 명쾌하게 이해할 수 있었다. 문제는 이러한 잠재적인 감정의 갈등은 사람의 생명 및 존엄성과 직접 연관된 것이기 때문에 마땅히 신중하고도 섬세하게 다루어야 하며, 때로는 존중해야 한다는 점을 나뿐만 아니라 모든 사람들이 알고 있을 것이라고 내가 믿었다는 점이다. 그러나 만약 감정을 존중할 줄 알고 또 감정문제의 복잡성을 이해할 수 있는 능력을 갖춘다면, 우리는 최소한 인류역사상 오래된 난제인 복수와 정의라는 문제를 당연히 다른 방식으로 바라보고 느낄 수 있게 될 것이다.

나는 지금까지도 고향인 안서군 징감을 잊지 않았다. 챵춘은 꾀지만 아름다운 도시였다. 그러나 그곳에는 내가 일체화할 만한 '전통'이라는 것이 없었다. 나는 한족(漢族) 출신이었기에 챵춘의 토착민이 될 수 없었다. 설사 만주족(滿洲族) 형제들이 완벽하게 '한족화'되었다고 하더라도, 또 내가 그곳에서 태어났다고 하더라도, 나는 사실상 문화적으로는 여전히 이방인이었다. 나는 남부 출신, 특히 고향이 쟝쑤성(江蘇省)과 져쟝성(浙江省) 일대[6]의 친구들이 늘 가보를 꺼내놓고 자랑하듯, 동향 출신의 명사와 일화, 갖가지 문화적 사건에 대해 이야기하는 것을 들어왔다. 그런데 나는 그러한 이야깃거리가 없었다. 게다가 챵춘은 현대사상 굴욕적인 기억으로 충만한 곳이었다. 뻬이징에 정주한 지 거의 이십년이 다 되었음에도 나는 아직도 타지에서 온 손님을 모시고 뻬이징의 명승고적을 유람할 때면 늘 챵춘의 명승고적이 된 만주괴뢰국의 황궁과 일본인이 건축한 '내각' 각 부서의 집무실 건물을 떠올리곤 한다. '국족(國族)'[7]의 서사에서 이들 명승고적은 늘 말로 표현할 수 없는 개운치 못한 여운을 환기시키곤 했다. 그러한

---

6) 이 두 지역은 양쯔강(揚子江) 이남에 위치하여 역대로 '강남(江南)'이라 불리던 곳으로, 풍부한 물산(物産)과 빼어난 경관으로 유명한 지역이다. 특히 남조(南朝)시대 이후로 문인관료 대다수를 배출한, 중국문화의 실질적인 중심지였다 ─ 옮긴이.

7) 국가를 중심으로 형성된 민족을 의미한다. 서구 근대 민족국가 출범 당시의 'nation'을 가리킨다 ─ 옮긴이.

개운치 못한 감정이 내 혈액 속에 깊이 깊이 삼투되어 있었던 것이다.

나는 아마도 만리장성 이남의 동포보다 더욱 복잡한 문화적 일체화의 과정을 겪은 것 같다. 이러한 복잡성 때문에 내 자신은 아도르노가 일찍이 직면했던 진실에 접근할 수 있었다. (비록 그 내용과 정도 면에서는 당연히 아도르노와 견줄 수는 없지만.) 만약 당신이 선험적으로 존재하는 전제를 인정하지도 않고, 이미 통용되는 선험적 규칙에 기대어 사고하지도 표현하지도 않는다면, 당신의 사고는 필시 오로지 한길로만 치닫는 직선의 궤적을 띠게 될 것이다. 그렇다면 지적 작업을 시도하는 한 개체로서의 당신은 이 세계와 도대체 어떻게 만날 수 있단 말인가? 바로 이 때문에 나는 아직까지도 고향을 생각할 때마다 감격에 젖어들곤 한다. 비록 내가 십여 년 동안이나 뻬이징에서 그다지 멀지도 않은 챵춘에 다시 가본 적은 없지만, 그래서 챵춘의 오늘날의 모습에 대해 아는 것도 별로 없지만, 고향에 대한 나의 원초적인 기억은 챵춘이 어떻게 바뀌든지간에 결코 사라지지 않을 것이다. 이는 고향이 나에게 준 것이 일체화의 원점이 아닌 일체화에 대한 회의였기 때문이다.

나는 직관이라는 층위에서도, 또 원초적 체험과 같은 직접적인 방식으로도 내 자신의 문화적 일체화를 수행해본 적이 없다. 이는 앞에서도 얘기했듯이 내 개인적인 이력과 관련이 있을지도 모른다. 그러나 그것은 내 인생의 절반 동안에 겪은 이력일 뿐이다. 나머지 반은 제2의 고향인 뻬이징에서 겪었다. 사실 뻬이징에서 살아온 날도 역시 챵춘에서 보낸 시절과 거의 맞먹는다. 내가 뻬이징에 정주하지 않고 강남(江南)의 어느 유구한 역사를 자랑하는 한 도시에서 살았더라면, 아마도 나는 그곳의 문화풍토에 의해 또다른 형태로 주조되었을 것이다.

뻬이징에서 나는 오랫동안 마음속으로 흠모해온 고향을 발견할 수 있었다. 나는 톈안먼(天安門)광장의 그 실제적인 수요를 훨씬 웃도는 광활한 공간이 주는 느낌을 사랑하며, 징샨(景山)공원에 올라 규칙적으로 배열된 자금성(紫金城)을 즐겨 굽어본다. 톈탄(天壇)공원의 기년전(祈年殿) 밑에서 명상에 잠기기를 좋아하며, 자전거를 타고 수수께끼와도 같은 뻬이징의 골목 속을 마냥 헤매기도 한다. 제왕의 기운으로 충만하면서도 소박한 기풍이 넘쳐나는 뻬이징. 그에 대한 연모는 챵춘에 대한 감정을 훨씬 넘어선다. 그러나 모든 이방인들에게 당당하게 개방되었던 뻬이징은 오히려 나에게는 일체화의 가능성을 허락하지 않았다. 뻬이징은 내가 '선택'한 것 중 하나에 불과했다. 뻬이징과 나 사이에는 그 어떤 필연적인 연관도 없었기에 지금까지도 나는 누군가 나에게 "당신은 뻬이징 사람입니까?" 하고 물으면, "저는 뚱뻬이지구 사람입니다"라고 자연스럽게 대답한다. 뻬이징은 나에게 그런 도시였다. 이 도시는 원(元)·명(明)·청(淸)의 세 왕조와 세 민족[8]이 공동으로 건립한 오래된 도성이었기에 예전부터 '자아'를 얽어매는 순수성 따위는 없었던 것이다. 공교롭게도 뻬이징의 바로 이같은 특성 때문에 뻬이징의 아들딸들이 제각각 상이한 자아를 가질 수 있었으며, 이를 통해 도리어 무한히 풍요로운 동일성을 공유할 수 있었다.

나와 모어문화의 연계는 이렇게 구축되었다. 이러한 상황에서 나는 일본을 만났고, 또 '중일(中日)간의 역사'로 창 끝을 겨누었을 때 겪게 되는 그러한 개운치 않은 감정과도 만났다. 나 또한 혈액 속에 투박한 '민족적 상처에 대한 기억'이 흐르고 있음을 인정한다. 그것이 나라는 개인이나 가족의 경험에서 생성된 것이 아닐지라도 말이다. 그러나 나는 '문화적 일체화' 과정에서 민족적 상처에 대한 기억에 사로잡혀서 또 '사죄―화해'라는 단순화된 틀 안에만 안주하면서 중일간의 역사와 대면한다는 것을 용납할 수 없었다. 우리 중국의 역사를 제멋대로 단순화할 수 없는 것처럼, 일본과 일본역사 또한 결코 어느 한 가지로만 해석될 수 있는 존재가 아니었다. 일본어를 잘하게 되면서 나는 일본인의 '고뇌'에 더 깊이 파고들 수 있었고,

---

8) 원의 몽고족, 명의 한족, 청의 만주족을 말한다 ― 옮긴이.

결국에는 내 방식으로 그것을 공유하고자 시도할 수 있게 되었다.

나는 정말 운좋게도 일본 지식계의 훌륭한 스승, 친구들과 교류할 수 있었다. 그들은 모두 '국제주의자'의 풍모를 풍기지 않았으며, 내게는 없었던, 단순하지만 그렇기에 무척 견고할 수 있었던 '문화적 일체감'을 지닌 듯이 보였다. 그러나 이러한 점은 내가 그들과 진정으로 소통하는 데에 아무런 장애가 되지 않았다. 아마도 그들 또한 늘 깊이 사고하고 회의하며, 그 와중에 만나게 되는 갖은 고뇌를 회피하지 않았기 때문이리라. 과연 이들 일본인 선배와 친구들이 한걸음 더 나아가 우리 중국 지식인과 공동으로 그러한 난처함에 당당히 맞설 수 있는 지적인 입장을 세울 수 있을까?

이러한 바람은 그야말로 야심만만한 생각이었다. 나는 학술발표회 일정을 마무리지은 후 당시 내가 연구하고 있던 토오꾜오로 돌아왔다. 얼마 후 나는 미조구찌 유우조오(溝口雄三) 선생에게 나의 생각을 솔직하게 털어놓았다. 그런데 아무런 기대도 없이 무심코 한 행동이 발단이 되어 대담한 기획이 하나 탄생하였다. 중국과 일본의 지식인간의 '지식공동체'를 건립하자! 미조구찌 유우조오 선생의 부지런한 노력과 일본국제교류기금(The Japan Foundation)의 열정적인 지원 아래 이 운동은 부단히 새로운 성과를 만들어내며 지금까지 벌써 5년간 지속되었다. 나 자신도 이 '액체적'인 운동에 참여함으로써, 켜켜이 쌓인 난관과 갖가지 좌절로 가득했던 탐색의 시간을 견뎌낼 수 있었다. 그리고 나는 드디어 일본사상사에 대해 피상적이나마 감을 잡을 수 있는 단계로 접어들었다.

– 4 –

이 책에 수록된 글은 기본적으로 이 '지식공동체' 운동을 하는 과정에서 쓴 것들이다. 글을 쓰면서 나는 근본적이라 판단되는 하나의 문제에 대해 차츰 분명하게 자각할 수 있었다. 그것은 지식인의 비판적 사고는 자신을 정립하는 과정을 거쳐야만 비로소 구축될 수 있다는 깨달음이었다.

문화대혁명시기에 성장했던 나는 '상산하향(上山下鄉)'[9]의 막차를 탔다. 그러나 나는 짧고도 피상적이었던 그 생산현장에서 지낸 경험을 통해 전부터 지녀왔던 지식인과 농민의 결합에 대한 유토피아적인 환상을 깰 수 있었다. 내가 평생을 농민처럼 생활하고 그들처럼 생각하겠다고 결심하지 않는 한, 농민들이 아무리 나에게 잘해준다 하더라도 나는 여전히 농민이 될 수 없다는 사실을 분명하게 깨달았던 것이다. 돌이켜보면, 내가 오로지 농민의 목소리로만 이야기하는 것 외에 내게는 그들을 대신하여 발언할 자격이 없었던 것이다. 그때의 깨달음은 도시로 돌아온 후에도 쉬이 가시지 않았다. 오히려 점점 깊어지고 넓어져, 결국 이론과 현실의 관계에 대한 사고로 확장되었다. 나는 현실참여에 대한 지식인의 열정이 늘 유효할 수 있는지에 대해 회의하기 시작하였고, 참되다 할 수 있는 사회적 실천을 그들이 정말로 수행할 수 있는지를 고민하기 시작했다. 당시의 그다지 성실하지 못했던 '상산하향'의 경험은 이렇듯 나에게 이론과 현실 사이의 문제에 대해 사고하도록 해준 최초의 발단이었다. 그것은 아무렇지도 않게 세상을 비판하곤 했던 나의 도덕적 격정을 제거해주었으며, 이론과 실천의 참된 관계를 찾아나선 나의 열정을 더욱 강하게 만들어주었다. 학술계에 종사한 이후로 나는 관습적으로 용인되어온 이론과 실천에 관한 대륙 지식계의 이분법적 설명이 줄곧 불만이었다. 그러한 이분법으로는 "왜 이론은 대부분의 상황에서 현실문제의 해결이나 설명에 직접적으로 적용되지 않는가"라든지, "왜 현실의 복잡한 문제는 늘 이론 속에서는 그 모습을 찾아볼 수 없는가" "이론과 실제의 결합은 어떠한 경로를 거쳐야만, 또 어떠한 과정을 밟아야만 비로소 실현될 수 있는가. 그것은 도대체 어떠한

---

9) 문화대혁명시기 홍위병들을 지방으로 내려보내 노동자·농민과 함께 생활하며 이를 통해 혁명을 전파하고 그 의지를 높이고자 했던 운동 ― 옮긴이.

여건에서 실현 가능하며, 또 어떠한 상황에서는 허구적이 되는가" 등의 문제와 효과적으로 대면할 수 없었기 때문이다.

이 책에 실린 「마루야마 마사오(丸山眞男)의 딜레마」라는 글은 비교적 이른 시기에 쓴 글로, 바로 위와같은 문제의식 때문에 쓰게 되었다. 마루야마를 읽으면서 나는 일본의 정치사상사에 대한 무지를 넘어, 이 분야와 이 출중한 사상가에 대해 깊고도 두터운 흥취를 느낄 수 있었다. 비록 서툴지만 내 자신의 방식으로 일본사상사와 대화를 나눌 수 있다는 자신감도 생겼다. 나는 어렴풋하게나마 그곳에는 문학이라는 분과학문에서는 접할 수 없었던 기본적인 사유가 담겨 있음을 느낄 수 있었다. 그리고 대륙의 동일 분야에서는 찾기 어려웠던 걸출한 인물과 저작이 존재하고 있음을 나는 분명하게 알 수 있었다.

이 글을 완성한 후에 나는 이전부터 줄곧 지녀왔던 이론과 현실 사이의 문제에 대해 천착할 요량으로 이 책의 저술을 기획하기 시작하였다. 그러다 나는 마루야마 마사오에 의지하는 것만으로는 이 문제를 마땅히 도달해야 하는 깊이까지 심화시킬 방도가 없음을 알게 되었다. 마루야마가 이론과 현실 사이의 문제를 제시하기는 했지만, 정작 그 자신은 이 문제의 천착에 별다른 흥미를 못 느꼈기에 발생한 현상이었다. 사실 마루야마는 이론과 현실 사이의 긴장관계를 이론의 층위에서만 논의하였던 탓에 이 문제에 대해 적극적으로 대처해갈 수 있는 연구방법을 구축하는 데에는 아무런 흥미를 느끼지 못했던 것이다.

바로 이때에 나는 타께우찌 요시미(竹內好)와 만났다. 이 독특한 일본인 사상가를 처음 접한 것은 처음으로 일본을 방문하였던 1988년이었다. 나는 일본 정치사상가의 전집을 대부분 읽었는데도 타께우찌 요시미와는 미처 만나지 못했다. 그는 마음만 먹으면 언제라도 파고들 수 있는 만만한 사상가가 아니다. 그와 비슷한 강도로 고뇌와 좌절을 겪지 못했다면, 그와는 단지 어깨 한번 스치고 지나간 것에 불과하다. 또한 그가 살았던 시대의 사상체계에서 그가 차지하는 독특한 위상을 간파하지 못한다면 그의 사상적 윤곽을 있는 그대로 드러낼 수 없게 된다. 타께우찌 요시미를 읽고 또 그와 진정으로 만난다는 것, 그것은 마루야마에 다가서는 일과는 비교가 안 될 정도로 훨씬 힘들고도 지난한 작업이었다. 나는 「타께우찌 요시미의 패러독스」라는 글을 쓰면서야 비로소 이 독특한 사상가의 매력을 느낄 수 있었으며, 그 속으로 깊이 빨려들어갈 수 있었다.

그 직접적인 계기는 '지식공동체'에 마찰과 오해로 충만했던 대화였다. 서로 대화를 나누는 과정에서 나는 대화 당사자들이 끊임없이 충돌하는 것을 목격하였는데 이는 어느 한 어휘에 대해 각자가 자신의 견해만을 고집함으로써 생겨난 현상이었다. 대부분의 경우 사람들은 동일한 개념을 다른 사용자가 어떻게 다르게 쓰는지, 그 미묘한 차이를 명확히하는 데에 주목하지 않았다. 자신의 견해만을 고집하는 상황은 '중국과 일본' 학자들 사이에서만 있었던 것은 아니다. 중국 학자와 일본 학자 각각의 '내부'에서도 자주 발생하였다. 이를 통해 나는 어떠한 집단이든지간에 사람들은 무척 제한적인 전제를 공유한 상태에서 교류하고 서로 대화하고 있음을 깨닫게 되었다. 통상적으로 사람들은 "오해는 이해의 시작이다" 혹은 "창조적 오독이 지니는 의미" 등을 운운하며, 이 확장 가능한 문제를 대강대강 처리해왔던 것이다. 따라서 문제는 분명히 개념과 어휘라는 측면에 있었다. 만약 우리의 학술적인 관습 속에 개념과 어휘에 대한 역지사지(易地思之)의 배려가 더욱 많아진다면, 우리는 아마도 이 세계의 복잡성을 더욱 깊이까지 드러낼 수도 있을 것이다. 거듭되는 대화와 충돌 속에 나는 당시 타께우찌 요시미가 '어휘'를 신임하지 않았던 이유를 진정으로 이해하게 되었고, 동일한 어휘의 근저에서 상이한 뜻과 '행간의 말'을 발굴할 수 있는 능력을 함양하기 시작했다. 그리고 내친김에 마루야마 마사오와 타께우찌 요시미가 동일한 사회적 여건과 사상적 환경에서 서로 다르게 구사했던 어휘와 개념에 관한 전략을 비교 고찰하였으며, 이를 통해 그들은 정신구조 면에서 상호보완적 관계를 맺고 있었음을 발견할 수 있었다. 마루야마 마사오가 명쾌한 사변과 내재적 동일성을 추구하면서 부득이하게 다양한 함의를 내포한 사물을 내칠 수밖에 없었다면, 타께우찌 요시미는 반대로 다양한 함의로 가득한 사물 앞에서 자신의 '문학구조'에 기대 새로운 문제들을 구축하였다. 이러한 숨어 있는 구조는 일본현대사상사에 줄곧 존재해왔다. 이 점은 우리네 동아시아의 각 지역에서 공유하는 가장 기본적인 형식으로 근대성 문제가 존재해왔음을 시사해준다.

타께우찌 요시미는 바로 이러한 상황에서 내 사유의 깊은 곳에 거점 하나를 만들어주었다. 그는 내가 이론과 개념 세계의 유한성을 꿰뚫어볼 수 있도록 인도해주었다. 그렇다고 단순하게 이론의 반대쪽에 나를 세운 것은 아니었다. 그는 내게 이론과 실천이 진정으로 결합 가능한 층위를 습관적으로 모색하게 해주었다. 마침내 나는 그 층위가 마루야마 마사오의 이론적 서술 속에 있는 것이 아니라, 타께우찌 요시미의 지성적 활동 가운데에 있음을 알게 되었다. 타께우찌 요시미는 원리란 '액체적'으로 존재하며 시시각각으로 조성된 긴장감에 의탁하여 구체적인 형상을 띠게 된다고 여겼다. 그가 현실의 실제 전개에 주목할 수 있었고 예단된 관념과 형식의 방해를 받지 않을 수 있었던 것은 원리에 대한 그러한 인식 때문이었다. 그래서 나는 타께우찌 요시미를 따라 일본의 근대로 들어갈 수 있었으며, 그로부터 루 쉰에 들어갈 수 있는 새로운 시각이 계발되어 다시 중국의 근대로 들어갈 수 있었다.

이 책에 수록된 「근대를 찾아서」는 겉으로는 일본의 근대 문제를 정리한 듯이 보이나, 실제로는 중국의 근대성 문제가 존재하는 방식을 초보적으로 고찰한 글이다. 우리는 부지불식간에 근대성담론을 시대를 앞서나가는 사유로 간주해왔다. 특히 동아시아에 관해 그것은 담론형식으로 존재하고 재생산되며, 각종 문화사조나 사회사조 또는 문화운동이나 사회운동 따위를 촉발한다. 설사 '탈근대'담론이 '근대'를 비판하고 해체했다 하더라도 근대성의 '선진'성은 조금도 동요되지 않았다. 사실 담론이라기보다는 감수의 형식에 더 가까운 이 무형의 진화담론은 우리들의 사고방향과 문제설정에 절대적인 영향을 미친다. 루 쉰이 중국에서 '선진화'되고 '선각자'로 추앙된 것은 이러한 잠재적인 담론적 감수성과 밀접한 관계가 있다. 타께우찌 요시미는 문제의 진정한 소재지로 우리를 인도해주는 효과적인 사유를 제공했다. 곧 사고에 앞서서 존재하는 서구의 근대성 명제(혹자는 이들을 서구 역사 속으로 돌려보내야 한다고 말한다)가 해체된 후에야 우리는 비로소 서구에서 도래한 사상적 자원이 어떻게 토착화되었으며, 그것과 토착사상 간의 가장 기본적인 논쟁은 어떠한 구조적인 문제였는가 등의 물음을 진정으로 사고할 수 있게 된다는 것이다. 동시에 이러한 관찰을 통해 우리는 토착사상의 진정한 개방을 실현할 수 있으며, 나아가 근본주의적 형태를 띠는 '동서문화의 대립'이라는 틀에서, 또 말할 수조차 없이 엉켜 있는 복잡한 상황에서 벗어날 수 있게 해준다는 것이다.

타께우찌 요시미는 줄곧 임계점에서 작업을 수행하였다. 그는 '한걸음 차'라는 표현을 즐겨 사용하여 이러한 임계상태가 지니는 특유의 긴장감을 표현하였다. 일본의 아시아주의에 대한 논의에서 그가 주목했던 부분은 아시아주의가 일본근대사에서 어떻게 '한걸음 차'로 연대에서 침략으로 미끄러졌느냐였다. 또한 그는 일본 민족주의에 대한 논의를 통해 국민이라는, 국가주의와 대립적일 수밖에 없는 주체형성을 방해한 기본적인 요소의 규명에 주로 매진하였다. 그는 평생토록 이러한 '자연주의'적 정신풍토와 투쟁하였다. 전후 일본에서 수행된 민주주의 형식에 대한 논의에서도 그가 주목한 부분은 민주주의의 '비토착성' 때문에 생길 수 있는 왜곡 또는 굴절의 가능성이었다. 곧 민주주의가 그 관념에서부터 체제에 이르기까지 다 일본 고유의 것이 아니었던 탓에, 일본에서 가장 보수적인 것들이 민주주의의 탈을 쓰고 참된 민주주의로 행세할 수도 있다는 것이다. 타께우찌 요시미가 그럴 수 있었던 것은 아무래도 일본 정신계 상황에 대한 그의 날카로운 판단 때문인 듯하다. 그는 일본 보수세력의 정신적 풍토를 '우익'이라는 정치적 입장 하나로 결코 단순하게 수렴할 수 없으며, 전후 민족주의에 대한 좌파 지식인의 비판이 '자아부정'이라는 일본 전통 속의 우량인자를 도외시하였기에, 비판과 건설이 유기적으로 결합되지 못했다고 보았다. 그 결과 일본인의 문화적 일체감을 추동했던 여러 인자 중, 일본사회에서 부단히 재생산되어온 '일본인의 자신감'이라는 감정적인 역사기억만이 문화적 일체화의 유일한 도구로 작동하게 된다. 그것은 대충대충 얼버무리고 되는 대로 끼워맞추는 방식으로 일본인의 문화적 일체감을 추동해낸다. '대동아전쟁(大東亞戰爭)'의 역사가 왜곡 서술되어 있는 자유주의사관에 입각한 역사교과서와 코바야시(小林) 만화의 출현 그리고 그 조잡하고 저열한 수준인데도 이들이 한때를 풍미했다는 사실은 타께우찌 요시미의 분석이 정확하였음을 뒷받침해준다. 그는 줄곧 정치적으로는 바람직하지 않을 수도 있다는 위험성을 무릅쓰고 이러한 통합방식을 대신할 수 있는 방도를 찾고자 하였다.

결코 성공할 수 없었던 그의 시도는 동아시아 근대성문제가 기본적으로 본토/외래, 공동체/국제화라는 서사구도의 외부에 존재하며, 그 외부가 바로 우리 자신의 근대성이 힘겹게 성장해온 공간이라는 점을 말해준다. 그 공간은 이와같은 양자간의 대립과 항쟁구도에 의존함과 동시에 시시각각으로 '한걸음 차'라는 방식으로 자신을 그들 가운데서 구별해낸다. 그것은 서구의 이론틀이나 재래의 심정적 경향으로 단순하게 수렴될 수 있는 공간이 아니다. 그것은 우리들이 부득불 대면할 수밖에 없는 근대성의 진실한 모습이며, 그로부터 생성된 까다로운 문제들은 아직까지도 우리들의 근대정신을 둘러싸고 있다.

'아시아는 무엇을 의미하는가'라는 문제는 이렇듯 내게는 너무나도 절실한 물음으로 다가왔다.

아시아에 대한 관심의 차이는 아마 대륙과 타이완 지식계 사이의 가장 큰 변별점일 것이다. 나는 대륙의 지식계가 아시아문제를 '중국중심주의'로 대충대충 귀결시킨다는 견해에 결코 동의하지 않는다. 그 실제는 훨씬 더 복잡하기 때문이다. 어쩌면 실제에 가장 근접한 해석은 대륙의 중국인들은 주변부라는 개념이 결여된 '국족관념'을 지녀왔고, 그러한 관념은 중국의 광활한 토지와 수천년간 지속되어온 '격동의 역사'에서 비롯되었다는 식의 설명일 것이다. 나는 일본사상사를 접한 후에야 비로소 중국이 넓고 크다는 것이 궁극적으로 무엇을 의미하는지에 대해 인식할 수 있었다. 그것은 무엇보다도 격동을 수용할 수 있는 능력이었다.

일본에서 이 점을 가장 분명하게 이해하였던 사람은 타께우찌 요시미일 것이다. 중국에 관한 그의 판단 중 상당수가 이상화와 단순화의 오류에 빠져 있기는 하지만, 그는 중국의 이 격동을 수용하는 능력을 정확하게 간파하였다. 1966년 6월, 한 신문사와의 인터뷰에서 그는 꿔 모뤄(郭沫若)가 비판받고 자아비판을 하는 상황에 대해, "일본처럼 이렇게 고정적이고, 현상유지에 급급한 정체된 사회에서는 그러한 일은 어쩌면 큰 사건이 되었을 것입니다. 그러나 중국처럼 그렇게 부단히 요동쳤던, 그래서 늘 혁명의 상태에 처해 있던 경우에는 아마도 그것은 그다지 크게 놀랄 만한 일이 못될 것입니다. 어느날 아침이면 마오 쩌둥(毛澤東)이 비판받고 있을지도 모릅니다"[10]라고 하였다.

대륙의 중국인들이라고 해서 사회적 격변을 좋아하는 것은 아니다. 단지 역사가 중국 땅에 격동을 수용할 수 있는 여러 능력을 부여하였을 따름이다. 쑨 원(孫文)은 그 격변의 시기에 '대아시아주의'의 구호를 제창하였

---

10) 竹內好「豫見與錯誤」, 『竹內好全集』, 築摩書房 1981, 421~23면.

다. 그리고 15년간 국부에서 시작하여 전체로 확대된 항일전쟁의 역사[11] 속에서 중국은 일찍이 가장 절실하게 필요로 했던 아시아의 맹우를 잃게 되었다.[12] 그러나 설령 이같은 역사적 원인이 없었다 할지라도, 다시 쑨 원의 「대아시아주의」를 읽어보면 예컨대 왕도(王道)에 대한 서술에서는 여전히 주변에 대한 감각적 의식이 결여되어 있음을 발견하게 될 것이다. 모든 것이 이데올로기가 된 지금, 가장 간명하게 이해할 수 있는 방식은 이 '왕도'에 대한 동경을 대중국주의(大中國主義)로 분류하는 것이다. 실제로 한국과 일본의 형제들이 이렇게 했을 때 내가 취했던 태도는 심정적인 동의였다. 그러나 타께우찌 요시미는 내게 '한걸음 차'가 나는 지점에서 역사적 진실을 찾으라고 가르쳤고, 바로 이 때문에 나는 그러한 비판을 수긍할 수 없었다.

나는 결코 서구에서 발원된 시각에 의존하여 중국인의 아시아관념을 고찰하려 하지 않았다. 서구에서 제기된 아시아문제에 대한 답변에서부터 아시아 내부에서 제기된 아시아문제에 대한 답변에 이르기까지, 사실 그 모든 것은 서구 내부의 아시아담론의 변화와 동서양 사이의 역학관계에서 자유롭지 못하다. 그러나 나는 이 과정에서 우리가 마땅히 해야 할 일이 무엇인지에 대한 요청이 축적되어왔다고 믿는다. 그것은 아시아가 서구를 그리는 과정에서 역사적으로 형성된, 사상 면에서의 아시아 각 나라간의 역학관계에 대한 정리이다. 중국을 다른 서술방식으로 대체한 아시아주의 이념의 존재방식과는 상반되게도 일본의 아시아주의는 놓쳐서는 안될 여러 문제를 하나의 흐름으로 꿰어내고 있다. 나는 일본의 아시아주의가 구축한 것에 대해 논의하기를 희망한다. 이는 결코 일본의 아시아 관련 논의

---

11) 중일전쟁은 1937년에 발발했지만, 저자는 일제가 만주를 침략한 1931년부터 항일의 역사가 시작되었다고 본 듯하다 — 옮긴이.

12) 전통시기 화이론(華夷論)적 세계질서하에서 최외곽의 주변부를 구성하였던 일본을 잃음으로써, 주변부에 대한 감각적 의식을 지닐 가능성이 더욱 없어졌다는 의미이다 — 옮긴이.

에서 은폐한 군국주의와 영토확장의 야욕을 단순하게 비판하자는 것이 아니다. 그것은 타께우찌 요시미가 제시한 역사를 대하는 시각으로 아시아주의를 보자 함이다. 그의 시각은 우리의 사유를 "일본의 현대사에 등장한 아시아 관련 사고에는 어떠한 문제의식이 있었는가" "그것과 일본의 사회사조 사이의 관계는 어떠했는가" 같은 문제 속으로 인도해줄 것이다.

그러나 솔직히 고백하자면, 내가 이 글을 쓰게 된 동기는 앞에서 말한 이유 때문만은 아니었다. 사실은 개인적인 처지가 더욱더 큰 이유였다.

「타께우찌 요시미의 패러독스」 상편을 쓴 다음에 나는 티께우찌 요시미의 논리 속으로 깊이 빠져들어가고 있는 내 자신을 발견할 수 있었다. 물론 이렇게 몰입함으로써 자양분을 충분히 섭취할 수 있다는 점은 잘 알았지만, 내 자신의 목소리가 아닌 '타께우찌 요시미의 어조'로 말을 하게 될까봐 두려웠던 것이다. 나는 아무리 위대한 사상가라 할지라도 단순히 그를 추종하고 모방하는 자들에게는 그 어떤 가능성도 없음을 잘 알고 있었다. 타께우찌 요시미에 대한 이상화와 절대화는 나의 독자적인 사고능력을 잃게 할 수도, 나의 지속적인 전진에 장애가 될 수도 있었다. 타께우찌 요시미의 그늘에서 벗어나기 위해 나는 하편을 쓰는 작업을 중단하고는 일본의 아시아주의 관련 논의를 통해 타께우찌 요시미를 상대화하고자 하였다.

어떤 사상가가 마력을 지닌 경우라면 그에게서 벗어나기란 무척 힘든 일일 것이다. 나는 아주 힘겹게 타께우찌 요시미와 거리를 유지하였다. 그러나 나는 그의 마당발식 논의를 비판하는 가장 간편한 방법을 사용하지는 않았다. 그 이유는 어떠한 사상적 유산이든지간에 그것을 계승할 때에는 태도를 신중히해야 한다. 특히 타께우찌 요시미같이 다양한 분야와 주제를 넘나들면서 지적 작업을 수행하다 우리를 떠나간 사상가의 경우에는 더욱더 그러하다.

일본의 사상적 유산을 계승하고자 하는 갈망 때문에 나는 중국인으로서 내게 요청된 '예절'[13]을 넘어설 수 있었다. 돌이켜보면 이러한 태도가 나의 문화적 일체화를 만들어냈던 듯하다. 그러나 내가 다른 나라에서 수행된 일본의 사상적 유산에 대한 논의를 안 보고도 당당할 수 있는 것은 일본의 사상적 유산 그 자체가 지닌 역량 때문이었다. 일본의 문화적 전성시기에 활동했던 '전근대' 사상가인 오규우 소라이(荻生徂徠)의 경우, 나는 아직까지도 그의 문화적 일체화에 대한 견해에서 수많은 것을 얻어내고 있다. 마치 오규우 소라이는 나에게 현대인들은 너무 소심하고도 경직되어버렸고, 사유도 협소하고 안목도 일천하여 열린 태도로 이 세계를 상대할 수 없게 되었다고 말하는 듯하다.

오규우 소라이 자신은 사실 사람들과 토론하는 것을 그리 좋아하지는 않았다. 그는 지나치게 자질구레한 것들을 집요하게 따지고 든 듯싶다. 그러나 그가 번역에 관해 남긴 글은 나에게 무한한 상상의 여지를 안겨주었고 새로운 사유의 공간을 찾을 수 있도록 해주었다.

그러한 사유공간이 바로 '아시아'였다. 이 공간에서 '일본'은 하나의 방법으로서, 그것은 현실에 존재하는 그 실체를 넘어서서 내가 내 자신의 주체성을 부단히 공박하고 해체할 수 있도록 인도해준다. 그 까닭에 나는 아직 '일본화'되지도, 더욱이 '중국화'되지도 않았다. 나는 이제야 이론적으로는 모두 다 알고 있는 '문화간 연구'의 가능성을 조심스럽게 체득해가는 중이다. 그리고 경솔한 '국제인'의 함정에 빠지지 않기 위해 늘 경계하고 또 조심하고 있다. 이를 위해서 나는 단지 한명의 '아시아인' 정도가 될 수 있을 뿐임도 잘 알고 있다.

타께우찌 요시미에게서 도피하는 과정에서 나는 아시아와 만났고, 아시아에 들어감으로써 나는 서구의 사상적 유산에 접속하는 더욱 효율적인 방법을 발견하였다. 서구의 매력적인 사상가들을 읽었던 것은 사상분석을

---

13) 여기에서의 예절은 예컨대 중국에서 수행된 일본 사상 관련 연구성과의 참고 등을 의미하는 듯하다 ─ 옮긴이.

위한 방법론적 도구를 찾고자 하는 필요 때문만은 아니었다. 그것은 내가 '아시아의식'을 획득한 다음에 수반된 자연스러운 현상이었다. 나는 시간이 흐를수록 아시아에 대한 일체화 역시 국족에 대한 일체화와 마찬가지로, 실체화의 단계를 넘어선 다음에야 비로소 효과적으로 사람과 세계 사이의 관계를 변혁할 수 있음을 깨닫게 되었다. 실제로 내게 아시아는 결코 단순한 명칭에 불과하지 않다. 또한 서구에 대한 나의 태도만을 의미하지도 않는다. 그것의 매력은 '문화간'에 대한 논의에 새로운 공간감각을 확보해준다는 데에 있다. 내가 기대하는 '지식공동체'는 바로 그 공간에서 형성될 것이다. 이 공간에서 긴장과 대항은 별도의 형태를 띨 터인데, 이 비실체적인 공간에서 그들은 살아있음의 진실성을 드러내줄 것이다.

모든 것이 이제 막 시작되었다. 나의 작업 역시 아직은 정리가 필요한 경지에 도달하지 않은 듯하다. 천 꽝싱(陳光興) 선생과 쥐류(巨流)출판사에 감사를 드린다. 그들의 재촉 덕분에 이 책에 실린 글들을 쓸 수 있었다. 그러나 나는 이 글을 쓰면서 비로소 이러한 '단계적인 총정리'의 의의를 분명하게 알 수 있었다. 내게는 현실과의 역설적 관계와 사유상의 긴장감을 계속 유지하는 것만이 내 자신을 끊임없이 경계하는 실천윤리일지도 모른다. 그리고 그것들을 언어에 호소하게 하는 것이 바로 그것들의 분명한 윤곽을 찾기 위한 시도일 것이다. 여기까지 쓰고 나서야 겨우 나는 이러한 윤곽을 찾기 위해서는 내게 더욱 엄격한 단련이 필요하다는 것을 알게 되었다.

아시아는 무엇을 의미하는가

　'아시아'라는 문제는 '근대성'담론과 마찬가지로 명확한 해석을 제시하기 힘든 주제이다. '아시아'담론이란 부분적으로는 일련의 질문들로 빚어진 문제군(群)이면서 그 함축하는 바가 극히 광범위한 문제들의 집합체이기 때문이다. 아시아는 정치개념일 뿐만 아니라 문화개념이기도 하다. 아시아는 지리적 위치를 표시하면서 가치판단의 척도로도 작용한다. 아시아문제를 논의하는 과정에서 동서양의 패권주의와 관련된 문제를 끄집어내기도 하지만, 아시아문제 그 자체만을 말하면 (반)패권주의와는 필연적 관련이 없다. 아시아담론은 또 민족주의와 연관이 있는 논란을 불러일으키지만, 민족주의가 아시아문제의 논리적 결과물이라고 하기는 어렵다. 아시아문제를 제대로 다루기 어려운 이유로 아시아의 개념을 실체화하기가 무척 곤란하다는 점도 들 수 있다. 요컨대 명확한 지리개념으로 귀속시킬 수도 없다. 오히려 지리적 속성과는 직접 관련이 없을뿐더러 심지어 그것과는 상호대립적인 개념으로 이용되어왔다. 아주 오랜 역사 속에서 아시아는 자족적인 지역개념이 아니라 반드시 '서구(西歐)'를 자신의 대립상대로 여기는 이데올로기에 가까웠다. 아시아담론은 서구중심주의와 관련된 문제였을 뿐만 아니라 동양 내부의 패권 문제이기도 했다. 비록 아시아

문제가 이렇듯 명징하게 정리되기 어렵다고는 해도 여전히 잠재된 흐름 속에서 세계 근대사상사를 관류하고 있다. 따라서 아시아 전체를 하나의 단위로 삼아 토론하는 일은 오늘날에도 여전히 필요한 작업이다.

여러 국가와 지역으로 이루어진 아시아를 단수(單數)적 실체로서 세계 학술사 속에 제기하는 것은 무척 흥미로운 일이다. 싸이드(E. Said)가 자신의 『오리엔탈리즘』(Orientalism)에서 "누구를 막론하고 아마 오리엔탈리즘과 대칭되는 자리에다가 옥시덴탈리즘의 영역을 설정하는 것은 불가능할 것이다. 따라서 오리엔탈리즘만이 지리상이 한 '지역'을 학문상의 전문 분야로 만들어냈다. 이 점은 다양한 생각을 촉발하는 상당히 흥미로운 사실이다. 여기에는 오리엔탈리즘에 특수한, 필시 이상하다고 할 만한 태도가 분명하게 드러나 있다. 왜냐하면 (…) 다양한 사회적·언어적·정치적·역사적 현실에 대해 오리엔탈리즘만큼이나 고정적이면서 지리적 위치를 점유하고자 하는 분야는 찾아보기 힘들기 때문이다."[1]

그렇지만 싸이드는 문제의 또다른 측면을 이해하지 못했다. 그것은 바로 아시아담론을 펼친 아시아인들 사이에, 설령 '옥시덴탈리즘'이라고 직접 지칭하기는 어렵다고 해도 불확실한 단수의 실체로 추상화된 '서구'가 분명히 존재하였으며 아울러 그 나름의 존재이유가 있었다는 점이다. 오늘날 이러한 단수의 '서구' 개념이 다시금 그러한 의미를 발휘할 수는 없을 것이다. 그렇지만 적어도 동아시아의 근대사 속에서 옥시덴탈리즘은 심각한 영향을 미쳤으며, 동아시아 여러 민족의 자아인식의 매개로 기능하여 중대한 문제를 불러일으켰다. 싸이드의 연구는 오리엔탈리즘담론에 내재된 정치와 이데올로기의 본질을 제시하고 아울러 오리엔탈리즘이 은폐한 서구중심주의적 함의를 폭로한 것이다. 이 덕택에 우리의 논의는 비교적 높은 출발점에서 시작할 수 있었다. 사실 최근에 서구 지식계가 식민

---

1) 에드워드 싸이드 『오리엔탈리즘』(일역본), 平凡社 1995, 121면.

주의적 신화를 해체하는 작업을 진행함에 따라 우리가 전문적인 연구를 수행하지 않는다 하더라도, 오리엔탈리즘과 아시아문제에 내재된 이러한 '동양 대 서양'이라는 '담론-권력'을 상식의 일종으로 수용할 수 있을 것이다. 동시에 만약 눈을 돌려 동양의 역사를 살펴본다면 동양의 아시아문제 또한 이처럼 복잡한 이데올로기를 내포하고 있음이 드러날 것이다. 그리고 아시아의 오리엔탈리즘, 즉 동양주의는 아시아 내부의 서구중심주의를 비판하는 맥락에서 등장했다는 점 때문에 싸이드가 비판한 오리엔탈리즘과는 구별된다. 아시아의 동양주의는 기본적으로 서구세계를 대립상대로 설정한 것이 아니라 아시아에서 만들어낸 '서구의 상(像)'을 자신의 대립물로 생각했다. 이 때문에 그것은 서양에 대한 동양의 복권 문제를 포함하기도 하지만 그보다는 동양의 민족 내부의 복잡한 역사적 관계를 드러낸다는 점에 더 주목해야 한다. 바로 이런 의미에서 아시아문제는 동양과 서양의 이분법적 대립으로 논의해서는 안되고 아시아지역 내부의 문제라는 점을 더 부각해야 한다. 이처럼 아시아문제를 동양의 맥락에서 살펴보는 것이야말로 오히려 싸이드 같은 서양의 지식인이 구성해낸 문제설정에 적절하게 호응하는 일이 될 것이다.

본론에서 살펴보고자 하는 내용은 동아시아의 역사적 맥락에서 본 아시아문제다. 이를 위하여 내가 활용할 자료는 기본적으로 일본의 근현대 사상사에서 끌어왔다. 이런 주된 이유는 나 자신의 개인적 지식이 주로 그 분야에 집중된 탓이기도 하다. 그렇지만 더 중요한 이유는 다른 데 있다. 즉 아시아담론이 동아시아 각국의 사상사에서 차지하는 위상이 고르지 못하다는 점이다. 아시아문제는 문화대국의 주변부, 즉 '주변국가'에 해당하는 곳에 진정한 문제가 있다고 말할 수 있다. 중심으로 자처하는 중앙의 대국에서 아시아문제는 기본적으로 오랫동안 문젯거리로 부각된 적이 거의 없었다. 일본사상사는 아시아문제를 토론할 수 있는 자료를 제공해주지만 중국사상사는 그렇지 못하다는 점은 우연이 아니다. 이러한 기본적인 사실 때문에 나는 서구의 지식인들과는 다른 각도에서 아시아문제를 사유하는 것이야말로 동서양의 지식인들이 공유할 만한 문제를 제기하는 길이라고 믿게 되었다. 사유를 진행하는 가운데, 나는 아시아문제를 사유함으로써 우리가 우리 자신의 역사의 복잡한 과정에 들어서게 된다는 점을 인식하기 시작했다. 결론적으로 아시아문제에 대한 사유는, 우리들에게 '아시아란 무엇인가'라고 질문하는 데에만 머물게 하지 않고 '아시아에 대한 토론은 결국 어떤 문제를 촉발하는가'를 사고하도록 만들었다. 달리 말하면, '아시아'는 우리들을 우리의 역사로 이끌고 가는 매개일 뿐이다. 바로 이런 의미에서 가장 필요한 것은 '아시아는 무엇을 의미하는가'라는 질문을 끊임없이 던지는 일이다.

– 1 –
두 갈래의 사유: 아시아는 존재하는가?

아시아문제의 난점은 다음과 같은 데서 찾을 수 있다. 아시아는 확정된 의미를 내포하는 것이 아니라서 역사적으로 변할 수 있는 사상의 과제이다. 서로 다른 시기에 서로 다른 내용을 표출했던 다양한 아시아담론 사이에는 필연적인 내적 관련성이 없다. 그래서 만약 인과율을 근거로 그 기점을 찾아 거슬러 올라가는 방식으로 그 문제의 결과를 탐구한다면, 우리들이 얻을 수 있는 성과는 미미할 뿐이다. 하지만 동시에 아시아문제는 분명히 나름의 연속적인 방향성을 갖추고 있다. 따라서 그 역사적 맥락을 완전히 무시해버린다면 그 존재방식을 정확하게 인식할 수가 없다. 일본사상사의 맥락에서는 아시아문제가 제기되자마자 '정론(定論)'이 형성되었다. 메이지유신 이후 일본 지식인들은 두 가지 방향을 근거로 아시아문제를 사고했다. 후꾸자와 유끼찌(福澤諭吉)로 대표되는 '탈아입구론(脫亞入歐論)'이 그중 하나이고, 오까꾸라 텐신(岡倉天心)으로 대표되는 '아시아일체론'이 다른 하나이다. 탈아입구론은 아시아의 '나쁜 친구들'에게서 벗어나 하루빨리 서구 열강의 대열에 진입하자는 주장이다. 아시아일체론은 서구문명이 제공하지 못한 '애(愛)'와 '미(美)'의 문명을 아시아가 세계에 제공할 수 있다는 주장이다. 아시아는 서구문명이 도달할 수 없는 가치가 있다는 뜻이다.

후꾸자와 유끼찌의 「탈아론(脫亞論)」은 1885년에 발표되었는데 거기엔 나름의 맥락이 존재했다. 오까꾸라 텐신이 1903년 영어로 발표한 『동양의 이상』(*The Ideals of the East*)에도 나름의 역사적 배경이 존재했다. 사실 이 두 가지 사유방식은 각기 나름의 맥락이 있어서 결코 상호대립적인 것은 아니다. 그렇지만 후대의 일본 지식인들이 일본사상사의 틀을 잡을 때에 이르러서는 후꾸자와와 오까꾸라가 상호대립적인 두 가지 문명론의 대표자로 변모되고 말았다. 이것은 전적으로 후대 사람들의 필요 때문에 생겨난 결과일 뿐이다. 이러한 필요성은 곧 일본의 근현대사에 등장했던, 서구문명에 대해 어떤 입장을 취해야 하는지의 문제와 관련이 있다.

19세기 말부터 20세기 초까지 메이지 일본은 겉으로는 단순한 듯하지만 실상은 꽤 복잡한 문제에 부딪혔다. 일본은 서구 혹은 세계문명에 직접 호응하는 방식으로, 지난 몇천년 동안 중국에게는 신하로 복종하고 조선과는 경쟁하던 자기 위치에서 벗어나 동아시아의 국제관계를 새롭게 구축하려고 시도했다. 하지만 그런 시도는 이미 서구가 우월한 자리를 차지한 인종주의적 대립상황과도 마주해야만 했다. 일본인 또한 유색인종인 탓에 참된 의미에서 서구 중심의 국제연맹에 진입하기는 불가능하였기에 아시아인의 얼굴을 하고 세계무대에 나설 수밖에 없었다. 일본이 개국하기 얼마 전 일본 근대의 준비기로 알려진 봉건 바꾸후(幕府)시대에 일본인은 중국이 누리던 문화종주국의 위치에 반발하기 시작했다. 그렇지만 메이지유신 이전 일본이 할 수 없이 서양에 문호를 개방하면서, 동아시아 세 나라의 관계를 어떻게 처리할 것인가 하는 문제는 단순히 동아시아 내부의 일로만 생각할 수는 없었다. 그 문제를 반드시 세계적 차원(정확하게 말하자면, 서구와 동아시아 사이의 국제정치질서)으로 끌어들여 사고를 새롭게 혁신해야만 했다.

이런 조건에서 사상사적으로는 후꾸자와 유끼찌의 『문명론의 개략』이 출간되어 진화론을 기초로 한 역사인식 방법이 등장했다. 이러한 인식론에서는 약육강식의 논리가 정당성을 획득하여 서양문명은 진화론적 논리의 결과물로 간주되었다. 다른 한편으로 진화사관에 대한 의문 또한 차츰 커져갔다. 서양의 물질문명에 대한 비판과 더불어 동양의 전통 속에서 우승열패(優勝劣敗)의 논리를 넘어서는 원리를 발견하는 작업이 일부 지식인의 헌신적인 노력으로 이루어졌다. 그들의 문화적 입장은 미학적 성격이 더 강했다. 서양문명을 어떻게 마주할 것인가 하는 문제에 대해서는 서로의 입장과 주안점이 달랐다고는 해도, 사실 메이지시대에 이런 표면적인 대립은 같은 위기의식에서 생겨난 것이다. 그것은 서양과 맞서는 단일한 공간으로서의 '아시아'가 존재하지는 않으며, 동아시아 삼국 나아가 더 많은 유색인종의 연합이 없다면 점점 더 세력을 넓혀오는 서양과 싸워 진정으로 승리할 수는 없다는 의미였다. 후꾸자와 유끼찌와 오까꾸라 텐신이 두 가지 문명관을 건립한 대표자로 간주되는 것은 제2차 세계대전 이후, 즉 일본의 '악성' 아시아주의가 '대동아공영권'으로 확장된 이후에 진행된 반성적 역사인식이 만들어낸 것이다. 후꾸자와와 오까꾸라가 일본 아시아주의의 기본골격을 떠받치는 양대 지주로 인식되는 것은, 패전 후의 일본이 서양문명의 정체성을 어떻게 이해하고 이 두 유산을 어떻게 비판할 것인가 하는 문제와 마주했기 때문이다.

「탈아론」을 발표하기 전 후꾸자와 유끼찌가 실제로 주장한 내용은 '동양연대론'이었다. 그러나 '동양연대론'은 이중구조를 갖추고 있었는데, 동양 각국은 우선 국내의 구체제를 개혁하는 혁명을 진행하여 수구파의 권력을 빼앗고 나서야 서양 열강의 압력을 물리칠 수 있다는 것이다. 달리 말하면, 후꾸자와 유끼찌의 '연대관'은 국가의 경계를 전제로 하지 않고 '문명'을 기준으로 한 것으로서, 유색인종이기만 하다면 서로 연대할 수 있어서 서구 열강에 맞설 수 있다고 인식한 것은 아니었다. 그러므로 연대를 주장하는 후꾸자와는 이웃나라의 혁신파를 실제로 지원해서, 그들이 보수파 정권을 전복하는 정변에 가담하여 '문명'을 전파해야 한다고 주장했다.

후꾸자와 유끼찌 시대에 소위 '대아시아주의'란 이론적인 명제가 아니라 실천적인 구호였다. 그것을 전달하는 매개는 '지사(志士)' 혹은 '낭인(浪人)' 등의 명칭으로 포괄되는 활동가들이 동아시아 이웃나라에서 수행한 전복활동이었다. 1884년 조선에서 발발한 갑신정변은 일본의 지사들과 밀접하게 관련되어 있었고, 중국의 신해혁명에도 그 과정에 깊숙이 개입한 일본인들의 이름이 감추어져 있다.[2] 이런 정황 속에서 19세기가 일본에 마련해준 아시아주의는 연대감과 확장욕의 역설을 포함하는 것이면서, 참된 위기의식과 서구 열강에 대한 저항의식을 내포한 것이기도 했다. 이런 맥락에서 아시아주의와 관련이 있는 정치활동가와 지식인을 나열할 수 있다. 코노에 아쯔마로(近衛篤麿, 귀족원 의장, 동아동문회東亞同文會 수석 회장)는 인종 구분을 전제로 중국의 현실에 적극적으로 개입해야만 백인종의 식민지로 전락하는 고통을 면할 수 있도록 해준다고 주장했다. 타루이 토오끼찌(樽井藤吉, 뜻을 이루지 못한 민간의 정치가)는 1893년 출간한 『대동합방론(大東合邦論)』에서 일본이 조선과 합병함으로써 서구 열강에 맞서야 한다는 주장을 제기했다. 미야자끼 토오뗀(宮崎滔天, 평생토록 중국의 혁명을 지원하는 데 힘쓴 활동가)은 『33년의 꿈』에서 중국혁명에 대한 포부와 감정을 토로하였고, 키따 잇끼(北一輝, 극단적인 국가주의 사상가이면서 쇼오와昭和시기 청

---

2) 우리들은 이 활동가들의 명단에서 사상적 경향이 상당히 다른 일본인 활동가들을 발견할 수 있다. 그들 가운데 미야자끼 토오뗀(宮崎滔天)은 일본의 이익을 기준으로 삼아 활동하지 않고 '국제주의적' 색채를 강하게 띤 사람이다. 반면에 우찌다 료오헤이(內田良平) 같은 이는 명백하게 확장의 야심을 품었던 사람이다.

년장교들에게 깊은 영향을 미친 활동가)는 한 사람의 국가주의자로서 아시아주의에 대해 사고했다.

사실 후꾸자와 유끼찌 또한 위의 명단에 포함시킬 수 있는데 왜냐하면 그 탈아론은 동양일체론을 기초로 한 것이기 때문이다. 발표 당시의 「탈아론」에는 후꾸자와 유끼찌가 당시의 정치상황에 감정적으로 개입한 성격이 있었다. 이미 많은 연구자들이 지적했듯이 「탈아론」은 무척 강렬한 비판의식을 담고 있었다. 그것은 그가 특정한 사정에 대해 특정한 방식으로 반응하는 양상을 살 느러낸 섯이므로 후꾸사와 유끼찌 사상의 원리적 특성으로 간주하기는 어렵다.[3]

그렇지만 후꾸자와는 이 짧은 글에서 사실 매우 강렬하게 자신의 사상에 내재된 원리를 드러내었는데, 이는 곧 후꾸자와 유끼찌가 문명 문제를

---

3) 타께우찌 요시미(竹內好)와 하시까와 분조오(橋川文三)가 공동으로 편집한 『근대 일본 속의 중국 상(近代日本における中國·上)』(朝日新聞社 1974) 가운데, 하시까와 분조오는 자신이 집필한 「후꾸자와 유끼찌와 오까꾸라 텐신」에서, 「탈아론」에 나타나는 후꾸자와의 강경한 태도에는 나름의 현실적 이유가 존재한다고 했다. 가까이는 자신이 직접 관여하다시피 한 조선의 갑신정변이 실패로 돌아가면서 후꾸자와가 기대한 조선의 근대화의 가능성은 거의 사라졌다고 판단한 데에서 그 이유를 찾을 수 있다. 갑신정변이 실패한 것은 또한 청나라 조정이 개입한 것도 깊은 관련이 있는 터라 후꾸자와 유끼찌는 강렬한 복수심과 공격적인 심정을 청나라로 향하게 했다. 「탈아론」에서 후꾸자와 유끼찌는 청나라와 조선에 대해 극도로 모욕적인 말을 사용함으로써 두 나라의 야만성을 근대화와 문명화로 이끄는 일이 부질없음을 강조했다. 히라이시 나오아끼(平石直昭)는 「근대 일본의 아시아주의(近代日本のアジア主義)」(『アジアから考える』 제5집, 東京大學出版會 1994)라는 글에서 다음과 같이 주장했다. 즉 후꾸자와 유끼찌가 『지지신보(時事新報)』에 이 글을 발표할 당시는 이또오 히로부미(伊藤博文)가 갑신정변의 처리 문제를 놓고 텐진(天津)에서 리 홍장(李鴻章)과 만나 교섭할 무렵이므로, 이또오에게 자신의 의견을 표명하기 위해 이 글을 썼을 가능성을 배제해서는 안된다는 것이다. 오까모또 코오지(岡本幸治)는 「일본과 아시아인가, 아시아 속의 일본인가」(『근대 일본의 아시아近代日本のアジア』, ミネルウア書房 1998)에서 토미따 마사후미(富田正文)와 펑 쩌저우(彭澤周)의 연구를 원용하면서 이렇게 설명했다. 「탈아론」은 전쟁 이전에는 사람들의 주목을 끌지 못하다가 전쟁이 끝나면서 비로소 문젯거리가 되었다는 것이다. 이것은 '토오꾜오재판'의 영향과 관련이 있는데 이러한 상황이 사람들에게 메이지시대 사상가에게서 일본의 아시아침략의 근원을 탐색하도록 제약한 결과라고 했다.

사고할 때 도출되는 상대주의적 원칙이다.

「탈아론」은 짧은 글에 지나지 않지만 전편에 걸쳐 후꾸자와 유끼찌 특유의 긴박감이 잘 나타나 있다. 글머리에 말하기를, "세계의 교류가 나날이 빨라지고 서양문명이 동양으로 전파되어 그 이르는 곳마다 풀 한 포기, 나무 한 그루 할 것 없이 모두 감화되고 있다"[4]라고 했다. 그렇지만 후꾸자와의 눈에 동양으로 다가오는 서양문명은 결코 천사로 비치지 않았다. 서양문명의 매혹 속에는 또한 살기가 숨어 있다고 보았다. "문명은 마치 홍역의 유행과 같은데 우리는 분명 그 치료술을 가지고 있지는 못하다. 유해무익한 홍역조차 그 기세를 누그러뜨릴 수 없는 마당에 이로움과 해로움을 함께 지니고 있으면서 늘상 이로움을 위주로 하는 문명에 있어서랴!"[5] 문명을 홍역에 비유하면서도 또한 지혜로운 이의 선택은 그것이 두루 퍼지도록 도와 인민이 그 기운에 감화될 수 있도록 하는 일이라고 인식한 점에서, 후꾸자와 유끼찌가 동시대 세계정세를 어떻게 판단하였는지 드러나 있다. 후꾸자와 유끼찌는 서양문명이 온 세계를 정복하는 일은 피하기 힘든 형세인데 동양의 민족은 저항할 만한 힘이 없는 상황을, 토오꾜오 사람이 나가사끼에서부터 번져온 홍역을 치유할 수 없는 것과 같다고 인식했다. 문명의 이로움이 폐단보다 더 크다면 유일한 선택은 그것을 수용하는 길일 것이다. 당연하게도 후꾸자와 유끼찌의 문명론에는 섬세한 함의가 내포되어 있거니와, 「탈아론」은 단지 후꾸자와 유끼찌가 근대문명을 이해하는 시각이 암시된 데 지나지 않는다. 그렇지만 홍역의 비유는 후꾸자와와 내적인 긴장감이 결여된 후대의 서양문명 숭배자들을 서로 구별하도록 만든다. 이 점은 우리들이 반드시 주의해야 할 역사해석의 전제이다.

서양문명에 대한 기본적인 입장을 표명한 후에 후꾸자와는 동아시아

----

4) 福澤諭吉『福澤諭吉選集』7卷, 岩波書店 1989, 221면.
5) 福澤諭吉, 같은 곳.

이웃나라에 대한 실망감을 드러내면서 동아시아 주변국과 단절해야 한다고 큰소리로 외쳤다. 그 이유는 그가 이웃나라들은 반드시 멸망할 것이라고 믿었다는 데 있다. 후꾸자와가 가장 두려워한 것은 반드시 멸망할 이웃나라들과 마찬가지로 일본이 서양에게 '야만'으로 취급당하는 상황이었다. 「탈아론」이 전달하고자 하는 바는 무엇보다 민족의 생존에 대한 후꾸자와의 위기감이었다. 아시아 주변국가들에 대한 실망과 이 때문에 형성된, 아시아를 야만으로 간주하는 가치관은 그 다음 문제였다. 이 한 편의 '설교편지'에 대해 다양한 해석이 가능하겠지만 한 가지 기본적인 사실만은 부정하기 어려울 듯하다. 그것은 후꾸자와 유끼찌라는 일본 근대의 걸출한 사상가가 분명 '우승열패'의 시각에서 아시아의 가치를 사고했다는 점이다. 이로 인해 후꾸자와는 기꺼이 일본의 지리적 위치를 무시하고는 이념의 차원에서 일본을 아시아에서부터 분리해내려고 했다. 이 사실은 후꾸자와 유끼찌가 19세기 후반기에 이미 아시아라는 지역개념의 상대성 문제를 고려하기 시작했다는 점을 보여주는 것이다. 지역개념에 대한 상대화와 동시에 문명의 개념도 상대화하려고 했다. 후꾸자와 유끼찌가 강조한 바가 '입구(入歐)'이기는 해도, 문명이 서구만의 독점권리라고 생각하지 않았던 것은 분명하다. 일본도 똑같이 서양의 문명 대열에 들어설 수 있다고 인식하였으니 말이다.

일본의 근세사상사에 대한 지식이 조금이라도 있는 사람이라면 누구나 아는 바지만 일본 에도(江戶)시대 유학자들에게는 '화이론적 질서관'이 존재했다. 이것은 본래 중국 고대에서 지리개념을 보충하여 문화를 기준으로 판단하는 사유방식이다. 예컨대 선행(善行)을 통해 오랑캐〔狄〕가 사람〔狄人〕이라는 더 높은 단계의 존재가 된다고 이해하는 것과 같이, 화(華)와 이적(夷狄)의 구분을 기능화하는 사유방식을 나타내는 것이다. 그렇지만 중국 역사상 영토가 부단히 확장됨에 따라 '교화가 미치지 않는 지역의 백성들〔化外之民〕'을 동화하는 과정은 중국 내부의 업무로 간주되는 데에 이르렀다(중국 역사상 화·이의 상호융합과정이 단순히 '동화'라는 한마디로 개괄될 수는 없다고 하더라도 말이다). 이런 사유방식은 청나라가 서구 열강의 불평등한 요구를 처리하던 시대에까지도 줄곧 지속되었다. 홍콩을 할양하는 것조차도 '화(華)'가 '이(夷)'에 대하여 펼치는 회유책략으로 간주되었다.

이처럼 중국역사에서는 국토의 영역에 대해 이렇듯 탄력적인 감각을 갖추고 있으므로 화이의 범주는 기본적으로 실체성을 갖춘 정치적·지리적 범주로서 화가 차지하는 중심위치는 대체될 수 없었다. 일본에서 화이관념은 정치문화를 판단하는 두 개의 표준이 되어, '인(仁)' '덕(德)' '도(道)'의 존재 유무를 판별하는 기준으로 간주되었지, 그저 지리적 중앙과 변경의 관계로 이해된 것은 전혀 아니었다. 예를 들어 저명한 유학자인 오규우 소라이(荻生徂徠)는 「훤원십필(諼園十筆)」이라는 글에서, 만일 오랑캐가 중원에 들어가서 중화(中華)가 되면 그 오랑캐는 화로 보아야만 하고, 중화가 물러나 오랑캐가 되면 그 중화도 오랑캐로 간주해야 한다고 했다. 선왕의 예교를 준수하는지 여부가 요체라는 것이다. 다자이 슌다이(太宰春台)도 「경제록(經濟錄)」에서, 만일 예의를 갖춘다면 오랑캐 또한 중화인과 다를 바 없고 반대로 중화인이 예의를 잃어버린다면 오랑캐와 마찬가지라고 했다.[6] 그러므로 일본인의 입장에서는 화와 이의 위치는 바뀔 수 있는 것이다. 바뀔 수 없는 것이란 단지 왕도예교(王道禮敎)의 등급일 따름이다.

중국 명·청시대에 왕조가 바뀌는 초기 무렵부터 일본의 상층사회에서는 소위 '화이관계의 변화 가능성〔華夷變態〕'을 인정하는 시각이 서서히 형성되고 있었다. 이것은 일본인이 청나라가 '화'의 정통성을 대표한다는 점을 부정한다는 뜻이다. 이런 논리는 결과적으로 일본이 그 자리를 대신해서 '화'로 자처한다는 것이다. 이는 중국의 유사 이래 흔들린 적이 없었

---

6) 小池喜明『攘夷と傳統』, ぺリかん社 1985, 171면에서 재인용.

던 은인으로서의 지위에 대한 일본인의 이념적 저항을 함축한다. 그렇지만 우리는 마찬가지로 중요한 사실 한 가지를 소홀히할 수 없다. 근세 일본인이 보여준 이러한 이념적 저항이 선택한 방식은 '기호'와 그것이 지시하는 '실체'를 분리하는 길이었다. '중화'는 특정한 실체를 지시하는 기호일 수 있으므로 꼭 중국의 지리적 경계와 어떤 관계인지 조심스레 살펴야만 하는 것은 아니라는 것이다. 이것은 중국인들에게는 무척이나 모호한 사유의 전제에 근거를 부여하는 일로서, '문화적 정체성〔文化認同〕'과 그 문화가 유래한 지역 사이에는 상대적으로 녹립된 관계가 존재할 수 있다는 인식이다. 바꾸후 말기의 일본인이 화이론적 세계관으로 세계를 마주할 때에는 상관성은 있지만 새로운 주장이 만들어졌다. 그것은 '존왕양이(尊王攘夷)'라는 구호로서 서양이 일본에게 개국을 요구할 때에 그 대응으로서 산출된 것이다. 그러나 이 구호 또한 기호화의 성격을 갖추었다. 얼마 후의 역사적 사실이 증명하듯이 '양이'의 구호를 가장 크게 외쳤던 두 번(藩)이 그뒤에는 가장 유력한 개국파가 되었다. 사실 메이지유신이 세계를 향해 문호를 개방하는 일본의 기초를 새로이 마련한 이후로, 근대 일본인은 줄곧 이러한 사유방식을 이어받아 세계문명과 대면했다. 메이지시대 일본인은 별 망설임 없이 서양문명을 '중화'라고 간주했다. 더 정통적인 중화는 일본이 아니라 일본보다 훨씬 선진적인 서양이라고 여겼다. 이러한 양상은 화이관념의 변모를 더 진행시켜 '세계화'한 결과였다.

후꾸자와 유끼찌는 확실히 이와는 상반되는 방향에서 이 사유방식을 이어받았다. 이른바 '탈아입구(脫亞入歐)'란 실제로는 아시아국가인 일본을 아시아지역에서 추출해내자는 것이다. 여기서 '기호화'는 이동을 가능하게 하는 문명의 틀이 되어 유라시아대륙의 반대편에 위치한 강국과 일본 사이에 동질적인 관련성을 만들어냈다. 이런 상황에서 일본의 지리적 위치라는 것은 그다지 긴요한 의미를 가지지 않는 것으로 변하였다. 여기서 중요한 사실은, 일본인이 역사적으로 '중화'와 '야마또(大和)'의 관계를 축으로 하던 시대에서 새로운 배치를 시도한 '화이변동'의 질서를, '세계'라는 새로운 구조 속에서 다시금 새롭게 배치하려고 했다는 점이다.

'탈아입구'와 서양세계의 '중화화'가 동시에 진행되는 과정을 통해 드러난 것은 1880년대 일본 지식계와 상층사회의 문화적·민족적 위기의식이었다. 이 위기의식은 동시대 중국의 유사한 위기의식이 지향하던 바와는 큰 차이가 있다. 중국에 내재된 위기의식은 집중적으로 문화적 내부조정을 지향하는 것이지만, 일본의 위기의식은 바깥을 향해서 그런 위기의식에서 벗어날 수 있는 새로운 세계관계를 찾으려고 탐색하는 것이다. 후꾸자와 유끼찌에 의해 일본이 지리적 위치를 상대화하며 거기에서 벗어날 수 있는 '기호'로 변모되려 할 때에, 일본은 반드시 새로운 위치를 찾아야만 했다. 어느 누구보다도 그 자신이 잘 알고 있었듯이 일본의 위치란 결코 유럽에 있지 않았다. 그러므로 후꾸자와의 처지는 에도시대 화이관계의 변동 가능성을 논한 사람들에 비해 훨씬 열악한 형편이었다. 왜냐하면 후자의 경우는 적어도 일본의 위치를 중화와 대조함으로써 규정하려는 것뿐이었기 때문이다. 그 기호화의 관건도 중화에 놓이는 것이어서 일본을 돌아갈 곳이 없는 처지로 만드는 상태에 이르지는 않았다. 그러나 후꾸자와가 일본을 기호화하여 아시아에서 분리하려 한 것은 일방적인 희망사항이지 않을까? '당신은 서구에 포함되고 싶어하지만 서구도 당신을 필요로 하는가? 당신이 아시아에서 벗어나고 싶어한다고 해도 아시아가 동의하는가?'

1880년대에 후꾸자와는 이러한 곤경을 돌아볼 겨를도 없이, 두 차례의 아편전쟁을 통해 서구열강이 이미 중국침략의 막을 걷기 시작한 상황으로 달려들었다. 일본 또한 다가올 생사존망의 위험을 마주한 상태였지만 동시에 중국에 손을 내밀 수 있는 기회를 얻게 되었다. 이것은 지역적 실체성의 문제로서 어떠한 기호화의 여지도 없었다. 그의 상대주의적 인식론에 내재된 딜레마는 오늘날의 사람들이 논의할 만한 우선적인 주제가 되기 힘들다. 왜냐하면 그것은 그 당시의 특정한 상황에서 분리할 수 없기 때문이다. 후꾸자와의 탈아론과 그 시대의 위기의식이 결합하던 무렵은, 특히나 청일전쟁과 러일전쟁에서 승리하여 일본이 강국이라는 환상이 있던 무렵이라 '돌아갈 곳이 없는' 일본의 처지가 문제로 부각되기 어려웠음은 충분히 짐작할 수 있을 것이다.

그렇지만 후꾸자와가 남겨놓은 후환(後患)은, '탈아(脫亞)'와 '흥아(興亞)'가 대체되는 사상적 경향으로 이후 일본사상사에 반복해서 출현했다. 일본이 아시아에 속하는 국가인지 아닌지는 오늘날까시 여전히 문세가 되곤 하는데, 여기엔 일본을 기호화한 후꾸자와 유끼찌식의 시각에도 부분적인 책임이 있다. 후대의 사람들이 반드시 후꾸자와의 문명관에 맞설 만한 문명관을 찾아서 그것을 통해 일본의 자리를 아시아에다 세우려 했던 것에도 나름의 이유가 있다. 그 원인은 그가 강화한 기호화의 방식을 또다른 기호화의 방식으로 대체하려고 했던 데에 있었다.

후꾸자와 유끼찌에서 20년 정도 지나서, 오까꾸라 텐신이 『동양의 이상』을 발표했다. 이 책은 독특한 문명관의 입장에서 아시아의 일체성을 강조한 텍스트이다. 그러나 전후 맥락에서 후꾸자와의 「탈아론」과는 전혀 다르다. 『동양의 이상』이 비판한 문제는 어떻게 하면 일본이 약육강식의 세계에서 살아남을 수 있는가가 아니라 어떻게 하면 일본이 현대세계에 새로운 문명의 가치관을 제공할 수 있는가 하는 것이다. 동서양의 문명에 대해 오까꾸라는 '정신활동' 영역에서 자신의 사고를 진행했다. 아시아일체론에 대한 그의 천명은 서양문명에 대해 판단을 유보하는 입장에서 만들어진 것이다. 이 점에서 오까꾸라는 후꾸자와의 탈아론과 구별되는데, 당시 세계의 흐름에 대하여 취한 입장은 '성공과 실패의 차원에서 영웅을 논해서는 안된다'는 것이다. 오까꾸라가 런던에서 자신의 책을 출판할 때에 대면한 문제는 반세기 후에 싸이드가 마주했던 문제였다. 그것은 서양인이 동양에 대해 취하는 이해방식은 완전히 서양의 자기중심주의와 자신들이 당연하게 여기는 기반 위에서 만들어졌다. 그래서 동양문명은 독립된 가치체계를 이루지 못하고 서양문명이 인식한 바에 의거해 세계 구조 속으로 편입되어버렸다. 그는 다른 글에서 다음과 같이 말했다. "만일 동양이 반드시 서양에 대한 무지의 상태를 벗어나려 한다면, 서양은 동양에 대해 갖고 있었던 지식을 버려야만 하지 않을까? 어떤 면에서 서양인은 엄청나게 넓은 지식체계를 갖추고 있다고 하겠지만, 다른 면에서 보자면 지금껏 여전히 그 얼마나 많은 편견을 가지고 있는가!"[7] 이런 의미에서 오까꾸라의 아시아일체성 담론은 전혀 다른 방식으로 후꾸자와의 탈아론과 마찬가지로 내적 긴장성을 드러내고 있다. 그 둘은 모두 서양 근대의 침입에 대응하려는 노력의 산물이다.

『동양의 이상』에는 도입부분이 유명하다. 오까꾸라의 기본시각이 도입부분의 다음과 같은 진술에 잠재되어 있다. "아시아는 하나다. 히말라야산맥은 아시아가 두 개의 강대한 문명으로 나누어진다는 점을 강조하는 것뿐이다. 거기에는 공자의 공동체 사회주의적 중국문명과 베다(Veda)처럼 개인주의적인 인도문명이 포함되어 있다."

아시아민족은 서양문명에는 없는 궁극적 보편성을 향한 사랑을 추구하기 때문에 아시아문명은 기술수단에 사로잡힌 서양문명을 훨씬 넘어선다는 것이다. 오까꾸라는 아시아문명에 대해 논하는 가운데 일본의 특수한 역할, 즉 아시아문명의 박물관 같은 기능을 강조하는 일을 잊지 않았다. 후꾸자와 유끼찌의 '일본주의〔日本情結〕'와 비교하면, 오까꾸라 텐신의 일본주의는 훨씬 더 탄력적이다. 오까꾸라의 논리가 후대에 대동아공영권을 여론화하는 수단으로 활용되었다고는 해도, 그것이 그 자신이 관심을 기울인 문제는 아니었다. 만일 『동양의 이상』을 역사 혹은 미술사 서술로 간주해버린다면, 거기서 지식을 처리하는 방식이나 지식 그 자체는 무척이

---

7) 岡倉天心 「日本の覺醒」, 『近代日本思想大系・岡倉天心集』, 築摩書房 1976, 97면.

나 의심스러울 터이다. 하지만 오까꾸라가 서양을 마주하며 이러한 책을 저술할 때에, 그의 독특한 입장은 그러한 논의를 위해 너무도 중요한 가치를 제공했다. 이것은 20세기 초에 그가 동양에는 서양의 아시아관념과는 전혀 다른 방식의 자기인식과 평가방식이 존재한다는 사실을 서양인들이 이해하도록 만들었다는 뜻이다. 아울러 동양에서 만들어진 이러한 아시아관은 문명론의 차원에서도 분명히 서양 중심의 문명관에 대하여 도전적 성격을 지니는 것이었다.

오까꾸라 텐신의 개인 이력은 무척이나 다채롭다. 그는 젊은 나이에 구미지역으로 파견나가서 서양의 예술사를 연구하였지만 그 과정에서 오히려 아시아예술에 대한 믿음을 더 공고히하게 되었다. 동시에 현실정치에도 관심이 있었으나 자신의 개성 때문에 중도에 여러차례 좌절을 맛보았다. 하지만 줄곧 예술영역 내부에서 현대 정치사상과 문화의 기본문제에 관심을 기울이는 데에 그런 경험이 장애가 되지는 않았다. 이 때문에 일본에서 나날이 서양의 가치에 대한 관심이 높아지는 상황에서 그것과는 상반되는 명제, 즉 '아시아적 가치'를 제출할 수 있었을 것이다. 오까꾸라 텐신의 사유방식이란, 세계의 기본문제를 판단하는 기준은 마땅히 아시아에서 나와야지 구미에 근거를 두어서는 안된다는 것이다. 그 무렵 일본의 이러한 시각은 실제는 당시의 흐름과 결코 배치되는 것은 아니었다. 왜냐하면 그것은 일본정부나 상층사회가 새로운 화이질서 속에서 자신들의 우월성을 확정하고자 하는 욕망과 부합할 수 있기 때문이다. 오까꾸라 텐신의 아시아일체론을 당시 일본이 새로운 세계질서를 세우려고 한 것의 변주 정도로 간주하는 것이 사실상 더욱 적합하다.

이러한 내용과 후꾸자와 유끼찌의 탈아론적 담론방식을 대조해보면, 그들이 가치관념으로만 대립적인 것이 아님을 알 수 있다. 사실 서양문명을 홍역보다 더 유익한 것이 많은 전염병으로 설정한 후꾸자와 유끼찌와, 서양문명을 두고 목적을 돌아보지는 않고 그저 수단만을 찾는 '열등한 문명'으로 이해한 오까꾸라 텐신은 깊은 맥락에서는 일치한다. 이것은 그들 모두 동서양을 대립적 도식으로 바라보고 또한 이미 확정된 개념으로 아시아를 바라보았다는 뜻이다. 더 중요한 일치점은 그들 모두 자기 나름의 방식으로 아시아를 기호화했다는 점이다. 서로 다른 점이란 후꾸자와 유끼찌의 눈에는 이러한 기존의 아시아가 곧 망해버릴 야만의 부호였을 따름이고 오까꾸라 텐신의 눈에는 세계 3대 종교를 만들어낸 '사랑'의 기호였을 뿐이라는 사실이다. '탈아' 혹은 '흥아'의 측면에서 후꾸자와 오까꾸라는 분명 역사상 두 개의 원점이므로 그들을 중심으로 일본근대사 운동의 타원형 궤적을 구성할 수 있다. '탈아' 혹은 '흥아', 달리 말하자면 일본은 아시아국가인지, 아시아에 대해 책임과 의무를 져야 하는지의 문제는 일본의 근현대사상사에서 줄곧 하나만으로는 펼쳐지지 못하는 이중적 변주였다. 이는 분명 타원처럼 두 개의 중심을 가지고 있어서, 지금까지 여전히 소진되지 않고 거듭 솟구치는 원천이 되기 때문이다. 그렇지만 우리들이 일본근대사의 아시아문제를 단지 이 타원의 내부에만 머물게 한다면 마찬가지로 중요한 또다른 사유의 계통을 놓쳐버리고 말 것이다. 전면적으로 아시아문제를 살피기 위해서는 반드시 타께우찌 요시미(竹內好)와 하시까와 분조오(橋川文三)의 도식에서 빠져나와야 한다. 그리고 후꾸자와 유끼찌와 오까꾸라 텐신의 대립구도를 잠시 밀쳐두고 더 높은 안목에서 그들 사이의 일치성을 드러내면서 그들과는 상대적으로 이질적인 사유를 찾아내야만 한다. 이렇게 해서 우리들은 후꾸자와 유끼찌와 오까꾸라 텐신의 아시아담론이 공통으로 구비하고 있는 강렬한 이념적 성격과 더불어, 아시아와 서양을 이분법으로 분리하는 방식의 문제점을 의식적으로 소홀히하면 살피지 않은 점을 드러낼 수 있을 것이다. 이와 대비되어 일본의 근대사상사에서는 그보다 조금 뒤에 이질적인 흐름이 형성되었으니, 객관적으로는 그들의 부호화 방식과 동·서양 문화의 구분 방식을 비판하면서 새로운 사유경로를 제시한 것이다. 이 흐름은 물론 와쯔지 테쯔로오

(和辻哲郎)에게서 시작되었다.

와쓰지 테쯔로오는 일본현대사에서 니시다 키따로오(西田幾多郎)와 이름을 나란히하는 철학자이다. 와쓰지가 주로 저술활동을 한 시기는 20세기 초기부터 전후까지 줄곧이었다. 강단철학의 방식으로 쇼오와(昭和)시기 일본의 중대한 정치문제, 즉 일본민족주의 건설과 천황제 논쟁에 주동적으로 부단히 참여했다. 이 방면에서 와쓰지가 보여준 입장은 기본적으로 보수적, 심지어는 우익 지식인의 입장이라고 요약할 수 있다. 그렇다고 와쓰지를 실천적 지식인으로 보는 것에는 쉽사리 수긍하기 어렵다. 왜냐하면 와쓰지의 관심영역은 시종 대학의 틀을 벗어나지 못했기 때문이다. 와쓰지가 부단히 추구한 과제는 서양 근대의 개인주의를 중심으로 한 가치체계의 제한성과 유효성 문제였다. 이러한 기본사상에서 출발하여, 와쓰지는 거듭 주관과 객관의 관계를 분리해서 인식할 수 있는지 여부와, 개인과 집단의 존재방식에 대한 문제를 탐구했다. 와쓰지의 『풍토: 인간학적 고찰(風土: 人間學的考察)』은 1920년대에 씌어져서 1935년에 출판되었다. 그때는 일본의 파시즘이 차츰 강화되던 무렵이었다. 이데올로기적 측면에서 와쓰지의 천황제에 대한 지지와 일본중심주의적 관념은 와쓰지의 세계인식 속에 내재된 생산적 측면을 덮어버렸다. 그러나 이 점이 우리가 그 저작의 역사적 의의에 대한 재평가를 포기해도 된다는 것을 의미하지는 않는다. 와쓰지의 『풍토』가 논의한 내용은 인류의 사회형태와 자연풍토 사이의 유기적 관련성이다. 그 배경에는 근대 서양철학에서 데까르뜨(Descartes)로 대표되는 개체의 주관성에 대한 와쓰지의 비판이 존재한다. 아울러 거기에는 근대적 가치관념에 대한 회의에서 생겨난 '인(人)'의 내적 의미를 새로이 정의하려는 뜻이 있었다. 일본어에서 통상적으로 '人'이라는 말은 구체적인 개체를 지칭함과 동시에 '다른 사람'이라는 뜻도 함께 지닌다. '인간(人間)'은 인간의 집단적 감각과 사람 사이의 관계라는 의미를 '人'의 개념 속에다 끌어들인 것이다. 그러므로 '인간'이란 말을 써서 개체와 집단의 '人'을 표시할 수는 있지만 그 말로써 '타인'을 구별할 수는 없다. 바꾸어 말하면, '인간'이라는 개념에는 이미 자아와 타자가 포함되어 있다는 것이다. 이런 의미는 중국어의 '인간'에는 들어 있지 않다. 와쯔지는, 근대정신의 공적은 개인이 세계를 파악하는 방식을 건립한 데 있지만, 개인주의는 '인간 존재의 한 가지 계기에 지나지 않는' 개인을 가지고 전체 인간을 대신하려 한 것이라고 인식했다. 그러므로 와쯔지는 '인간학으로서의 윤리학'을 건립하는 데에 힘을 기울였고 그를 통해 근대 서양의 개인주의적 추상성이 빚어낸 잘못을 바로잡으려고 했다.

『풍토』는 『인간학으로서의 윤리학(人間學としての倫理學)』의 연장선에서 이해할 수 있고 동시에 그후에 씌어진 『윤리학(倫理學)』의 사전 작업으로 간주할 수 있다. 이 두 종의 윤리학 저작 가운데 와쯔지의 시각에 수정이 나타나 있지만 서양 근대가 개인주의를 중심으로 주관과 객관의 대립적 사유도식을 비판하고 그것과 밀접하게 관련된 일원론적 단선 진화사관에 대하여 비판적 태도를 취했다는 점에서는 일관적이다. 이와 동시에 또다른 동기가 있었다. 그것은 하이데거(Heidegger)의 『존재와 시간』(Sein und Zeit)이 공간보다 시간을 더 중시하는 결점이었는데 그 때문에 공간의 차이가 인류문화에서 지니는 의의를 무척이나 강조했다. 『풍토』에서 와쯔지는 반복해서 이러한 전제를 밝혔다. 인류의 역사와 자연풍토는 분리·고립시켜 논의할 수 있는 문제가 아니라 역사는 곧 풍토의 역사요, 풍토는 곧 역사의 풍토라고 했다. 달리 말하면 인류라는 주체와 자연이라는 객체의 고정된 분류법은 아무런 의의도 없으며 자연풍토의 특수성은 일종의 숙명이므로 인류에 대한 제약작용에서는 벗어날 도리가 없다는 것이다.

와쯔지는 인류의 풍토를 계절풍·사막·목장의 세 가지 유형으로 나누었다. 앞의 두 유형은 오까꾸라 텐신이 논의한 '아시아', 즉 동아시아, 남아시아, 서아시아 이슬람국가를 포함한다. 뒤의 유형은 오까꾸라가 수단만 알고 궁극적 목표는 알지 못한다고 설명한 '지중해 연안'과 '발트해 연안'을 가리킨다. 이러한 분류방식으로 알 수 있는 것은 와쯔지가 풍토 문제를 논의할 때에 '아시아–서구'처럼 지리와 자연의 경계를 무시하는 이분법적 분류방식은 아무런 의의도 없다는 것이다.

와쯔지 테쯔로오 윤리학적 입장의 실천으로서 『풍토』가 성공적이었다고 말할 수는 없다. 우선 와쯔지가 개인과 사회, 주관과 객관의 관계를 처리할 때에 완전한 이론틀을 제시하지 못함으로써 '자연결정론'의 오독을 모면하기는 어려운 탓이다. 비록 와쯔지가 이 때문에 본문 중에서 "풍토는 문화적 원인이 아니다"라서나 "역사성과 풍토성은 문화의 양면"이라고 강조하기는 했지만 그 논의방식은 기본적으로 풍토가 문화를 결정한다는 사유에 따라 진행된 것으로 파악된다. 그러므로 『풍토』의 시각을 정확하게 이해하려면 반드시 와쯔지 윤리학의 기본사상을 근거로 독해를 진행해야 한다. 이를 통해 우리들은 『풍토』의 자기모순과 와쯔지 윤리학의 이론적 미비상태 속에 실제로는 매우 중요한 사상적 계기가 내포되어 있다는 점을 드러낼 수 있다.

『인간학으로서의 윤리학』에서 와쯔지는 하이데거 현상학의 도움을 받아 '존재자'와 '존재'를 구분했다. 와쯔지가 강조하기를, 존재자는 통상적인 의미에서 말하는 '현상'으로서 '존재'와의 관계에서 말하자면 그것은 '타자'이다. 존재는 이러한 존재자의 도움을 받아 스스로를 드러낸다. 현상학이 해석학적 방법을 사용하여 현상을 '소여'에서 분리해낼 때에, 현상은 비로소 현상학적 구조를 갖출 수 있게 되고, 여기서 일상적 현상이 지니고 있는 '인간 존재의 동태적 구조'가 드러난다. 이와 관련하여 '존재자'에서 '존재'로 복귀한다는 것은 '존재자'에서 출발한 것이다. 이것은 곧 이러한 출발점이 사실은 경험할 수 있는 범위의 제약을 받아들였다는 것을 말한다. 존재자가 어떤 시대, 어떤 사람에게든 같은 방식으로 거기에 접근할 수 있는 기회를 제공할 수는 없고, 따라서 인간 존재는 역사적 성격과 상황의 차이 때문에 존재자에 접근할 수 있는 가능성과 해석의 방식은 서로 다르거나 변화하게 된다.

　와쓰지는 이러한 철학적 논리를 전개할 때에, 자신이 문제와 대면하는 방식은 기본적으로 현상학적 입장과 해석학적 방법에서 가져온 것이며 그 점이 자신이 역사를 이해하는 방식이라고 표명했다. 와쓰지의 논리는 결코 와쓰지 혼자의 힘으로 새롭게 고안해낸 것은 아니지만, 와쓰지가 이론적 층위의 논리 전개에 그치지 않고 그것을 역사에 적용하려 시도할 때라면 그 점은 와쓰지가 새로이 개척한 것이다. 『풍토』에서 와쓰지는 자신이 『인간학으로서의 윤리학』에서 선포한 '해석학적 파괴'를 진행하는데, 이 또한 하이데거가 주장한 것으로 "그것이 무엇이든 막론하고, 사용하는 전통적 개념을 그것이 발생한 원천으로 되돌려서 비판적으로 새로이 발굴해야만 한다"라는 의미이다. 그렇지만 와쓰지는 하이데거의 '인간'이란 개인에 지나지 않고 개인과 사회의 이중구조를 내포하지 않으며, 추상적일 뿐이어서 역사로 진입해 들어갈 수가 없다고 인식했다. 와쓰지가 완성하려고 한 것은, 인간과 자연의 관계 혹은 인간과 풍토의 관계라는 이러한 '전통적 개념'을 그 원천에서 새롭게 발굴함으로써, 하이데거가 거기에 부여한 추상성을 해소하여 '일상적 사실'이 본원적 존재로 향할 수 있도록 만들려고 했다는 점이다. 이로 인해 와쓰지가 풍토가 인류활동에 미치는 영향에 주목할 때의 핵심적 관심은 인류의 행위 자체가 아니라 이러한 행위와 자연·풍토의 관계이다. 와쓰지가 반복해서 풍토의 역사성과 역사의 풍토성을 강조한 본뜻은, 개인주체를 중심으로 하는 근대 서양철학의 주관-객관의 대립구도를 해소하겠다는 데에 있었다. 그것은 새로운 주객체의 관계로 기존의 대립구도를 대신하겠다는 말이다. 와쓰지가 여러 종류의 풍토문화를 묘사한 것을 자세히 읽어보면, 그 주안점이 인간과 자연관계의 형성과정에 있지 그런 문화의 결과에 있지 않음을 알 수 있다. 이것은 곧 전통적 개념에 대해 진행한 새로운 발굴이기도 하다.

　『풍토』는 1930년대에 나왔는데 그것의 가장 중요한 의의는 세계사의 도상을 구획했다는 데에 있다기보다는 이러한 구획방식 자체가 새로운 역사를 인식할 수 있는 계기를 제공했다는 데에 있다. 주체성에 대한 고심에 찬 해소작업 때문에 와쯔지는 어쩔 수 없이 방관자의 태도로 유라시아대륙의 문명형태에 대한 기본 얼개를 마련하면서 아울러 각종 문명형태의 풍토적 숙명성을 문화적 특수성에 관한 논술에 애써 끌어들이려 하였는데, 그것에서 다원적인 '공간의 공존' 구조를 건립하려고 의도했다. 이러한 구조에서는 하나의 특정한 문화가 패권을 쥘 수도 없고 또 어떤 문화도 보편적 가치를 구비할 수 없다. 이러한 특수성을 전제하면, 와쯔지 자신의 일본중심론과 천황제 이데올로기는 그 자신의 학적 논리에서 해체되어버린다. 더 중요한 사실은 1930년대에 와쯔지가 의도한 것은 아니지만 후꾸자와 유끼찌나 오까꾸라 텐신과는 다른 방식으로 아시아를 사유하는 흐름, 즉 관념과 이데올로기가 아니라 일상적 사실에서 출발하여 세계를 인식하는 방식을 제공했다는 점이다. 그러한 관점은 후꾸자와 유끼찌나 오까꾸라 텐신이 창조한, 아시아를 기호화하는 방식을 해체하는 것으로, 아시아관념에 대한 질문은 사실 일상의 경험을 더 확실히 근거로 해야만 비로소 완성될 수 있다는 뜻이다. 와쯔지 자신에게 아시아문제가 시종 문제화되지는 못했고, 와쯔지를 연구한 학자들이 거의 대부분 와쯔지의 시야에는 아시아라는 기본적 사실이 존재하지 않았다고 주장한다고 하더라도, 와쯔지는 무의식중에 날카로운 문제, 아시아는 참된 존재인지를 제기한 것으로 보아야 한다. 『풍토』에는 이 문제를 논의하는 다른 경로가 제시되어 있는데, 그것은 동서양의 이항적 대립구도를 벗어날 수 있는 가능성이다. 기정사실화된 '아시아'라는 전제는 이 때문에 다시 의문의 대상이 될 수 있는 가능성을 지니게 된다.

와쯔지 윤리학과 관련된 총체적 평가는 내가 감당할 수 있는 문제가 아니지만, 여기서 아시아를 사유하는 또다른 가능성으로 와쯔지를 끌어들인 것은 아시아문제를 논의할 때에 피할 수 없는 기본상황 때문에 그렇게 된 것이다. 이 기본상황은 일본사상사 속의 아시아문제가 기본적으로 후꾸자와 유끼찌와 오까꾸라 텐신의 사유방식으로 거슬러 올라가 구획될 때와 관련이 있다. 그것은 은연중에 아시아라는 전제 자체를 회의할 수 있는 기회를 잃고, 여타의 사회과학 분야에서 아시아문제를 논의하는 것과 사상사 분야의 작업을 서로 무관한 것으로 나누어버린다. 뿐만 아니라 그 자신의 제한성을 인식할 수가 없어 사상사의 아시아문제를 절대화해버리는 상황에 이르게 한다. 사실 타께우찌 요시미와 하시까와 분조오가 제시한 그 '타원'의 두 중심을 넘어선다면, 아시아문제를 논의하는 중요한 계기가 사상사 분야 내부가 아니라 사상사와 다른 학문 분야의 접촉지점에 존재한다는 사실을 드러낼 수 있을 것이다. 그 이후의 세월에서 아시아문제는 한편으로 이념과 기호화의 방향으로 거듭 축조되면서 심지어 '대동아공영권' 같은 명제를 끌어내는 데에까지 이르렀다. 다른 한편으로 아시아문제는 와쓰지 테쯔로오가 암시한 생활양식과 풍토·지역의 상관성을 찾는 방향에서 인식되고 논의되면서, 그것에서 '실제로 존재하는 아시아'에 대한 관심이 형성되었다. 이러한 이념의 추구와 사실의 추구라는 서로 다른 방향이 어느날 접점을 찾아서 새로운 문제와 대면하는데, 다만 이 접점은 와쓰지 시대에는 발견되지 못하고 수십년이 지난 다음에야 그 모습을 드러낸다.

– 2 –
두 갈래 사유의 접점

후꾸자와 유끼찌와 오까꾸라 텐신의 아시아관은 그 당시의 내재적 긴장상태에 대한 두 가지 대응방식으로 은연중에 후대의 일본 지식인들의 사고방향을 규정했다. 이러한 사유방식에는 사실 한 가지 커다란 맹점이 잠재되어 있었다. 그 출발점에서부터 아시아문제는 기본적으로 하나의 기호로 설정되어 실제로 존재하는 지역과 분리될 수 있는 가능성이 있었다. 그와 동시에 아시아와 상대되는 자리의 서양 또한 모호하면서도 추상적인 배경으로 방치되어버렸고 그때부터 아시아문제에 대한 논의가 극도로 추상화되고 이데올로기화되었다. 메이지 일본이 세계화에 동참하여 근대국가 건설과정을 신속하게 완성하고 다이쇼오(大正)부터 쇼오와 전기를 거치면서 파시즘적 국가주의가 거듭 강화되었다. 그 이후 아시아문제는 메이지시대의 민족적 위기감을 다시 담아낸 것이 아니라 일본이 동아시아의 패권을 장악하는 것을 합리화하는 여론의 노구로 바뀌어버렸다. 그 정점이 곧 아시아 각각의 국가들이 서로 불평등한 관계로 구성하는 '대동아공영권'이었다. 전후 일본 지식계의 최대사건은 전승국이 주도한 '토오꾜오재판'이었다. 지난날 후꾸자와 유끼찌가 진입〔入〕하기를 꿈꾸었던 '서방세계〔歐〕'는 연합국의 형식으로 명확하게 일본의 참여를 거부하였고 아시아 이웃나라들도 침략과 반(反)침략으로 이루어진 일본과의 관계 때문에 더이상 일본의 벗이 아니었다. 이처럼 제2차 세계대전 이후 일본은 아시아를 벗어나지도 못했고 서양의 일원이 되지도 못한 채 돌아갈 곳이 없는 상태에 처했다. 일본의 '대동아공영'에 대한 야심은 이 때문에 일단락되었지만, 1950년대 후반에 탈아와 흥아의 이중변주는 다시 등장하였고, 1960년대 중반에 이르러서는 '대동아전쟁 긍정론'이 다시 출현함으로써 아시아문제에는 또 한 차례 어두운 그림자가 드리워졌다. 후꾸자와 유끼찌와 오까꾸라 텐신이 이러한 결과를 책임져야 하는 것이 아님은 물론이다. 그러나 일본의 근대사상사에서 연주되는 탈아와 흥아의 이중변주곡이 그들에게서 발원한 것만은 분명하다. 아울러 메이지시대에 동양과 서양의 대립적 긴장감이 사라진 이후에, 아시아문제는 침략의 확대라는 층위로 내달려 거기에 내포된 문명사적 계기의 가능성을 차단하고 말았다. 이 때문에 아시아문제는 아직 결정되지 않은 현안의 과제로 남았다. 오늘날 아시아문제와 관련된 시각을 제기하면 일본의 침략문제가 여전히 함께 표출된다는 사실은 전혀 이상한 것이 아니다.

아시아인들에게 아시아문제란 무엇보다 연대의식의 문제이다. 이 연대의식은 서구의 침략이라는 상황에서 발생했다. 아시아 연대의식이 민족적 위기감과 긴밀하게 연관되어 있는 점이 서양의 오리엔탈리즘 혹은 오리엔탈리즘 비판의 맥락과 가장 다른 대목이다. 일찍이 1924년에 쑨 원(孫文)이 일본에서 강연한 '대아시아주의'는 인종을 근거로 한 논의였다. 쑨 원은 러일전쟁이 유색인종의 연대의식을 촉발했다고 말하면서, 그것은 "아시아민족이 최근 몇백년 동안에 서양인과 싸워 단 한 번 승리한 것"이라고 강조했다. 쑨 원이 '아시아'를 보는 시각은 아시아 전체의 유색인종을 포함하는 것이다. 이를 기반으로 쑨 원은 아시아의 '왕도(王道)'문화가 서양의 '패도(覇道)'문화와 싸워 이겨야 하는 필요성을 논의하고 일본은 왕도와 패도의 입장 가운데 하나를 신중하게 선택해야 한다고 경고했다. 쑨 원은 철저하게 아시아 연대의식의 필요성을 강조했다. "우리들이 대아시아주의를 이야기하고 그 결과를 연구하여 결국 무슨 문제를 해결하려는 것인가? 그것은 곧 고통받는 아시아민족이 어떻게 해야만 서양의 강성한 민족에 저항할 수 있는가 하는 문제이다. 간단히 말해 피압박민족이 그 불평등을 타개해야 한다는 문제이다." 쑨 원의 아시아관에는 일본의 아시아관에서는 찾기 어려운 측면이 들어 있는데, 그것은 약소민족에 대한 관심을 기초로 하고 있다는 점이다. 초기 일본 사상가의 시야에는 약소민족의 문제는 그리 중요하지 않았다. 그러나 설령 그렇다고는 해도 쑨 원과 초기 일본 사상가들 사이에는 일치점이 있다. 이 일치점은 심지어 초기 일본 사상가들과 그들 후대의 일본인들의 동질성을 넘어서는 것이기도 하다. 쑨 원이든 후꾸자와 유끼찌나 오까꾸라 텐신이든 그들이 살던 시대의 아시아의 연대문제는 백인종 때문에 형성된 것임은 분명하다. 그러므로 후꾸자와 유끼찌가 아시아의 연대를 포기하는 것을 댓가로 지불했다든지 쑨 원과 오까꾸라 텐신이 아시아의 연대를 방편으로 삼았다든지 간에 그들 모두가 당면했던 문제는 '어떻게 서양열강에 대응할 것인가' 하는 것이었다. 그러나 2차대전 전후로 이 문제는 또다시 가장 중요한 문제가 되지 못했다. 도리어 그 당시에는 부차적인 위치에 있던 문제가 가장 우선적인 자리로 등장했는데 이것이 바로 아시아 연대의식의 실상이었다. '대동아공영권'은 쑨 원이 이전에 제기한 '아시아민족의 지위를 회복하자'는 이상을 꺾어버렸을 뿐만 아니라 일본 지식인의 연대에 대한 환상도 부숴버렸다. 비록 이 때가 아시아주의의 반향이 가장 컸던 시기였다고는 하지만 그것은 이미 이념과 사상이 아니라 이데올로기적 구호에 지나지 않았다. 왜냐하면 아시아 이웃나라를 침략했다는 사실을 직시한 채 그 문제를 처리할 도리가 없었기 때문이다.

쑨 원 이후로는 중국에는 아시아문제를 논의할 만한 토양이 갖추어지지 않았지만 일본에서는 아시아문제는 소멸되지 않은 채 지속되었다. 전후 일본 사상계가 세계질서에서 자신의 위치를 새롭게 사유하려 할 때 아시아를 넘어 세계와 직접 대면할 수는 없었다. 그런 가운데 가장 중요한 문제는 여전히 패전을 경험한 일본이 아시아에 대해 책임이 있는지 없는지의 문제와, 20세기 내내 제국주의의 침략과 포개어졌던 아시아주의는 전후에 이르러 어떻게 해야 그 어두운 그림자를 벗어던질 수 있는가의 문제였다.

이런 상황에서 '아시아'는 '민족주의'와 함께 현대 일본어에서는 의미를 명확하게 하지 않으면 사용하기 힘든 모호한 말이 되었고, 따라서 전후 일본의 진보적 지식인들은 기본적으로 아시아문제에 대해 언급하려고 하지 않았다. 그렇지만 오해의 위험을 무릅쓰면서까지, 자랑스럽지 못한 역사의 기억이 각인된 이 단어를 탄생 싯점으로 되돌려 그 원리를 새로이 발굴하려는 작업을 진행한 사람이 있었다. 그가 바로 타께우찌 요시미였다.

타께우찌 요시미의 사상 역정과 관련된 논의는 여기서는 다루지 않겠다. 다만 한 가지 강조해두고 싶은 사실은, 그의 기본적인 사유방식은 자신이 비판 또는 부정하려고 하는 대상의 내부로 들어간 이후에 다시 그 내부에서 자신의 입장을 구분해내는 방식이라는 점이다. 타께우찌는 아시아문제를 논의하기 전에 이미 이러한 방식으로, 일본사상사에서 청년들을 침략전쟁으로 달려나가도록 선동한 '근대의 초극'과 '세계사의 입장과 일본'이라는 두 좌담회에 관해 논의했다. 또한 사상과 이데올로기 그리고 사상의 활용자 이 셋을 분리해서 그것에서 일본 사상의 전통을 제기했다. 그가 일으킨 다수의 논쟁은 대부분 '세숫물과 어린아이를 구분'하는 특성을 갖추고 있다. 이러한 타께우찌의 독특한 방식은, 일본의 근현대사에서 우익적 색채가 농후한 사건과 사상 경향을 과감하게 처리할 수 있도록 만들어주었다. 아시아문제는 바로 그 가운데 하나였다.

타께우찌의 아시아문제에 대한 논의는 전후에 그 자신이 민족주의문제를 탐구하는 과정에서 비롯되었다. 1951년 국민문학론의 논쟁을 들추어낼 때에 아시아는 타께우찌가 민족주의를 사유하는 중요한 시각이었다. 전후 일본은 패전과 미군의 점령, 냉전구조 속에서 미국의 아시아동맹군 역할을 충족하는 극도로 복잡한 형국 때문에 문화적으로도 새로운 '탈아입구'를 진행하기 시작했다. 비판정신을 풍부하게 지닌 진보적 지식인들은 구미의 현대사상에서 사상적 무기를 찾는 데에 주력하였다. 이 때문에 아시아문제는 사그라들고 말았다. 일본공산당 계통의 좌익 지식인들은 냉전구조 속에서 국제주의와 민족주의라는 이중과제를 대면하면서도 아시아문제의 위치가 어딘지에 대해서는 찾아나서지 않았다. '대동아공영권'의 여파 때문에 진보적 지식인들도 어두운 역사기억을 환기하는 아시아문제와 접촉하기를 원하지 않았다. 그러므로 아시아문제는 기본적으로 우익적 역사관의 맥락으로만 방치되었다.

이런 상황에서 타께우찌 요시미가 아시아와 일본의 아시아주의 문제를 붙들었다는 점은 충분히 주의를 기울일 만하다. 왜냐하면 일본의 사상 전통의 흐름에 대하여 아시아주의와 우익의 민족주의적 조류를 회피한다면 그것은 허구적·개념적으로 흐를 수밖에 없다고 명확하게 지적하였기 때문이다. 이러한 독특한 인식은, 일본 프롤레타리아 문화운동과 공산당계 좌익 지식인의 국제주의적 입장에 대한 타께우찌 나름의 관찰에 뿌리를 두고 있다. 그는 프롤레타리아운동이 일본 우익의 '자국사상'을 외면하고 외부에서 단순히 부정했을 뿐이어서 참된 비판이 이루어지지 못했다고 인식했다. 이로 인해 1950년대 말 우메사오 타다오(梅棹忠夫)가 자신의 생태사관을 발표하면서부터 사실상 새로운 '탈아론'과 '일본특수성론'이 범람하던 시절에 타께우찌는 이 이론이 일본현대사에서 차지하는 중요한 계기를 인식하고 이에 대한 가장 유력한 대응으로서 1963년 『아시아주의』라는 책을 편집한 다음 거기에 「아시아주의의 전망」이라는 장편의 글을 서문으로 달아 출판했다. 타께우찌 요시미는 일본의 현대사상사에서 거의 유일하게 아시아주의 문제를 붙들어 거기서부터 원리를 추출해내려고 한 사상가이다. 비록 그의 사상이 돌출적인 성격이 너무 강하기는 하지만 그를 통해서 우리들은 일본 아시아주의의 맥락에 상대적으로 더 깊숙이 들어설 수 있다.

「아시아주의의 전망」은 『아시아주의』에 대한 해제이다. 『아시아주의』는 찌꾸마쇼보오(築摩書房)에서 출판한 『현대일본사상대계(現代日本思想大系)』 제9권으로서 메이지시대 이래 일본 아시아주의자들의 대표저술을 수록하고 있다. 타께우찌 요시미는 이 자료들을 직접 뽑았고 연표도 작성하였으며 자신의 시각에 따라 분류도 했다. 그의 기본시각은 이런 것이다. '아시아주의는 실체적인 내용을 갖춘 것도 아니고 객관적으로 그 경계를 뚜렷이할 수 있는 성질도 아니며 다만 일종의 경향성일 따름이다.' 이로 인해 아시아주의는 현실에서 효능을 발휘하는 사상과도 다르며 민족주의·국가주의·침략주의, 심지어 좌익의 국제주의도 아우를 수 있다. 그렇지만 그중 어느 것과도 일치하지는 않는다. 동시에 아시아주의는 민주주의·사회주의·파시즘처럼 '공인된 사상'도 아니어서, 완전히 자립할 수도 없고 다른 사상에 의거해서만 비로소 발현될 수 있다. 그러므로 아시아주의 그 자체만으로는 사상사의 흐름을 서술할 수 없다.

이러한 마당에 왜 굳이 이처럼 자립적이지도 못하고 그 자체의 역사도 구성할 수 없는 명제를 논의해야만 하는 것일까? 타께우찌 요시미는 아시아주의란 일본근대사 도처에서 발견되는 '심정(心情)'의 차원으로 근대사를 관류하는 사상은 바로 이러한 '심정'의 차원에서 건립되었다고 지적했다. 그리고 일본 좌익사상이 기본적으로 민족주의 문제를 회피하고 일본의 실제 사회생활에서 멀어짐으로써 메이지 이래의 사상유산을 계승하고 정리하지 못하고, 그와는 반대로 그러한 사상유산은 단지 극단적 민족주의인 우익이 계승하고 개조했을 뿐이라고 했다. 아시아주의는 바로 일본의 근대사상사의 운명을 축약해서 보여주는 그림자와 같다는 것이다. 그가 하고자 했던 작업은 실제로 우익적 형태로 등장한 사상사의 유산을 정리하는 과정을 통해 그 속에서 단순히 이데올로기로만 취급해서는 안될 사상전통을 식별하는 일이다.

타께우찌가 뽑은 자료는 네 부분으로 나뉜다. 원형·심정·논리·전생(轉生). '원형' 부분에는 오까꾸라 텐신의 『동양의 이상』과 타루이 토오끼찌(樽井藤吉)의 『대동합방론』의 일부가 뽑혀 있다. 성향이 서로 다른 이 두 글을 타께우찌가 '원형'으로 선택한 것은 일본 아시아주의가 내포한 연대의식의 씨앗이 바로 오까꾸라 텐신의 문화일체론과 합종(合縱)책략에 존재한다고 보았기 때문이다. 구체적으로 말하면 문명론의 층위에서 오까꾸라 텐신은 아시아주의의 기조를 마련하고 실천적 차원에서 타루이 토오끼찌는 아시아일체화의 구도를 제공했다. 타루이의 합방론이 침략주의적 구호와 분명하게 구별되는 점은 그것이 조선반도를 실제로 점령하는 것을 목적으로 하지 않고 아울러 합방이 이루어질 때 두 나라 사이의 대등한 지위를 강조했다는 데서 찾을 수 있다. 타께우찌가 그것을 아시아주의의 원형으로 간주한 이유는 거기엔 현실적 위기감을 기초로 한 강렬한 이념이 표현되어 있다는 점에 있었다. '심정'과 '논리' 이 두 부분에서 타께우찌는 미야자끼 토오뗀·우찌다 료오헤이(內田良平)·오오까와 슈우메이(大川周明) 등 일곱명의 글을 수록하고, 아시아 다른 나라의 내부상황에 직접 참여하였거나 침략에 관여한 활동가들의 저술에서 아시아주의를 '심정'의 형태와 '논리'의 전개양상으로 제련해내려고 시도했다. 아시아주의와 일본 메이지 이래의 대외팽창주의를 구분할 방도가 없는 상황인 바에야 무엇이 아시아 연대의식이고 무엇이 대외침략과 팽창인지를 명확하게 구별하는 일은 아무런 의의도 없고, 오히려 그 사상이 살아 숨쉴 수 있는 힘을 갖춘 사상인지 혹은 전후 일관성을 구비한 사상인지 아닌지를 구분하는 일이 더 긴요하였다. 그들 일곱명에 대한 타께우찌의 태도는 이러했다. 이런 맥락에서 타께우찌 요시미는 미야자끼 토오뗀의 문장에서부터 오오까와 슈우메이의 문장에 이르기까지 다양한 글을 뽑았지만 '대동아공영권'을 고취하는 문장은 부정하였는데, 후자는 '아시아주의에 내재된 모든 사상성을 거세하는 가운데 성립된 가짜 사상'이자 '아시아주의의 무사상화의 극단적 상태'이기 때문이다.

「아시아주의의 전망」이 논의한 것은 아시아문제도, 일본인의 아시아인식도 아닌 아시아주의가 체현해내고 있는 일본 근대화과정의 은폐된 기본문제였다. 그것은 바로 일본의 침략주의와 일본 근대화의 내적 관련성 문제였다. 메이지시대의 아시아관이 내포한 원리주의적 색채는 20세기에 접어들면서 차츰 소멸해갔는데 이때부터 종국에는 무사상화의 극단적 상태로 치달았다. 이것이 곧 일본 아시아주의의 비극적 운명인데, 아시아주의가 다양한 형태로 존재하였고 특정한 성질로 귀납하기는 곤란하지만 결국에는 '심정'의 차원에서 사상으로 승화되지 못함으로써, 흑룡회와 겐요샤(玄洋社) 같은 확장에 대한 야욕이 강한 우익단체들이 아시아주의를 실천하는 주체의 역할을 자임하는 상황에 이른 것이다. 타께우찌가 날카롭게 주목한 점이 바로 여기에 있다. '논리'는 단순화되어 제국주의 논리로 기능하여 끝내는 대동아공영권에 이르는 형국이었다. 그는 나아가 한 가지 홍미로운 문제를 지적한다. 이 '심정'과 '논리'의 분열은 자유민권론 사상가 나까에 쬬오민(中江兆民)과 겐요샤 영수 토오야마 미쯔루(頭山滿) 각자의 제자들, 즉 코오또꾸 슈우스이(幸德秋水)와 우찌다 료오헤이에서 시작된 것이다. 코오또꾸와 우찌다 이 두 사람은 처음부터 나까에와 토오야마 같은 이해와 우정을 형성하지 못한 채 코오또꾸는 추상적 차원에서 제국주의 문제를 사유하였고 우찌다는 실천적 측면에서 아시아주의를 우경화의 길로 치닫게 만들었다. 좌익 지식인들은 민족주의를 버리고 국제주의를 선택하였지만 그것은 애초부터 '수입 사회주의'였던 탓에 사유의 추상화를 초래하였는데 코오또꾸는 그 전형적 인물이었다. 아시아문제는 흑룡회가 침략의 이데올로기로 독점하였는데 이것은 그들의 민족주의적 현실감각과 무관하지 않았다. 타께우찌 요시미에 따르면 메이지 민족주의의 사상적 자원을 그뒤 좌파가 계승하지 못해 우파의 이데올로기로만 계승될 수 있었다. 이런 의미에서 아시아주의는 제국주의로 치달았으니 좌파 또한 그 책임을 면하기는 어려운 일이다.

타께우찌 요시미가 편집한 『아시아주의』라는 이 독특한 책은 전후 일본사상사에서 탁월한 걸작으로 손꼽힌다. 일본의 근대화와 침략주의의 관계, 일본 민족주의와 국제주의의 관계, 민족문제에 대한 좌우익의 오류 등등 중대한 여러 문제가 교차하는 지점에서 타께우찌는 아시아문제에 내포된 복잡한 함의를 추출해냈다. 메이지 이래 아시아주의를 논의하는 사상사의 흐름은, 타께우찌 요시미에 이르러서야 비로소 아시아문제를 자리매김하려는 복잡한 교차점을 찾게 된 것이다. 그렇지만 그 자신이 지적했듯이 아시아문제는 결코 자립적인 사상이 아니라 위에서 논의한 관계 속에서 비로소 그 존재감을 획득할 수 있는 것이다. 누군가는 아시아문제는 앞에서 말한 일련의 문제를 매개하는 역할을 할 때에야 비로소 그 가치를 확보하게 된다고도 했다. 타께우찌 요시미가 정면에서 아시아를 문제화했다는 사실은 또한 일본의 근대사상사에서 가장 다루기 난처한 침략과 천황제라는 난제를 문제화했음을 의미하는 것이다.

그렇지만 바로 『아시아주의』의 분류방식을 통해 드러나듯이 타께우찌의 아시아관은 또다른 '심정'의 차원이었다. 아시아문제와 관련이 있는 그의 다른 글에서 아시아문제를 근대화 문제와 결합해서 논의할 때 이 점은 더욱 뚜렷해진다. 타께우찌는 의식적으로 아시아를 서구와 대립되는 개념으로 추상화하였을 뿐만 아니라 아시아개념의 추상화과정을 통해 서구 또한 추상화했다. 이것은 타께우찌가 직면한 문제와 그 자신이 건설하려고 한 문제에 원리적 색채가 뚜렷했기 때문이라는 점에서는 당연하다. 그렇지만 문제의 또다른 측면으로, 타께우찌 요시미의 아시아관의 이념성이 만일 세계사 구조에 개입해 들어가는 원리가 되려면 심정의 차원에 의지해서는 불가능한 일이라는 점을 들 수 있다. 싸이드가 비판한 오리엔탈리즘에 대항하는 차원과 일본의 특수한 구조적 측면에서 타께우찌가 주장한 아시아관념은 유효하고, 설령 그의 아시아관이 지나치게 '아시아'와 '서양'을 고착된 전체로서 강조한다고 하더라도 그것이 직면한 문제 그 자체는 심각하면서도 진실한 것이었다. 그러나 타께우찌의 아시아관으로는 경제·문화·정치·사회의 총체적 존재로서의 아시아를 대면하기 어려웠다. 일단 이념성의 범주를 벗어나기만 하면 금방 그 한계가 드러나버리고 만다. 이러한 한계는, 마찬가지로 원리적 색채를 갖추면서도 이념성의 발휘라는 측면에 제한되지 않는 아시아관에 직면할 때에야 비로소 노출된다. 후꾸자와 유끼찌, 오까꾸라 텐신과 와쯔지 테쯔로오의 관계처럼 타께우찌 요시미의 참조영역은 또한 일본사상사의 영역 외부에 존재하는 것이다. 다행스럽게도 1950년대 말 일본 지식계가 이런 참조영역을 제공하였는데, 우메사오 타다오의 문명생태사관이 그것이다.

우메사오 타다오는 사상사 분야와는 아무런 관계도 없는 학자다. 단지 쿄오또대학 이학부 동물학과를 다니며 받은 전공교육이 무척이나 창조적인 사유방식으로 전화된 것으로, 그것은 어떠한 기본전제와 결론을 단순하게 수용하지 않고 자신의 감각을 근거로 사물을 판단하는 특성을 뜻한다. 1955년 아프가니스탄·파키스탄·인도 등을 시찰하는 작업에 참가한 이후 '아시아는 하나다' 및 '아시아 대 서양' 도식에 회의하게 되었고 아울러 일본 맑스주의 유물사관에 대항한다는 의미에서 자기 나름의 세계상을 구조화하기 시작했다. 우메사오는 1956년 「동서의 사이」를 발표했고 1957년에는 자신의 대표작 「문명의 생태사관」을 발표했다. 우메사오의 기본관점은, 아시아는 본질적으로 같다는 시각은 서양의 시각에 따른 산물이고 아시아인의 눈으로 본 아시아는 서로 다른 다양한 문화의 조합이라는 것이다. 우메사오는 아시아에서 일본이 자리한 위치는 특수하지만, 그것은 아시아를 대표하는 성격이 아닐뿐더러 아시아국가의 모델이 될 수도 없다고 했다. 서로 비교를 진행한 다음에 일본과 서구가 훨씬 유사하다고 주장하면서 이것으로 일본과 서구를 비교하는 일은 아무 의미도 없고 아시아의 다른 나라와 일본을 비교해야만 비로소 일본의 특성이 잘 드러날 수 있다고 주장했다. 때마침 토인비(Toynbee)가 일본을 방문하자 이 글은 토인비의 '도전'에 대한 '응전'으로 선전되었지만, 우메사오 자신에게는 이런 의도가 전혀 없었다. 우메사오의 일련의 저술은 이데올로기적 기능을 철저히 해체한 것으로, 그 의의는 그 결론이 아니라 생태사에 입각하여 문화적 차이를 토론하고 아울러 개인경험의 중요한 의의를 강조한 데에 있었다. 이러한 방식은 와쯔지 테쯔로오의 『풍토』를 연상시키거니와 여기에는 사상사의 흐름과는 대응되는 또다른 계통이 암시되어 있다.

우메사오 타다오가 논의한 생태는 인류의 생활양태를 말한다. 복장의 색채, 동작의 특징에서부터 의식주 생활에 이르기까지의 방식이 우메사오가 문명을 구분하는 중요 기준이었다. 이에 의거해서 우메사오는 '문화계통론'과 상대되는 '문화기능론'을 건립하려고 했다. '문화계통론'이 개별 문화의 본질을 강조한다면 '문화기능론'은 문화의 양태를 강조한다. 건축을 예로 들면, 문화계통론의 출발점은 나무의 질료, 나무의 품질 등이지만 문화기능론의 출발점은 건축의 풍격과 용도 등이라 할 수 있다. 그는 생물학적 이론모델에 의거해서 인류공동체의 생활양식의 변화를 구획하려고 하였는데, 이 변화는 평행과 다원성을 전제로 하는 것이었다. 여기서 필연적으로 또다른 대립범주의 관계를 발생시키는데, 이것은 곧 계통론과 기능론의 모순과 병행하는 역설로서 생물학 진화론과 생태학 변천론의 대립범주이다. 우메사오는 인류역사를 인식하는 과정에서 이 두 가지 모순의 내적 관련성을 지적했다. 진화론은 반드시 계통론과 혈통론의 학설로서 그것이 강조하는 것은 인류는 궁극적으로 동일한 목적지를 향해 나아간다는 점이다. 각 지역의 차이는 단지 이런 목표에 도달하는 단계적 차이에 지나지 않는다는 말이다. 반면에 생태학적 변천론은 주체와 환경의 상호작용을 인정하고 아울러 각종 생활방식이 모두 그 나름의 합리성을 갖추고 있다는 점도 승인한다. 우메사오는 역사법칙에 관해 생태사적 정리를 시도하여 그 스스로 이것을 '주체·환경의 자아운동'이라고 했다. 여기에는 이른바 문명의 가치판단이 포함되지 않으며 더 중요한 사실은 통상 사물의 '본질'을 근본속성으로 간주하는 사유방식이 여기서 도전을 받게 된다는 점이다.

생활양식이라는 '비본질'적 속성을 표준으로 하고 그 생활양식을 역사의 법칙성을 토론하는 전제로 삼아, 우메사오는 유라시아대륙을 새롭게 구획했다. 대륙의 양 끝인 서구와 일본을 '제1지역'이라고 부르고 생활양식이 고도로 근대화된 것을 그 특징으로 지적했다. 이밖의 지역을 '제2지역'이라 부르고는 생활양식이 근대화되지 못한 것을 특징으로 제시했다. 이것으로부터 우메사오는 이 두 지역의 여러 특징을 비교하면서, 아울러 와쯔지 테쯔로오와 무척 유사한 방식으로 풍토가 역사의 형성과정에 미치는 깊은 관련성을 강조했다. 자신이 그려낸 역사기하학 지도에서 유라시아대륙을 습윤지대·건조지대·준(準)건조지대로 구분한 다음에 이렇게 단언했다. "생태학의 관점에서 역사를 파악하면, 역사란 곧 인간과 토지가 상호작용하는 과정에서 남겨놓은 흔적이다. 달리 말하면 환경이 주체의 운동과 관계를 맺은 흔적이다. 이 과정의 형태를 결정하는 여러 요인 가운데 가장 중요한 것은 자연이다. 그리고 그 요인의 분포는 분간하기 어려울 정도로 잡다하지 않고 기하학적 분포방식을 내보인다."[8]

생태사관이 그려내는 세계역사의 풍경 속에서 아시아의 의미는 새로운 질문의 대상이 된다. 우메사오가 말하기를, 파키스탄에서 지식인 몇사람이 "우리는 아시아인이다"라고 하는 말을 들었을 때 자신은 무척이나 놀랐다고 한다. 왜냐하면 그 사람들의 자기인식이란 관념적일 뿐이지 실질적인 내용을 갖춘 것이 아니며, 나아가 그러한 감각을 입증할 만한 근거를 가지고 있지 못하다고 생각하기 때문이라는 것이다. 그러한 말은 기껏해야 '외교적 수사학'에 지나지 않는다고 우메사오는 단언했다.

우메사오는 와쯔지에 비해 한걸음 더 나아갔다. 와쯔지의 작업이 풍토 개념으로 아시아문제의 이데올로기성을 해체시키려 했지만 종국에는 아시아의 관념성에 여전히 의지하면서 직접적으로 거기에 맞서겠다는 의도는 없었다. 그러나 우메사오는 아시아관념의 진실성에 대해 문제를 제기했다. 동시에 와쯔지가 표면적으로는 객관성을 내세웠지만 거기에 내재된 인문주의적 태도와 서로 결합함으로써 자신의 사상이 우파적 입장을 취하도록 만들었다. 반면에 우메사오가 추구한 학술적 태도는 자연과학적 소양에서 연원한 것이다. 이런 특성은 우메사오에게 자신의 탐구를 통해 훨씬 객관적인 지식을 추구하는 태도를 취하도록 만들었다. 그렇지만 우메사오의 탐구는 1957년에 진행된 것으로 이때는 바로 일본인들이 일본은 아시아에서 어떤 위치인지를 고민하던 시기였다. 일본인은 아시아에 대해 책임져야 할 일이 있는가, 일본인은 아시아에서 특수한 민족인가 등은 당

---

8) 梅棹忠夫 『文明の生態史観』, 中央公論社 1967, 169면.

시 일본 지식계가 가장 관심을 기울이던 문제였다. 애초에 우메사오는 이 문제까지는 고려하지 않았다. 이것은 우메사오 생태사학이 진정으로 객관적인 '지식'이 되는 것을 불가능하게 만드는 문제였다. 이것은 필연적으로 이데올로기화하게 되며, 일본이 우월하다거나 일본이 아시아에 대해 아무 책임이 없다는 논증을 끌어들일 수밖에 없기 때문이다.

그렇다고 하더라도 문명생태사관의 등장이 일본 사상계에 와쯔지 테쯔로오 이래 새로운 계기를 제공한 것은 분명하다. 관습적인 동서양 대립구도에서 이른바 동양문화와 서양문화가 각기 나름의 특수성이 있다고 설정하였는데, 그 특수성은 기본적으로 불변의 본질에 근거를 마련했다. 오까꾸라가 '아시아는 하나다'라는 이념을 제출하면서 아시아문명을 설정한 방식은 바로 이러한 문화계통론의 산물이었다. 이로 인해 오까꾸라가 아시아문명 내부의 차이를 논의할 때에, 서로 다른 아시아국가 사이에 심지어 한 국가 내부에서조차 존재하는 이질성에 주목하였는데도, 이러한 내적 차이의 인식이 유동적인 문화기능론으로까지는 나아가지 못했다. 아시아는 시종 유럽과 맞설 수 있는 독자적 세계이면서, 본질적으로 구별되는 독립가치였다. 후꾸자와의 탈아론은 문화계통론의 또다른 기원이었다. 일본의 위치 문제를 논의할 때에 후꾸자와가 강조한 것은 문명의 기능이 아니라 불변하는 문명의 본질이었다. 그러므로 후꾸자와가 현대 과제를 설정하면서 설사 일본이 서양 국가의 대열에 진입할 수 있다고 해도 그것은 서양으로 대표되는 문명가치의 절대성을 통해서만 가능하다고 했다. 오까꾸라와 후꾸자와가 일본사상사에서 기점으로 규정되는 맥락은 이러한 문화계통론에서다. 그렇지만 거기엔 그 당시의 긴장관계 때문에 성장하기 어려웠던 문화기능론적 측면이 내포되어 있었다. 유감스러운 사실은 후대의 일본사상사가 그들의 이러한 측면을 계승하지 못하여 문화본질론이 극단으로 치닫게 되었다는 점이다. 이 점이 바로 타께우찌 요시미가 아시아 문제를 정리하면서 지적한 것으로 초기 아시아연대론이 파시즘적 국가주

94

의로 전화되는 문제이다. 전후 아시아문제를 재론하는 과정에서도 문화본질론적 사유에서 벗어나지 못했다. 비록 타께우찌 같은 탁월한 사상가가 아시아문제에 내재된 이러한 계통론에 주목하였지만 사상사방식에 의거해서 그 문제를 극복하지는 못했다.

이러한 사유의 풍토 속에서 우메사오가 자신의 학설을 발표하자마자 골치 아픈 오해가 생겼다. 1957년 여름, 우메사오는 '사상의 과학 연구회'의 초청을 받아 강연을 하였다. 그에게 부여된 강연의 주제는 '생태사관적 시각에서 본 일본'이었다. 우메사오는 이 강연을 자신의 학설에 대한 저간의 오해를 불식시킬 기회로 삼아, 신랄하고 비판적인 내용의 강연을 진행했다. '생태사관'이 발표된 이후에 나타난 반응은 자신이 기대했던 이론적 측면과 실증적 측면의 비판과 수정이 아니라고 하면서, 그 대표적인 사례로 생태사관을 '일본론'으로 간주하는 반응이라고 했다. 우메사오는 일본을 제1지역에 넣으면서 일본과 서구의 근대화방식은 서로 비슷하다고 인식했다. 이런 견해는 일부 '일본주의자들'의 귀를 솔깃하게 만든 반면에 일본주의에 반대하는 진보적 인사들의 심기를 불편하게 만들었다. 우메사오는 이렇게 주장하였다. "내 논의의 대상은 세계 전체의 구조인데 사람들의 반응은 주로 작은 일부 지역에 집중되었다. 핵심문제라 할 수 있는 전체구조론 —— 어떤 사람은 이것이야말로 나의 득의처라고 한다 —— 에 대해서는 심도있는 비판이 전혀 없었다." "일본 지식인들은 일본 이외의 지역세계에 대해서는 아무 관심도 가지지 않는다는 사실에 나는 적이 충격을 받았다."

우메사오가 순수한 학술토론이 벌어지기를 간절히 희구했다고 하더라도, 실제로 우메사오가 야기한 것은 새로운 '탈아론'과 '흥아론'의 논란이었다. 우메사오는 생태사관을 통해 일본의 현실문제 해결을 요청하거나 아예 현실문제를 해결하기 위해 생태사관을 활용하려 드는 반응 등에 대해 반박하는 한편, 그와 더불어 일본 지식계의 상황에 대해서도 날카롭게 비판했다. "생태사관은 가치평가와는 무관한 이론이다. 그것은 세계의 구조 및 그 형성과정의 인식과 관련된 논의이지 현상에 대한 가치평가나 현실변혁의 지표가 아니다. (…) 일본 지식계가 규범적 가치평가를 선호하는 경향에 대해서 나로서는 참으로 어찌할 도리가 없다는 느낌이다."[9]

여러 종류의 오해 가운데 가장 대표적인 사례가 타께야마 미찌오(竹山道雄)의 「일본문화의 위치」[10]이다. 이 글은 일본 반공자유주의자 단체인 '일본문화협회'의 집단토론과정에서 한 발언을 옮겨놓은 것이다. 여기서 타께야마는 일본과 서구가 함께 제1지역에 속한다는 우메사오의 가설을 단장취의(斷章取義)적으로 이용하여, 일본민족이 아시아에서 차지하는 우월성을 증명하려고 했다. 타께야마는 다른 아시아국가를 무시하는 태도를 노골적으로 내보이면서 일본은 아시아국가가 아니라고 함으로써 일본이 아시아에 대해 지녀야 하는 책임의식 따위는 벗어던져야 하며 동시에 일본은 다른 아시아국가의 근대화모델이라는 점을 강조했다. '일본은 아시아에 속하지 않는다'는 명제에서 출발한다는 점에서는 타께야마와 우메사오가 비슷하지만, 실제 두 사람의 사고방향은 전혀 다르다. 우메사오는 세계사의 구조를 근거로 아시아주의에 내재된 '외교적' 허구성을 해체하고자 했다. 현실에 복무하는 이데올로기적 경향 일체에 반대한 것이다. 반면에 타께야마는 우메사오의 생태사관을 왜곡시켜 일본우월론의 이데올로기에 복무하도록 만들려고 했다.

타께야마 미찌오의 일본문화론으로 대표되는 일본우월론은 근대 일본 사상사에서 연속적인 계통을 이루고 있었다. 메이지시대에는 이 사상의 계통이 민족적 위기감과 결부되어 탁월한 사상가를 지속적으로 배출했다.[11] 제2차 세계대전을 겪은 다음에 이 전통은 사상의 핵심을 해소해버리

----

9) 梅棹忠夫「生態史觀から見た日本」, 같은 책 128~46면.

10) 竹山道雄『日本文化の傳統と變遷』, 新潮社 1958에 수록.

11) 후꾸자와 유끼찌와 오까꾸라 텐신의 민족우월의식은 가치판단을 위해서가 아니라 민족

고 이데올로기적 외침으로 변모하였다. 이것은 일본 사상전통의 형성에 심각한 파괴작용을 하여 심화할 수 있는 사유를 모조리 분리시켜버렸다. 타께야마가 우메사오의 이론을 조야한 방식으로 활용하는 장면에서 그 파괴작용의 심각성이 암시되었다. 1950년대 말에 새롭게 전개된 탈아론을 배경으로 일본사상사에 내재된 아시아주의적 계통과 생태사 또는 풍토론적 '반(反)아시아주의' 계통이 서로 조응할 만한 계기가 마련되었다. 그렇지만 그 계기는 타께야마가 우메사오를 왜곡하는 방식으로 표현된 것이 아니라 타께우찌 요시미의 정리를 거치면서 등장했다.

1958년 8월, 타께우찌는 『토오꾜오신문(東京新聞)』에 「두 개의 아시아 사관」이라는 글을 연재하여, 역사관념이라는 측면에서 우메사오와 타께야마의 '탈아론'의 의미를 정리했다. 타께우찌는 이 두 사람의 표면적 유사성을 넘어서서 거기에 내재된 근본적 차이점을 포착했다. 우메사오가 생태학적 가설을 통해 말하고자 하는 것은 인간주체와 자연환경 사이의 작용과 반작용인데 그것은 지리적 결정론도 아니고 주체결정론도 아니다. 그렇지만 타께야마가 말하는 것은 우메사오의 주장을 단순 결정론의 수준으로 왜곡해서 자신의 반공이데올로기에 복무시키는 것이다. 우메사오 학설의 기본전제는 생태학적 경험 관찰에서 출발하여 그 기능론에는 가치문

적 위기감에 호소하려는 데서 연유했다. 이것이 그들의 사상에 건강함이 내재되어 있는 이유이기도 하다. 그들과 동시대를 살았던 아시아주의자들의 민족우월의식에도 비록 정도의 차이는 있다 하더라도 유사한 성격이 담겨 있었다. 그 이후 다이쇼오시기의 쯔다 소오끼찌(津田左右吉)나 많은 동양학자에 이르러서는, 그 잠재적인 우월의식이 학문을 추구하는 원동력으로 이미 전화되어버렸다. 이와 동시에 관변논리와 결합한 일본의 지식인들이 민족우월의식을 이데올로기화하기 시작했다. 이로 인해 메이지시대의 민족주의에 내재된 사상적 가능성이 퇴색하고 만다. 이와같은 무사상화(無思想化)된 민족우월의식은 오늘날에도 여전히 일본사회에 때때로 솟구치면서 저급한 수준의 논쟁을 부단히 야기한다는 점을 꼭 지적해두어야 할 듯하다. 예컨대 1996년 말에 불거진 자유주의사관 논쟁은 일본의 민족적 자신감을 핵심으로 삼아 전개된 것인데, 비록 그 출발점이나 도달점이 저급한 수준이라고는 해도 결코 무시할 수 없는 일본사상사의 기본명제가 재현된 현상이었다.

제가 포함되어 있지 않지만, 타께야마의 시각은 기존 서구중심주의적 이데올로기를 근거로 강렬한 문명일원론적 가치판단을 포함한 것이다. 우메사오의 학설은 역사를 평면화하는 특징이 있다. 바꿔 말하면, 우메사오는 자기 학설에서 통상적으로 역사발전의 단선적 과정으로 간주되던 것을 생태학 변천의 '흔적'으로 처리했다. 아울러 변천 그 자체의 다원성을 강조함으로써 역사 자체를 자족적 주체로 상정할 수 없도록 만들었다. 타께우찌는 이를 두고 "역사의 무화"라고 불렀다. 반면에 타께야마는 일종의 역사만능본인데 이로 인해 역사는 누더운 '손재불'로 변해버렸다. "우메사오의 입장에서는 존재하는 사물은 모두 병렬적 요소로 환원될 수 있지만, 타께야마의 입장에서 보면 존재에는 위계적 가치가 구비되어 있다. 가치질서가 확정된 탓에 어떤 이는 기존질서를 준수하면서 가치를 배열하는 것이 타께야마가 학문에 대해 갖고 있는 열정의 근원이라고도 한다. 우메사오나 타께야마 모두 역사와 세계를 이상화하는 과정에서 각자의 의도를 그려내고 있지만, 한쪽에서는 확실한 증거를 원리로 삼고, 다른 쪽에서는 교조적 원칙을 원리로 내세우는 이유가 어디에 있는지 알 수 있다."

타께우찌는 이와같이 간단하지만 풍부한 함의를 담고 있는 분석을 행한 이후에 한 가지 문제를 제기했다. "일본을 주체로 아시아의 원리성을 발현하고자 할 때라면, 그 인식과정에서 반드시 우메사오가 지적한 일본인이 아시아에 대해 얼마나 무지한가 하는 문제와 직면한다. 이 문제를 정면으로 대면하지 않고 도리어 이용하려고만 하는 경우가 바로 타께야마의 견해이다."[12]

타께우찌 요시미의 이러한 결론은 아시아문제의 전체적 복잡성을 드러낸 것이다. 첫째, 타께우찌는 일본사상사에서 일본을 주체로 삼아 아시아의 원리성을 찾으려는 기본입장이 역대 일본 사상가들에게 공통된 성향이

---

12) 竹內好「二つのアジア史觀」, 『日本とアジア』, 築摩書房 1966, 83~91면.

라는 점을 설파했다. 둘째, 아시아의 원리성을 발현하는 과정은 반드시 아시아에 대한 이해를 바탕으로 해야 하는데, 이 점은 역대 일본 사상가들에게 결핍되어 있다고 주장했다. 셋째, 타께우찌는 타께야마 같은 '일본주의자'의 근본문제를 지적했다. 일본주의자들은 아시아에 대한 일본인의 무지와 맹목적인 우월감을 이용하여 자신들의 정치적 이데올로기적 목적을 달성하고자 한다는 것이다. 실제로 타께야마는 2차대전 이후 점점 더 강화되어온 쇄국주의적 경향 속에 담겨 있는 '자기위안'의 전형일 따름이다. 일본 지식계와 일반민중이 아시아 이웃나라들이나 아시아 전체에 대해 대체로 무지하다는 사실은 후꾸자와 유끼찌의 시대부터 우메사오 타다오의 시대에 이르기까지 줄곧 일본인의 아시아인식에 내포된 간과하기 힘든 맹점이었다.

이런 상황에서 일본 사상 전통의 건설은 무척이나 힘든 일이었다. 일본 사상사에서 아시아주의적 문제가 선천적으로 결여되어 있는 상태였기 때문에 일본 사상가는 사상사의 영역 바깥으로까지 시야를 넓혀야만 했다. 우메사오가 제공한 참고시점은, 바로 우메사오 특유의 '역사성의 무화'와 가치판단의 '무화' 및 이와 관련된 아시아에 대한 지식의 관조적 성격 등에서 연유한 것이다. 일본사상사의 맹점을 다시 비춘다는 데 의의가 있다는 점에서, 타께우찌는 우메사오와 접촉할 수 있는 지점을 찾아냈다.

1961년 우메사오가 생태사관과 관련이 있는 논문을 발표한 직후이면서, 타께우찌가 일본의 아시아주의에 대한 논문을 쓰기 직전이기도 한 때에, 그 두 사람은 무척 흥미로운 대담을 했다. 내가 살펴본 자료에 한정해서 말한다면 이 대담은 사상사와 생태사가 아시아문제의 영역에서 이루어낸 유일한 합작이었다. 거기서 드러난 문제는 그 이후 수십년에 걸쳐 일본 지식계에서 전개된 아시아문제에 대한 사고의 방향과 분기를 암시하는 듯하다.

이 대담의 공통기조는 문명일원론에 대한 비판이었다. 타께우찌가 평생토록 행한 작업은 바로 서양 중심의 문명일원론을 극복하고 다원적 문명관을 수립하는 것이다. 타께우찌가 우메사오의 문명론에 대해 정확하게 호응하면서 그 당시에 팽배한 우메사오 문명관에 대한 다양한 오독을 비판할 수 있었던 까닭도, 바로 기본입장에서 우메사오의 이론과 같았기 때문이다. 대담이 시작되자마자 우메사오는 타께우찌 요시미의 글 「두 개의 아시아사관」에 찬동하는 의견을 표명하고는, "내가 표현하고 싶었지만 제대로 표현하지 못한 내용을 명쾌하게 드러내주셨다는 점에서 나는 무척이나 고무되었습니다"라고 말했을 뿐만 아니라 타께우찌가 자신과 입장이 같다는 점을 알 수 있었다고 했다.

그러나 타께우찌와 우메사오 사이에는 큰 차이가 존재한다. 타께우찌가 아시아라는 존재를 긍정하는 반면 우메사오는 아시아의 의의를 분명하게 인정하지 않는다. 더 나아가 타께우찌의 아시아긍정론은 우메사오가 제거해야만 한다고 한 '이념'의 층위에서 진행되는 것이고, 우메사오의 아시아에 대한 부정도 전자의 이념이 지나치게 낙관적이면서 기대감에 부풀어 있다는 점을 의식하는 가운데 진행되는 것이다. 타께우찌의 입장에서는 아시아가 이념이고 방법이자 진화론적 역사 해석을 부정하는 도구였다. 아시아가 하나의 실체인지 아닌지는 타께우찌에게는 결정적인 문제가 아니었다. 타께우찌는 아시아의 실체성을 주장하지 않았다고 단언하는 사람도 있다. 우메사오의 입장에서 보자면 아시아를 하나의 기호로 부각하는 방식은 아시아의 다양성을 지나치게 무시하는 것으로, 자신의 학문 태도상 이런 경향을 용인하기 어려웠다. 여기서 우메사오는 문명의 다원화는 아시아와 유럽의 대립구도로써 이루어지는 것이 아니라 오히려 이러한 대립구도를 해체함으로써만 가능하다고 주장했다. 그러나 더 높은 차원에서는 두 사람이 동일하게 실제적인 문제를 대면하고 있었는데, 그것은 바로 전후 일본정부가 아시아를 근대화하는 역할을 자처함으로써 사실상 아시아의 패권을 노리는 삭막한 정치상황과 관련이 있었다. 아시아의 실체성

여부가 그 두 사람이 각기 뿌리를 내리고 있는 학문영역의 차이와 관련이 있다 하더라도, 이러한 학문적 논리 이면에 잠재된 지식인으로서의 책임감 때문에 그들은 학문영역의 경계를 넘어 제휴할 수 있는 길을 모색했다.

타께우찌는 대담중에 아시아에 대해 이렇게 정의했다. "나는 '아시아'가 근대 역사의 전개과정 속에서 서구의 힘에 대응하는 가운데 생겨난 산물이라는 점을 인정한다. 다시 말해 서구의 힘이 유입해옴에 따라 이전에 존재하던 다양한 고대적·중세적 요소들이 내부에서부터 변혁되었다. 이 변혁을 촉발한 힘은 생산력이라고 부를 수도 있고 정신이라고 칭할 수도 있겠다. 요컨대 이런 동향은 근대 혹은 자본주의의 성립과 동시에 시작되었던 것이다." 이런 의미에서 타께우찌는 내적인 자기부정의 움직임을 갖추지 못한 국가를 아시아라 부를 수 없다고 했다. 예컨대 이스라엘은 아시아국가라 하기 어렵지만 꾸바는 오히려 아시아의 유형에 해당한다고 여겼으며, 자기부정이라는 측면에서 볼 때 일본은 아시아국가라 하기가 매우 어렵다고 했다.[13]

우메사오 타다오는 타께우찌 요시미처럼 이념화와 기호화의 방식으로 아시아를 정의하는 데에 동의할 수 없었다. 왜냐하면 우메사오는 아시아를 지역개념으로 설정하여 아시아의 지리적 속성을 탈각시켜 사상사적 대상으로 전환시킬 수 없었기 때문이다. 그렇지만 그 대담에서 우메사오는 이스라엘과 꾸바의 위상에 대한 타께우찌의 견해에 동의를 표했고 심지어

---

13) 타께우찌는 일본은 아시아국가인지 아닌지 하는 문제에 대해 정면에서 언급하기를 꺼려했다. 이는 아마도 타께우찌가 일본이 아시아의 발전에 대해 져야 할 책임의식을 인정하였기 때문일 것이다. 그렇지만 일본이 근대 이래 지녀온 우등생의식에 대해서는 불만을 표했다. 이를 여러 글에서 타께우찌는 함축적으로 일본의 '비(非)아시아적 성격'에 대해 비판했다. 대표적인 글이 「중국의 근대와 일본의 근대(中國の近代と日本の近代)」인데, 이 글은 직접적으로 문화다원주의를 주장한 대표작이다. 여기서 타께우찌는 '근대'에 대한 서구적 정의방식을 철저하게 해체하면서 자신이 제안한 아시아의 원리성을 바탕으로 근대의 함의를 새롭게 정의하면서, 일본의 우등생문화에 대해서 날카로운 비판을 전개했다.

더 나아가 보충하기를 "라틴아메리카는 신대륙 속의 아시아라고 말할 수 있다"라고 했다. 그러나 우메사오가 타께우찌와 타협한 지점은 여기까지일 뿐이다. 우메사오는 근본적으로 아시아를 이념화하는 방식의 유효성에 대해 의심하였던 탓이다. 타께우찌가 말한 대로 아시아를 '내적인 자기부정'이라는 관점에서 정의한다면, 아시아지역 그 자체에 내재된 지역성의 구조와 내적 불균형성은 은폐되어버린다. 그래서 우메사오는 타께우찌와 관련이 깊은 이념화방식을 다룬 다음에 자신의 관심영역이지만 타께우찌에게는 문제가 되지 않는 영역, 즉 아시아 특유의 '대국과 소국의 결합' 구조라는 문제를 제기했다.

가장 먼저 발표된 『문명의 생태사관』 시절부터, 우메사오는 아시아문명의 이러한 구조에 관심을 기울였다. 우메사오에 따르면, 제2지역에는 유구한 문명의 중심대국이 있어 근대에 이르기까지 해체되지 않았으며, 그 주변 지역에서는 제1지역적인 근대화 형태가 발전될 수 있었다. 여기서 우메사오는 우선 아시아지역 구조에서 대국과 주변 소국의 관계문제를 제기했다. 앞서 서술했듯이 우메사오는 제2지역에는 오랜 전통의 4대제국(중화제국·터키제국·러시아제국·인도)이 있다고 지적했다. 그들 주변에는 소국집단이 제국문명의 우산 아래 모여 있는데 문명의 중심은 아니지만 기술이 발전할 수 있는 가능성은 갖추고 있었다. 비록 우메사오가 자신의 가설을 좀더 발전시키지는 못했지만, 대국과 소국 사이에 존재하는 역동적 관계를 간과하는 사상사적 사유와 견주어보자면, 우메사오의 발상법은 그 이후의 아시아연구에서 적잖은 의의를 지닌 것이라 할 수 있다. 타께우찌와 대담을 하면서 우메사오는 이렇게 지적했다. "아시아를 언급할 때면 반드시 필요한 부분이 바로 국가의 대소 문제를 고려하는 것이다. (…) 거대국가와 소국집단은 국가의 생존방식 차원에서도 그 원리가 서로 다를 뿐만 아니라 현실 속에서 작용하는 역사적 배경도 서로 다르다." 따라서 현실문제와 미래의 문제를 고려할 때에는 반드시 여러 국가 사이에 존재하는 개별적인 원동력 문제를 두루 의식해야만 한다. 다시 말해 그 국가들 사이에는 이미 오랫동안 많은 문제가 축적되어왔다. 나로서는 이 모든 것이 서구와의 관계라는 한 가지 측면만으로는 포착하기 어려운 것이라 생각한다. 아시아에는 훨씬 더 복잡한 고뇌가 담겨 있다."

타께우찌 요시미는 자신의 시야에는 대국과 소국의 관계 문제가 내포되어 있지 않다고 솔직하게 인정하면서, 자신이 더 관심을 기울이는 부분은 어떻게 하면 아시아문명을 보편적 원리로까지 상승시켜 서구적 패권에 맞설 수 있는가 하는 문제라고 했다. 우메사오는 그것이 지나치게 낙관적인 이상에 지나지 않고 아시아지역은 서로 유사하다는 발상을 하는 사람들에 대해 지나치게 우호적인 시각이라고 했다. 이런 발상은 현재의 바람을 미래에 투사하는 것이기 때문에 의심스럽다는 것이다. "아시아 내부에 인류의 보편가치를 파괴시킬 요소가 없다고 말할 수는 없다."

우메사오가 인도를 예증으로 삼아 관념과 현실이 괴리되는 위험성에 대해 각성을 촉구한 다음에, 타께우찌는 다음과 같이 매듭을 지었다. "이러한 현실주의를 존중함으로써 빗나간 방식으로 이념의 형성을 촉진하는 문제를 야기하지 않을 수 있기를 바란다."[14] 이 진술은 이념과 현실의 긴장관계에 대한 타께우찌 나름의 인식을 표명한 것이면서, 사상사적 입장과 생태사관적 입장이 이데올로기적 허구성을 극복하기 위해 협력할 필요성을 표명한 것이기도 하다.

유감스러운 것은, 타께우찌 요시미와 우메사오 타다오 사이에 이런 식의 협력이 한 차례 있었지만 그 이후로는 지속되지 못했다는 사실이다. 이 이후로 그들은 자기 나름의 방식으로 아시아문제에 대한 사유를 전개하였을 뿐 스스로를 개방하는 방식은 보여주지 못했다. 타께우찌는 1963년에 편집한 『아시아주의』라는 책에서 여전히 엄정하게 '이념'의 층위에서 아

---

14) 竹内好 「アジアの理念」, 『思想の科學』 1961년 10월호. 인용은 『狀況的·竹内好 對談集』, 141~54면.

시아의 이상과 역사를 논의하면서 새로운 가능성으로 치달았다. 1975년에 『아시아학의 전개를 위하여』를 편집할 때에는 이미 아시아문제에 내포된 복잡성을 해소시켜버리고 패전 직후에 「중국의 근대와 일본의 근대」를 집필하던 상태로 되돌아가서, "아시아는 근대 서구와 대립되는 개념이다"라고 선언했다. 다른 한편에서 우메사오 타다오는 이 이후로 줄곧 문명에 대한 생태사적 사고를 포기하지는 않았지만 사상사와 협력하는 작업을 위해 더이상 노력하지는 않은 것으로 보인다. 1980년대에 우메사오는 문명학이라는 새로운 연구분야를 개적하는 데에 진력했다. 거기서 협력한 상대는 민족학자와 문화인류학자들이었는데, 자연과학이나 공학도 출신의 사람들도 적잖이 포함되어 있었다.

1984년부터 시작해서 우메사오는 자신이 재직하고 있는 국립민족박물관 주관으로 해마다 한 차례씩 문명학 국제학술대회를 열었다. 그 성과들이 『근대 일본의 문명학(近代日本の文明學)』 『도시화의 문명학(都市化の文明學)』 『통치기구의 문명학(統治機構の文明學)』 등의 논문집으로 간행되었다. 그 학술대회를 통해 우메사오 자신이 1950년대에 제기한 '문명의 생태사관'이라는 가설이 더욱 심화되었고, 우메사오는 더욱 분명하게 문명사 및 비교문명사의 시각을 제시했다.

『근대 일본의 문명학』에 수록된 기조강연에서 우메사오는 주체와 환경의 관련성에 대해 다음과 같이 정리했다. "역사를 대할 때라 하더라도 나는 문명사적 역사관이 늘상 필수적이라고 생각한다. 즉 문명사관의 시각에서 가장 중요한 것은 사물의 전후관계를 논의하는 것이 아니라 사물의 공시적 관계를 자기 사고의 중심에 두는 데에 있다. 어느 한 시대에는 다양한 문화적 요소 및 각종 제도·수단 그 모두가 동시적으로 공존하기 때문이다. 아울러 그러한 것들로 전체의 계통이 구성된다. 이로 인해 역사란 이들 동시대적 계통의 시간성이 변천하는 과정을 말한다. 그러므로 그 일부만을 뽑아서 역사성을 탐색하겠다면 그것은 거의 해결할 수 없는 문제가 된다. 다만 과거의 역사적 사실들은 늘상 극도로 단순하게 특정부분을 이루는 요소가 시간에 따라 변모하는 것인 양 취급되었다. 만약 이러한 역사인식에 문명사적 시각이 개입한다면 상황은 크게 달라질 것이다. 즉 존재하는 사물은 같은 시대 내에서 서로 특정한 관련성을 이루고 있으며, 이러한 관련성의 체계 전체가 운동하는 것으로 이해할 수 있다."[15]

　우메사오의 문명학 자체만을 놓고 말하자면 그 내용이 그다지 독창적이라고는 말하기 어렵다. 특히 아시아문제를 논의할 때에 우메사오가 제시한 제1지역과 제2지역의 구분방식은 기본적으로 다른 사람들에게 수용되지 못했다. 그렇지만 우메사오가 문명학을 제창하고 그후 몇십년 동안 노력해온 것에 대해서는 주목할 가치가 있다. 왜냐하면 아시아문제에 대한 논의는 주로 사상사 분야에서만 진행되었고, 이념의 층위에 매몰되어 협소한 범위를 벗어나지 못했다. 이로 인해 일본사상사 연구자들에게는 연구상황의 일면성에 대한 반성이 결여되어 있었다. 와쯔지 테쯔로오의 등장은 일찍이 새로운 인식의 계기를 제공함으로써, 사상사 연구자들이 아시아연구의 '심정적 차원'을 벗어나 한층 더 넓은 지역구조로 관심을 확장해갈 수 있는 가능성을 제시했다. 그렇지만 이 계기는 간과되고 말았다. 이후 우메사오가 새롭게 촉발할 수 있는 계기를 제공하고, 타께야마 미찌오의 용의주도하게 이용하고 때맞추어 타께우찌 요시미가 논란을 제기하면서 그 계기는 무척이나 생산적인 논의의 영역으로 이끌려 들어갔다. 이로부터 당시 일본 사상계의 아시아인식이 진정으로 개방될 수 있는 기회를 마련해주었던 것이다.

　1960년대 초 일본과 아시아의 역동적 움직임 속에서 지식인들은 분과학문 영역을 넘어서는 대화를 나누었다. 그 대화의 내용에는 무게감 있는 현실성이 내포되어 있었다. 그러나 1970년대를 넘어서면서 아시아의 지식

---

15) 梅棹忠夫『近代日本の文明學』, 中央公論社 1984, 23~24면.

인뿐만 아니라 일본 지식계 내부에서도 분과학문 영역을 넘나드는 학제간의 대화에 필요한 긴장감이 차츰 소멸되어갔다. 1960년대와 비교해볼 때 이 기간에 아시아문제에 대한 논의가 훨씬 더 풍부해지고 나름의 계통성을 확보했다는 것이 사실이라 할지라도, 그와 동시에 아카데미즘적 경향과 지식의 객관성 지향 또한 훨씬 강화되었다는 점도 사실이다. 이런 방식으로 생산된 지식의 축적만으로 일본인이 아시아를 이해하는 데에 어떤 도움이 생겨날 수 있는지 의문이다. 타께우찌와 우메사오가 당면했던 그 엄혹한 사실이 은폐될 때, 일본인이 아시아를 인식하는 것은 싸이드가 비판한 것처럼 편견으로 가득 찬 오리엔탈리즘적 지식에 지나지 않기 때문이다.

은폐되어버린 엄혹한 사실이란 바로 일본에서 지속되어온 탈아와 흥아의 이중변주를 말한다. 탈아와 흥아의 이중변주는 결국 아시아에 대한 일본의 태도에는 주체적인 책임의식이 결여되어 있다는 문제와 더불어 일본의 자기정체성 인식 문제를 의미한다. 타께우찌 요시미는 사상사 분야에서 이러한 책임의식을 건립하기 위해 분투했다. 타께우찌는 근대 이후 일본이 아시아를 인식하는 데에는 일본이 자기정체성을 인식하는 방식이 감추어져 있다고 믿었다. 패전 이전의 대동아공영권과 패전 이후의 아카데미즘화에 대한 논란만으로는 다음과 같은 기본 사실을 가릴 수 없었다. 일본이 아시아를 인식하는 것만으로는 주체성을 건립하기가 충분하지 못한데, 이것은 일본이 줄곧 아시아문제를 자기정체성을 인식하는 계기로 활용하지 못했기 때문이다.

세계화와 문화적 차이
국가간 경계를 넘는 지식상황에 대한 고찰

- 1 -
세계화 속의 '지식공동체'

1995년, 제2차 세계대전 종결을 기념하고 반성하는 모임이 세계 전역에서 일어났다. 그러나 그해 일본이나 중국의 지식인 중 항일전쟁이라는 역사적 사건에 대해 입장을 표명한 사람은 없었다. 중일 공동연구가 여러 형태로 이루어졌는데도, 몇몇을 제외한 대부분의 지식인은 항일전쟁과 그때문에 생긴 감정의 상처를 정면에서 언급하기를 회피하고 지식 본위(本位)의 입장에서만 접근할 뿐이었다. 여기에는 자국의 문제는 자국에서 처리한다는 판에 박은 암묵적 관행이 전제로 작동하였다. 반면 1995년은 전쟁을 다시 기억해낸 중국의 일반시민이 민족적 한을 폭발시켰던 해이기도 했다. 그들은 다양한 형식으로 항일전쟁의 역사를 회고했으며, 특히 젊은 세대는 일본에 대한 적대감정을 심화시켜갔다. 한편 경제적 세계화가 중국사회에도 밀어닥쳤고, 일상생활의 감정에서부터 문화유형을 선택하는 것에 이르기까지, 여러가지 변화가 그들도 모르는 사이에 몸속에 스며들기 시작했다. 기존 가치관은 여전히 존재하였지만, 지금까지와는 전혀 다른 위계질서 속에 배치되면서 완전히 새로운 함의를 띠게 되었다.

‘세계화’라는 말은 의미가 불분명한 상태로 반복적으로 사용되어, 나중에 확고한 전제로 자리잡았을 때에는 ‘세계화’가 실제로 무엇을 의미하는지를 파악하는 일은 논의에서 완전히 배제된 상태였다. 세계화가 ‘보편성’이나 ‘국제성’ 등의 개념과 결합됨에 따라 중국인은 자신들이 세계와 ‘연결’되는 것이 가장 절박한 임무라고 생각했다. 여기에는 ‘국제화’와 ‘국내화’라는 두 가지 입장의 차이가 존재하는데, 어느 쪽을 취하든간에 근본적인 문제는 무시된다. 곧 세계화는 국내문화의 개방과 소멸을 초래하는 과정이 아니라 국내문화를 새롭게 ㅓ소화하는 과정이고, 이 재구소화하는 과정에서 국내문화에 실체가 있다는 신화가 도전받으리라는 점이다.

　여기서 다루려는 문제는 세계화 자체를 어떻게 정의내릴 것인가가 아니다. 중국의 학술계가 이미 세계화라는 전제를 보편적으로 받아들인 지금, 세계화의 전개과정에서 출현한 몇가지 근본적인 문제들을 논의하자는 것이다. 개인적으로 판단하기에, 현재 중국 학술계의 사상의 흐름은 뭔가 잘못된 인식을 반영하고 있다. 이 잘못은 특히 ‘국경을 넘나드는’ 대화를 할 때 집중적으로 부각된다. 실제로 근래 중국에서 벌어진 ‘국경을 넘나드는’ 활동을 고찰해보면, 대개의 경우 국내문화와 외래문화를 일종의 실체로 파악하고 있다. 이때 문화개방과 문화고수(固守)라는 상반된 주장은 단적으로 말해 대극점에 서서 문화의 실체성을 강조하는 것에 지나지 않는다. 따라서 세계화과정이 야기했음직한 국내문화의 자기부정이나 재구조화의 가능성이 문화의 실체성을 강조하는 사고에 의해 차단당하고 만다. 다시 말해 하나의 문화주체가 다른 하나의 혹은 복수(複數)의 외래문화(통상적으로 모호하게 ‘타자’로 표현되는데, 범박하게 이해하자면 타자란 ‘자아’의 바깥에 있으며 자아와 똑같은 실체성을 갖는다)와 접촉할 경우에 발생하는 충돌과 이런 종류의 외재적 충돌을 처리하는 인식으로, 복수의 다른 주체들과 평화롭게 공존한다는 이른바 ‘다원적 공존’이 이상적인 상태로 이해되어왔다. 중국 사상계에 만연했던 포스트구조주의 이론도 단지 탁상공론에 그치고 말았다. 문화의 상호간섭을 주장하는 세계화의 실제상황과는 아무런 연관을 맺지 못하고, 사상적 양식으로 삼기에 유익할 이러한 이론이 갖는 잠재력을 충분히 살리지 못한 채, 대개의 경우 단순화되고 기계적으로 응용되는 실정이다.[1]

이러한 현실인식을 바탕으로 2년간의 준비작업을 거친 뒤 1997년, 중국과 일본의 몇몇 지식인들은 대단히 힘겨운 대화의 여정에 올랐다. 우리들은 이 대화를 '지식공동체 대화'라고 명명했다. 발기인과 참가자는 국경을 넘는 일종의 공동의 지식입장을 만들고자 했다. 이 실험을 통해 중일 지식인들은 양국 사회 및 지식계에 존재하는 문화충돌을 보여주려고 하였다. 이것은 경쾌하게 서술된 세계화나 국경을 넘어 수행된 얌전한 대화의 그늘에 은폐되어 있던 것이다. 우리는 문화충돌을 언급하면서 세계화조류의 근저에 도사리고 있는 사유방식을 명확히 제시하고, 세계화과정에서 드러나는 문화의 진실한 모습을 그려내고자 했다.

우리들은 문화적 차이에 대한 기술이 언뜻 보기에 닮은 듯하지만 서로 다른 몇가지 이미지들로 은폐되어 있음을 분명하게 인식했다. 문화적 차이가 은폐된 결과, 오히려 차이와 모순은 점차 심각해지고 백열화되었다. 중국과 일본의 경우만 보더라도 양국 학술계 사이에는 다양한 '문화교류'가 상당히 많이 행해졌다. 특히 1990년대에 진입한 이후로 다양한 명목으로 개최된 학술교류와 우호적인 왕래는 지금까지 그 예를 찾아보기 힘들 정도다. 다양한 차원으로 전개된 교류에서 기존에는 의도적으로 회피해왔던 문제들이 예기치 못한 방식으로 분출되었다. 바로 중일간 문화교류에

---

1) 1990년대 중반에 중국 사상계에 소개된 푸꼬(Foucault)의 중요한 저작들이 하나씩 번역되고, 현재는 그의 문집(文集)이 한창 번역중이다. 데리다(Derrida)의 저작은 조금 늦게 번역되었는데 그렇다고는 해도 모두 3, 4종 이상이 번역되어 있다. 이외에도 바르뜨(Barthes)의 저서 등이 1990년대 말부터 번역되었다. 또한 이에 호응해서 이들 사상가의 전기물(번역된 것과 중국인 학자의 저술을 포함하여)도 차례차례 출판되었다.

서 아직까지 그 위치를 확고히 자리매김하지 못한 전쟁역사에 대한 책임 문제가 그랬다. 나는 여기서 이 문제가 결코 논의된 적이 없었다거나, 사람들이 그다지 관심을 보이지 않았다고 말하려는 것이 아니다. 나는 단지 이 문제를 다루는 데 효과적이고 적절하며 진실한 표현방법을 아직까지 찾지 못했다고 말하고 싶은 것이다. 표현방법을 찾지 못한 전쟁책임 문제는 공식·비공식으로 종종 돌연 분출되거나 억압되는 방식으로 부각되었다.

이와 관련해서 이야기하자면 매우 좁고 한정된 사고의 진폭 내에서만 논의되는, 이른바 '선분가형 내남'이 빈번하게 개최되는 문화교류의 실세 모델이다. 한 방향으로 주제를 몰고 가는 경향이 다분한 이 모델은 양국의 중국 연구자 혹은 일본 연구자끼리 교류하는 형태가 전형적이다. 이 모델에서 문화교류는 논의주제가 설정된 국가의 문화를 기초로 하기 때문에 상대방과의 문화적 차이는 잠시 보류된다. 그리고 논의가 순조롭게 전개되지 않을 때에만 '퇴로'로서 문화적 차이가 절충적으로 이용된다. 이럴 경우 문화적 차이란 문화특수론이라는 핑계로 다른 나라 발언자의 입을 막아버리는 역할을 한다. 이때의 전제는 '우리들의 문제는 우리들만이 이해할 수 있다. 외부 사람들에게는 발언권이 없다'이다. 설령 그가 동업자(同業者)일지라도 자국의 문화 내부에 대해서는 대등하게 토론할 수 없다는 것이다. 아무리 그가 그 방면의 전문가라고 할지라도, 오직 국적(國籍)만이 본국의 문제를 논할 수 있는 특권을 부여하고 보장해준다. 의심할 것도 없이 이 모델에서는 문화충돌이 생기지 않는다. 한쪽의 문화 내에서 주제가 설정될 뿐 아니라, 한 국가의 문화는 그 자체로 자족적이라는 통념 때문에 해당 문화권 출신의 학자가 '선생' 역할을 연기하는 가운데 막이 내린다. 따라서 이런 종류의 학술교류에서는 사회 어딘가에 잠재된 분쟁거리가 언급되지만, 논의의 중요한 대상이 되기도 전에 토론할 만하지 않다고 폐기된다. 문화교류라는 우호적 이미지는 이런 식의 허구를 기반으로 수립된다.

진정한 의미의 국경을 넘나드는 지식공간을 창출하고, 숨겨왔던 문화적 차이와 문화충돌의 문제를 전면으로 부각시키는 작업은 절박한 과제였다. 그래서 우리들은 다음의 전제들을 설정하여 '지식공동체 대화'의 주춧돌로 삼았다.

하나, 지식공동체는 전문가형의 지적 교류를 목표로 하지 않는다. 지식공동체는 전문가형 교류가 은폐해버린 문화적 차이 또는 문화충돌의 문제를 취급하고 각각의 지식이 배치된 상태나 서로의 곤경(困境)을 반성하는 것을 목표로 한다.

둘, 지식공동체는 전공분야를 달리하는 학자들과 행동하는 지식인 간의 대화를 전제로 한다. 따라서 상대방 문화 내부의 고유한 분야를 연구의 전제로 삼지 않는다. 참가자는 기본적으로 자국문화와 사회에 존재하는 근본적인 문제에 대해 위기감을 갖고 있어야 하고, 이에 개입할 의사가 있으며 현재의 지식지형도를 반성하는 정신을 가져야 한다.

셋, 지식공동체는 실체화와 제도화에 반대하며 민족이나 문화의 대변자가 되는 것에 반대한다. 따라서 참가자는 개인 자격으로 대화와 토론에 참가하며, 교류과정은 항상 유동적인 상태를 유지한다. 정해진 시간 내의 교류에서 가능한 한 많은 문제점들을 제시하고 국경으로 분할된 틀을 뛰어넘을 수 있는 사유의 실마리를 탐구한다.

이런 원칙 아래 일본국제교류기금(The Japan Foundation)의 원조를 받아 전공이나 직종을 달리하는 중일 양국의 지식인을 초청하여 1997년부터 매년 한 차례씩 회의를 개최했다. 논의의 연속성을 유지하기 위해 참가자 몇명이 지속적으로 참석한 것을 제외하고, 가능한 한 매회 참가자를 교체하여 대화의 개방성을 유지하려고 애썼다. 현재까지 개최된 네 번의 회의에서 깊이있는 다양한 수확을 거둘 수 있었다. 그리고 우리의 모든 성과가 충돌과 오해 그 자체에서 얻어졌다는 점을 지적해두어야겠다. 물론 지식공동체의 활동과정은 세계화와 문화적 차이의 연관관계를 고찰하는 데 유익한 시각을 제공했다고 말할 수 있다.

– 2 –
이름 붙이기의 곤란함: 자유로운 개인은 어떻게 가능한가?

'지식공동체'라는 이름은 오해를 불러일으키기가 매우 쉽다. 우선 공동체라는 단어는 우리들의 초발심과는 달리 실체적인 뉘앙스를 아주 강하게 띤다. 너구나 역사적으로 '공동체'라는 말은 일종의 폐쇄성과 배타성을 그 용어 자체에 항상 지녀왔다. 그러나 세계화가 진척되면서 공동체라는 말에 새로운 국제적·경제적인 함의가 첨가되었다. 오늘날 다양한 이름의 정치적·경제적 공동체가 민족국가의 경계를 넘어서면서 세계무대에 등장하는 것이다. 두말할 필요도 없이 국제적·정치적·경제적 공동체는 불평등한 패권관계를 배태하고 있고, 지금껏 볼 수 없었던 새로운 권력관계를 동반하고 있다. 공동체라는 용어가 지닌 역사적 의미 탓에 우리들의 실험에 공동체라고 이름을 붙인 것 자체에도 성가신 의심의 시선이 뒤따를 위험성도 언제나 존재했다.

사실 우리들의 대화를 '지식공동체'라고 이름 붙였을 당시, 이 말에 특별한 의미를 부여했던 것은 아니다. 오늘날 세계에는 온갖 종류의 공동체가 범람한다는데 지식인의 공동체라는 것도 있을 수 있지 않을까, 민족국가의 틀을 넘은 공통의 지식입장을 구축할 수 있지 않을까, 공동체라는 말에 참신한 의미를 불어넣을 수 있지 않을까, 우리들은 단지 이러한 의문들에 실천적으로 응해보고 싶다는 아주 작은 희망을 그저 잠재적인 형태로 갖고 있었을 뿐이다.

일단 이 명칭이 붙여지자, 많은 이견들이 제기되었다. 그런데 여러 갈래의 이견과 접하면서 다양하게 해석할 수 있는 이 용어야말로 정말이지 가장 적확하게 우리들의 지식이 놓여 있는 상황을 잘 그려내고 있는 게 아닌가 하는 생각이 차차 들기 시작했다.

제1회 회의[2]에서는 지식공동체 앞에 '중일(中日)·일중(日中)'이라는 말을 붙였다. 이 사소한 사건이 계기가 되어 회의에 참가한 사람들의 '대표권'이 의문에 부쳐졌다. 즉 '우리가 과연 자신의 국가와 문화를 대표할 수 있는가'라고 말이다. 이에 대한 답은 물론 '아니다'였다. 그런데 좀더 깊이 파고들어 고찰해보면 그렇게 간단히 대답할 성질의 것이 아니었다. 국가와 문화를 대표하지 않는다면, 우리들은 자유로운 개인인가? 자유로운 개인이란 어떻게 가능한가?

이것이 제1회 회의에서 부각된 주요 분기점(分岐點) 중 하나였다. 우리들은 통상의 국제학술회의가 종점으로 삼고 있는 것을 논의의 기점으로 삼고자 했다. 논문 발표 따위는 하지 않고, 곧장 토론으로 들어가는 방식을 취하려고 했던 것이다. 참가자들은 사전에 토론의 요점을 제출해달라는 요청을 받았다. 중국 학자들은 각자가 놓인 상황을 통해 이번 논의의 주제를 설명하면서 사상계의 지적 배치에 대해 서로 대화를 주고받고자 했다. 한편 일본 학자들은 중국 쪽의 주제가 이런 대화에서는 그다지 마땅치 않다고 여겼다. 따라서 그들은 주제를 '시민사회' '공공성' '전통과 근대성' 등등의, 통상 전문적이고 분화된 내용으로 구체화하자고 주장했다. 일본의 학술적 관습에 따르면 주제의 유형(有形)을 설정하지 않고서는 조직적인 토론이 어려운 것 같았다. 주제를 둘러싼 이런 논의가 심화되자, 자신이 처한 지식 배치가 서로 다르다는 게 곧 두드러지게 나타났다. 그래서 오히

---

2) 제1회 '지식공동체 회의'는 1997년 7월 뻬이징(北京)에서 개최되었다. 형식적으로는 어느 유학(儒學) 관련 학술회의를 물려받는 형태로 시작되었다. 이러한 경위는 당시의 지식상황을 어느정도 상징하고 있다고 볼 수 있다. 요컨대 길들여지지 않은 이 사고방식은 바로 자신이 초월하고자 한 전문가형 교류라는 형식을 계승하는 형태로 시작할 수밖에 없었다. 왜냐하면 사고방식 자체의 독립된 형태라는 것이 아직 인정받지 못했기 때문이다. 이듬해 이후로는 독립된 학술회의로 변신하여 단독으로 자금원조를 받았다. 이후 현재에 이르기까지의 활동은 일본국제교류기금의 적극적인 찬조를 받고 있음을 덧붙여둔다.

려 애초의 의도대로 논의가 진행될 수 있었다. 일본 학자들은 중국 학자들이 스스럼없이 스스로를 '지식인'이라고 부르는 것에 대해 반발했다. 그들은 중국 학자들이 잠재적으로 갖고 있는 엘리뜨의식과 높은 곳에서 '대중'을 내려다보는 듯한 심리를 아주 민감하게 감지해냈고, 이에 반해 자신은 대중에게서 유리된 지식인이 아니라 보통의 개인일 뿐이라고 진술하게 발언했다. 중국 학자들의 입장에서 보자면, 지식인과 대중을 구별짓지 않으려는 일본 학자들의 태도는 그들이 대중과 같음을 증명하는 것이 아니라, 오히려 일본 엘리뜨가 고결한 체하는 모습을 표현한 것에 지나지 않았다. 설령 '엘리뜨에게 계몽받은 대중'이 이미 일본에는 존재하지 않는다 할지라도 말이다. 양자의 분기점을 더 밀고 나가면, 일본 학자의 지식을 본위로 하는 태도와 중국 학자의 학문의 배후에 존재하는 우환의식(憂患意識)이 첨예하게 대립한다. 어떤 일본 학자는 이렇게 대립하는 양자의 차이를 시간적 차이로, 즉 일본은 중국의 현단계를 이미 통과했다는 발전단계의 차이로 환원하려고 했다. 이때 중국 학자들은 강하게 불만을 표시했다. 결론적으로, 문제를 바라보는 두 갈래의 시각은 결국 지식인의 사회적 역할로 귀결되었고, 앞으로 자국문화에 대한 지식인의 대표권에 대해 토론하지 않을 수 없다는 사실을 강하게 암시했다. 제1회 회의는 중국과 일본사회에 축적되어 있는 지식인의 사회적 위치를 문제시하는 지식인론(知識人論)까지는 논의가 진척되지 못했고, 끝내 서로의 접점을 발견하지 못한 채 끝나고 말았다.

제1회 회의에서 남은 몇가지 문제는 그 다음해의 문제로 넘겨졌다. 그 문제란 다음과 같다. 모국(母國)문화 바깥으로 나가 이문화(異文化)와 교류할 때, 우리들의 입장이란 결국 어디에 위치하는 걸까? 이른바 '자유로운 개인'의 입장은 이론적으로는 존재할지 몰라도, 현실문제에 직면했을 때 자신의 모국문화를 향해 복잡하게 작동하는 일종의 '자기동일화'를 우리는 어떻게 처리할 것인가? 더구나 모국문화의 대표자라고 자임하면서 이문화인(異文化人)에 대해 무의식적인 우월감을 표명하는 자에게 어떻게 대응해야 하는가? '자유로운 사고'니 '자유로운 입장'이니 하는 것이 설령 존재한다손 치더라도, 그것은 무엇에 대항해서 존재하며, 우리들을 어디로 끌고 가는가?

몇번의 토론에서 '중국측' '일본측' 혹은 '우리 일본인'이라는 식의 국적을 강조하는 무의식적 발언이 이어졌다. 이 발언은 회의장의 일본과 중국 참가자 사이에 균열을 냈고, 일부 학자들은 이를 지적하려고 했다. 그런데 그들이 지적하려고 했던 내용은 수용되지 못했고 도리어 다른 참가자들에게 누가 국가와 문화를 대표할 자격을 갖고 있단 말인가 하는 식의 비판을 받았다. 여기서 다음과 같은 질문들을 할 수 있다. 스스로를 '자유로운 개인' 혹은 '국제화'니 '문화상대주의'니 하는 입장에 있다고 규정할 때, 자신이 진정으로 사유의 자유를 갖고 있다고 보증할 수 있는가? 이런 태도는 어쩌면 사회적·역사적 책임에서 합리적이고 합법적으로 도피하려는 것이 아닐까? 아울러 '국제화'의 흐름 속에 우리들은 또다른 자기기만의 함정에 빠져 있는 건 아닐까? 다른 하나의 서구중심주의가 이제는 통용되지 않게 된 낡은 서구중심주의를 대체하고 있는 건 아닐까? 바꿔 말한다면 세계적 시각이라는 단어를 기치로 서구에서 만들어진 이론이 자신의 이데올로기적 색채를 희석시켜 정치적으로 올바른(politically correct) 지배담론으로, 동양문화본질론의 혐의가 짙은 사유를 억압하고 있는 것은 아닐까? 이러한 의문들은 다른 문제들을 낳았다. 사람들은 서구 이론을 사용해 문제를 논하면서 국내의 지적 자원에 무관심한 척하면서 스스로는 '자유롭다'고 말한다. 이때 국제화나 세계화라는 표상이 정녕 우리들의 자유를 보증할 수 있는지, 이 '자유'가 본국중심론이나 협소한 민족주의에 저항할 능력을 갖고 있는지에 대해서 꼭 물어야 한다.

몇차례 논의를 거듭한 결과, 균열의 지점들은 우리 스스로를 성찰할 수 있는 아주 좋은 기회를 제공해주었다. 가장 중요한 사실은 이런 반성을 함으로써 개념적 사고에서 벗어나 복잡한 현실에 대처할 능력을 단련할 수 있었다는 점이다.

다음과 같은 문제제기는 복잡한 현실의 일단을 잘 보여준다. 세계화와 국제화가 협소한 민족주의에 대한 도전이라고 해서, 이것이 모든 형태의 민족감정과 문화적 귀속의식을 부정한다고 볼 수 있는가? 현실적으로 고도로 세계화가 진척된 세계에서 사람들은 평등하게 살지 않는다. 이런 의미에서 모든 자유는 조건적이라는 입론을 근거로, 가령 우리가 비대항적·비타협적 태도로 오늘날 세계로 합류한다면, 보어문화를 향한 사기통일화는 어떤 경우에 양식(糧食)이 되고, 어떤 경우에 장애가 되는가? 이른바 반문화적 본질주의 사고는 결국 어떤 차원에서 효과적인 비판의 무기가 될 수 있는가?

최근 중국의 사상계에서 이루어졌던 민족주의나 자국의 지적 자원 및 서구중심론 등에 대한 논의는 아주 피상적인 수준에서만 전개되었다. 중국의 지식인들은 근본문제들을 해결하지 못한 채, 이른바 '오리엔탈리즘'의 문제제기와 서양의 비판적 지식인의 목소리에 무비판적으로 호응하려고 했다. 주지하듯 이로 인해 많은 혼란이 초래되었다. 그 결과, 문화적 입장은 아주 단순하게 범주화되었다. 범주화란 실체론적인 경향과 개념성을 강하게 내포한다. 일반적으로 실체론적 경향은 문화적 입장을 일종의 문화적 기능과 현실에서 수행하는 선택이나 판단의 능력으로서가 아니라, 의심할 수도 분석할 수도 없는 고정된 상태에 있는 것으로 이해하는 것이다. 아울러 개념성이란 문화적 입장을 유동적으로 이해하지 않고, 선험적으로 설정된 추상적 구조 내에서 이해하는 것을 가리킨다. 중국 사상계의 현재 상황을 말하자면, 문화적 입장의 한쪽에 추상적 차원에서 배타적으로 발생한 '국내'라는 관념이 버젓이 자리잡고 있다. 추상성은 '중화문명'이 '서구문화'에 대항한다는 공소(空疎)한 도식을 만든다. 한편 그 맞은편에는 어떠한 모순도 감지할 수 없는 '체용론(體用論)'을 전제로 삼아 서구의 비판적 지식인의 목소리를 단순히 '지식화'하는 자기만족적인 움직임이 있다. 중국으로 흘러들어온 '오리엔탈리즘'에 대한 비판은 문화상대주의적 인식을 심어주지 못하고 민족주의적 자기동일화를 강화시켰다. 이것은 실체화되어 추상적으로 개념화된 문화적 자기동일화에서는 어떠한 새로운 사상적 가능성도 산출할 수 없음을 증명한다.

아마도 '자유로운 개인이 어떻게 가능한가'라는 문제를 정면으로 다루는 일은 불가능할 것이다. 이 질문은 상황에 따라서 제기되기 때문이다. 어쨌든 이 문제는 지식공동체 대화에서 여러차례 격하게 토론되었다. 비록 '지식공동체'라는 명칭이 국경을 넘고 문화를 가로지른다는 기본적인 의도를 표현하고 있지만, 실제로 국가의 경계나 문화를 넘어서기란 불가능하기 때문이다. 수년에 걸친 이러한 대화를 통해서 우리들은 문화를 가로지르는 입장이 두 문화 사이에서 발생하는 것이 아니라, 한 문화 내부에서 발생한다는 사실을 점차 분명하게 알게 되었다. 하나의 문화 내부에서 문화의 자족성에 대한 회의가 생겨날 때 비로소 문화를 넘는 사건이 생길 수 있다. 한 문화 내부의 변화를 발생시키는 데 이문화(異文化)가 매개로 작용하는 것은 단지 국내의 지식상황에서 생긴다. 이문화의 문제가 자기인식을 위한 매개로 작동할 때 비로소 국내의 지적 상황은 구조적인 변용을 맞는 것이다. 이러한 방향으로 문제를 고찰함으로써 지식공동체 활동은 자신의 위치를 점유해갔다. 자족적인 문화체계 내부에서는 실현될 수 없는 자기부정과 자기혁신의 계기를 탐구하여, 문화의 주체를 비실체적 '주체성'으로 재창출하고 대화를 유동적으로 유지함으로써 '주체'를 새롭게 인식할 수 있는 가능성을 열어갔다.

서양담론에 포위된 '중국'과 '일본'

지식공동체 회의가 3년째로[3] 접어들자 일본의 참가자들은 지식공동체
는 왜 유독 중국과 일본 사이에서만 행해지는가, 너무 제한적이지 않은가
하는 의문을 제기했다.

분명히 제한적이다. 그러나 여기에서 논의할 수 있는 것은 제한적인 상
황을 피할 수 있는가, 만약 피할 수 없다면 어떻게 제한적인 현실상황을 심
도있는 문제를 향한 접근경로로 바꿀 수 있는가 하는 점이다.

문화교류의 형태들은 날로 다양해지고 있다. 다문화간 교류가 그 대표
적 예다. 지식공동체에 참가한 다수의 참가자들은 모두 다문화적 교류에
참가한 경험이 있다. 이런 종류의 교류에서 가장 심각한 문제는 언어다.
일반적으로 영어를 사용한다. 확실히 영어를 사용하면 상호교류하는 데
기술(技術)적 장애가 최소한으로 줄어든다. 그런데 이 방법을 실행할 경우
다른 하나의 비기술(非技術)적 장애가 엉겨붙는다. 즉 참가자에게 영어 이
해력을 요구하게 되는 것이다. 이렇게 되면 참가자가 상당히 한정된다. 물
론 영어를 할 줄 아는 사람의 내력도 가지각색일 것이고 나라와 지역에 따
라 영어의 기능적인 유연성은 아주 크기 때문에, 영어를 사용하는 사람이
국내상황에 개입하여 사고하는 데 열등할 것이라는 식의 단언은 불가능하
다. 그렇다고 해서 영어를 능숙하게 구사할 수 있는 학자가 실제로 '현지
인'이 아닐 가능성도 배제할 수 없다. 타지에 근거를 둔 영어 숙련자라고
한다면, 국내의 복잡한 사정에 정통하지 못할 수 있어, 일반적으로 알려진
추상적인 개념에 의거해서 사고하고 표현할 수도 있다. 그렇게 되면 국경

---

3) 제3회 회의는 2000년 1월 뻬이징에서 개최되었다. 이때 다루었던 주제는 '전쟁과 중국혁
명의 세계사적 의의'였다. 이 글의 제4절 '살아있는 역사 속으로' 참조.

을 넘나드는 교류가 불가피하게 '자유인'에게 의지하여 완성될 수밖에 없는 기이한 사태에 봉착한다. 게다가 영어를 사용하는 것이 도리어 제약이되어, 문화충돌에서 종종 모국어로 표현되는 가장 애가 타는 부분이 여과되어버릴 가능성이 크다. 앞에서 서술했듯이 다른 문화를 매개로 문화를넘나드는 상황은 한 문화의 내부에서 발생한다. 그렇기에 영어를 사용한다고 했을 때 모국어를 사용하는 경우보다 토론의 폭이 더 좁아질 수 있다.하지만 아직까지 이러한 이상사태는 출현하지 않았다. 그래서 지식공동체대화는 반드시 참가자의 모국어로 진행하고 동시통역을 배치하기로 했다.참가자를 선택할 폭을 확대하여, 국내문제에도 정통하고 국제적 시각을갖춘 대화자를 선택하여 문화충돌과 국경을 넘나드는 교류를 깊이있는 수준으로 전개하고자 했기 때문이다. 통역에도 한계성 또는 위험성이 드러나겠지만, 적어도 모국어를 사용하는 토론자는 자유롭게 모국어의 사고방식을 이용할 수 있을 것이다. 더군다나 모어문화의 자족성에 충격을 가하는 작업은 미리 별도의 다른 언어를 사용하는 사람들에게 주어진다. 물론이런 방법으로 대화를 진행하면 필연적으로 다른 문제군(問題群)이 희생될 수밖에 없다. 영어로 대화할 경우 다른 지역의 허다한 문제를 동시에 포착할 수 있는 시선을 확보할 수 있다. 이에 비해 통역을 중간에 세울 경우에는 그 가능성이 축소되고, 논의가 그다지 매끄럽지 않게 진행된다고 느낄 수 있는 여지도 생기게 된다.

국경을 넘나드는 교류를 시작할 당시에는 영어를 쓸 경우 혹은 각자의모국어를 쓸 경우 어떤 서로 다른 문제의식이 출현할 것인가 하는 흥미로운 문제까지는 예상하지 못했다. 겉으로 드러나는 현상만을 나열해본다면, 영어로 대화할 경우 일부 사람들은 감각적 거리감이 좁혀져 '국제'감각이 증진된다고 체험하겠지만, 이는 한 개인의 경험에 의한 것이기 때문에 추상적으로 판단할 수 없다. 모국어를 쓸 경우, 일반적으로 서로의 문화적인 거리감을 느끼기 쉽고 문화적 차이나 민족성 차이와 관련된 무의식적인 연상이 생기기 쉽다. 문화대표권과 자유로운 개인의 가능성에 대한 문제제기도 모국어를 사용할 경우 더 적극적으로 제기될 수 있고, 특히 '모국어문화의 대표자인가 자유로운 개인인가' 같은 이항대립식 문제제기는 모국어의 역할과 밀접한 상관관계가 있다. 실제로 차이는 '국내인가 국제인가'라는 두 극단 내에 존재한다. 뿐만 아니라 단일문화 내부 혹은 다문화간에도 존재한다. 그런데 모국어로 이야기할 경우 두 문화 간의 차이는 쉽게 의식되는 반면 문화 내의 차이를 문화간 차이로 의식하는 오해가 쉽게 은폐된다. 국가본위의 구조를 돌파해서 각 지역간의 공통적인 과제를 탐구한다거나, 국가 안의 다양한 상황에 따른 차이를 따지는 작업은 모국어를 사용하면 아주 쉽게 방해받는다. 그러나 영어로 토론한다고 이러한 모순이 해소되고 진정한 소통이 이루어질 것인가? 물론 이는 표면적인 분석일 뿐 실제상황은 그렇게 단순하지 않다. 우리는 너무나도 오랫동안 이런 복잡한 문제들을 경시해온 것은 아닐까?

　네 번의 지식공동체 회의가 개최되는 동안 한국 학자들은 네 번 모두 참가했다. 그런데 기술적인 문제로 그들은 중국어 아니면 일본어를 사용해야 했다. 한국의 상황도 토론내용을 일부 구성하고 있는데도 중국·일본·한국의 삼국 지식인간의 대화라는 국면까지는 도달하지 못했다. 우리가 의도한 바는 아니었으나, 역설적으로 실상을 적나라하게 보여주었다. 한국의 사상자원에 대해 안다고 할 수도 없지만, 흥미롭게도 한국 지식인의 참가는, 거꾸로 한번도 참가한 적이 없는 '서양'이 한번도 회의에 '결석'하지 않았음을 부각시켰다. 대화자를 아무리 조정해도, 서구이론을 기점으로 하는 시각이 흔들렸던 적은 없었던 것이다. 제아무리 세련되게 규정하려고 해도 아시아 여러 나라의 지식인으로는, 서양의 바깥에서 '순(純)아시아'적 대화를 전개하는 일 따위가 애초부터 불가능했던 것이다. 바꿔 말하면 우리들의 과제는 서양의 모델 내부에 아시아 모델을 수립하는 것도 아니고, 서양담론 바깥에서 하나의 독립된 아시아를 탐구하는 것도 아니다. 우리는 근대 이래로 서양과 동양이라는 이질적인 지역에서, 동양에 대해 문화적 패권을 가진 서양문화가 침투하고 교섭하는 상황을 바로 보면서, 역사를 표현할 수단과 현재의 상황을 분석할 방법을 건설하고자 한다. 일차적으로 서구이론을 일종의 보편모델로 상정해 무비판적으로 그리고 무매개적으로 응용하는 태도에서 벗어나기 위해 이분법적 모델을 폐기하고자 한다. 아울러 자국의 이론적 자원의 특수성을 지나치게 강조한 나머지 근대성에 대해서 논의조차 하지 않으려는 태도를 경계한다. 우리의 과제는 두 가지 태도를 연구와 사유의 기초로 확립하여 논의의 시각과 한계를 형성하려는 것이다. 덧붙이자면, 이러한 시각은 아직 확립되지 않은 상태라서 어쩔 수 없이 '이중작전'을 취하면서 사유를 전개해나갈 수밖에 없다. 그런데 여기서 난감한 상태에 봉착하게 된다. 즉 서양화니 국내화니 하는 단순한 의미에서 자신의 작업을 규정짓는 자세에서 탈피하기 위해서는 '부정'에서 시작해야 하는데, 이런 우리의 입장이 포스트구조주의의 비판적 입장과 일치한다는 점이다.

제1회와 제2회 회의의 주된 시각은 대부분 상당히 '서양화'된 것이었다. 제1회에서 논의된 사항은 시민사회, 공공성, 전통과 모더니즘, 중간층 등에 관한 서양산 주제들이었고, 이러한 틀 속에서 '국내화'된 논쟁이 실제로 전개되었다. 이 문제의 지적 위상을 어떻게 규정할 것인지를 토론하기도 전에, 지식을 추구하는 객관적 자세로 논의해야 하는지 그렇지 않은지를 둘러싸고 의견이 분분했다. 중국의 많은 학자들은 지식인의 입장에서서 지식을 통합하고 주도하고자 했다. 그 때문에 '서양화'니 '국내 지적 자원의 특수성'이니 하는 문제는 단순한 배경에 머물면서 전면으로 부각되지 않았다.

제2회 회의[4]의 주제는 '민족주의'였다. 의제 가운데 하나가 그라마똘로

---

4) 제2회 회의는 1998년 12월 뻬이징에서 개최되었다.

지(grammatologie)와 민족주의에 관한 데리다(Derrida)의 논고를 중국과 일본의 학자들이 서로 토론하는 것이었다. 이 의제에 정통한 중일 연구자들이 토론에 나섰으며, 대화가 오고가는 와중에 중일 연구자 간의 근본적인 차이가 명확해졌다. 데리다의 이론을 정확하게 해석하고 유럽의 맥락에서 그를 자리매김하면서 그의 공헌과 한계를 논하는 것은 상당히 중요한 작업이다. 그렇다고 해서 이러한 작업을 국내 역사상황에 직접적으로 등치시킬 수 있을까? 중국 학자는 자국의 역사를 소재로 데리다의 그라마똘로지의 한계성을 지적했고, 반대로 일본 학자는 일본의 역사 분석을 통해서 데리다의 그라마똘로지의 유효성을 증명하고자 했다. 양국이 근본적으로 상이한 지반에 서 있었기 때문에 '민족주의'라는 총괄적인 주제를 전개할 무렵에는 더 깊은 충돌이 불가피하였다. 일본의 역사적 맥락에서 보자면, 모든 진보적 지식인에게 일본의 민족주의는 비판의 대상이었고, 서구이론은 일본 민족주의를 부정하기 위한 무기였다. 그렇기에 서구이론을 응용하는 작업은 일종의 윤리적인 모험인 셈이었다. 이러한 이유로 자국의 민족주의를 해체하고 구성하려는 논의과정에서 데리다의 이론이 부각되었던 것이다. 그런데 중국과 일본의 민족주의에 대한 토론으로 접어들자, 어찌할 새도 없이 전쟁에 대한 기억이 툭 불거져 나왔다. 데리다 이론을 분석한 일본 학자가 중국 학자에게서 역사적 트라우마(trauma)에 대해 질문을 받고 우물쭈물하는 사이 화제는 금세 세계자본주의로 이동해버렸다. 역사의 상처를 다룬 문제가 갖는 무게를 감지한 일본 학자에게 이 문제는 쉽게 대답할 성질의 것이 아니었다. 더구나 통역이 원만하게 진행되지 않아 중국과 일본 학자 사이에 감정의 틈이 생겼다.

처음 두 번의 모임은 서구의 이론적 자원이 '이론양식'으로 동아시아 각국의 사상계에 보급되었을 때 생긴 원초적인 문제점들을 잘 보여주었다. 중일 학술계에서 서구이론은 추상적이지 않고 역사적이고 유동적인 것으로, 구체적인 어떤 사상(事象)과 강한 관련을 맺고 있다. 따라서 서구

이론을 읽어내는 작업을 서양사 독해로 치부한다거나 추상적 연역에 붙박아두어서는 안된다. 때때로 서구이론을 동양의 맥락에서 추상화하거나 심할 경우에는 기존의 방법으로 착각하여 직접 응용하고 대입하는데, 이럴 경우 이론의 생명력은 말살된다. 뿐만 아니라 서양의 컨텍스트에서 보자면 비판정신으로 충만한 이론이 동양의 컨텍스트에서 추상화과정을 거치면서 반대로 패권적인 양상을 띠게 되고, '국제화'라는 명목으로 국내문제를 넘어서는 특권을 부여받기도 한다. 그래서 동양의 지식인은 서구이론을 적용할 때 진정으로 그 이론이 비판성을 발휘하는지, 그렇지 않으면 부정적인 패권적 담론으로 변하는지를 끊임없이 점검해야 한다. 이 토론을 통해서 일본의 맥락에서는 데리다의 이론이 비판성을 발휘하고 있다는 사실을 알게 되었다. 하지만 중국인과 일본인이 민족과 전쟁역사의 복잡한 감정기억을 논의하려고 할 때, 이러한 이론상의 해석 차이를 어떻게 받아들여야 하는가, 또는 이론적 해석에 어떤 이름표를 붙여 토론 바깥으로 내던져야 하는가 하는 문제가 거듭 대두된다. 이런 문제설정은 아직까지 직접적으로 제기된 적이 없지만, 논의되어야 할 중요한 이론적 원리를 내포하고 있다. 요컨대 서구이론을 국내 컨텍스트 내에서 어떻게 하면 자양분으로 전환할 수 있을까, 아울러 지식인의 국제감각이란 무엇인가와 연관된 일련의 문제들 말이다.

제2회 회의에는 타이완 학자 두명과 홍콩 학자 세명이 참가했다. 그들이 참가함으로써 주제는 더욱더 다양해졌고 풍부해졌다. 회의에 참석한 다섯명의 학자는 모두 영어에 능통했고 대부분 구미에서 오랫동안 유학한 경험이 있었다. 서구이론과 국내문제를 바라보는 그들의 이해는 대륙의 학자들과는 아주 많이 달랐다. 특히 민족주의와 민족감정을 다루는 방식이 근본적으로 달랐다. 그들은 '민족감정'과 '민족주의' 간의 모순을 끊임없이 상기하고 회의했으며 문화적 귀속의식에 대해서도 대단히 성찰적이었다. 반면 대륙의 학자들은 민족감정 및 이론과 관계 있는 복잡한 현실문제에 대해서 그다지 성찰적이지 못했다. 타이완과 홍콩의 시각이 가세함으로써, 대륙풍의 '중국이미지'가 상대화되고 풍부하게 될 가능성이 출현했다. 우리는 타이완·홍콩의 학자들과 서구사상과 전통사상의 관계를 어떤 식으로 접속시킬 것인지에 대해서 논의했고, 마침내 그 접점을 발견했다.

서구사상을 어떻게 수용해서 국내문제를 분석하는 메스로 들이댈 것인가, 동시에 패권화를 경계하며 서구사상을 국내문화 건설에 어떤 방식으로 연결할 수 있을 것인가? 이것은 1980년대 이래로 일관되게 중국의 지식인을 고민하게 만든 문제였다. 사실, 서구의 패권적 담론이란 동양과 따로 떨어져 존재할 수 없다. 또한 서구의 패권적 담론은 상당한 정도 국내의 권력관계가 그것을 이용함으로써 성립하였다. 세계화를 하나의 권력관계를 동반한 국면이라고 언명할 때, 국내 권력관계가 그 바깥에 있을 리 만무하기 때문이다. 이러한 근본상황을 인식한 후에 우리는 앞으로 전개될 논의에서 이를 계속하여 토론할 수 있도록 문젯거리로 남겨두었다. 제4회의 주제가 바로 이론과 현실의 관계였다. 특히 전쟁책임을 둘러싸고 전개된 일련의 현실활동과 이론 사이의 관계였다. 앞선 세 차례의 토론과 비교해볼 때, 제4회 회의의 분위기가 가장 화기애애했고, 또한 열기로 넘쳤다. 토론과정에서 적잖은 문제들이 쟁점으로 부각되었는데, 토론이 진행되는 동안 여러 갈래로 퍼져나갔던 문제제기가 그만큼 건설적이었음을 보여준다.

우리들은 제4회 회의에 일본계 미국인 학자를 초대했다. 그가 참가하여 세계화과정 내에서 중일 지식공동체 대화의 위상이 더욱 구체화되었고 명확해졌다. 일본 사상계에서 상당한 영향력을 발휘하고 있는 이 학자의 이론적 활동은 현실에서 이중의 기능을 담당하고 있다. 그는 비판이론을 사용해서 미국과 일본이라는 두 이질적인 사회문제를 다루었다. 그의 방법론은 보편성과 특수성의 공모관계를 보여줌으로써 이론적 차원에서 두 사회의 문제를 서로 연관시키는 것이다. 이런 그의 문제의식은 일본과 미국 간의 연동하는 역사적인 문제로 그를 끌고 갔다. 가령 제2차 세계대전이 종결된 후, 미국이 일본의 천황제를 이용해서 동아시아에서 자국의 전략적 지위를 확보하고자 했던 문제 등이 그것이다. 그는 넓은 시야와 다양한 문젯거리를 제공했는데, 가령 어떻게 하면 이론의 폭력성을 능숙하게 다루어서 보편성과 특수성, 서양과 동양이라는 생명력이 고갈된 이분법적 틀을 파괴하고, 문제의 맹아를 새롭게 발굴해낼 것인가였다. 그와 토론하면서 이론의 비판성은, 반전통의 경향과 기존의 사유구조를 파괴하는 것으로 드러났고, 새로운 사유질서를 형성하려는 시도로 나타났다. 양자의 결합은 그 이론적 사유의 활력을 보증하지만, 동시에 근본적인 위기까지 안고 있다. 어떻게 기존의 사유질서를 단순하게 부정하는 방식에서 벗어나 기존의 사유질서와 새로운 질서가 어떤 관계를 맺는지를 더욱 신중하게 취급할 수 있는지, 그리고 이런 작업을 통해서 구체적으로 어떠한 분석작업을 수행해야 효과적인지를 묻는 어려운 문제와 관련되기 때문이다. 우리의 토론에 대해서 말하자면, 그가 참가하자 단순하게 보였던 '중일'관계가 갑자기 복잡하게 변해버렸다. 더구나 우리는 그가 참가함으로써 소박하게 '중일'이라는 틀 속에서 대화를 나눈다고 할지라도 기타 다른 지역의 문제(미국의 존재가 개입한다거나, 한반도를 어떻게 위치규정할 것인가)까지도 직접적으로 포괄해 다루어야 함을 알게 되었다. 중국 지식인의 시야가 아직 미치지 않은 부분에 존재하는 문제야말로 세계화의 본질인 것이다.

– 4 –
살아있는 역사 속으로: 전쟁과 중국혁명을 중심으로

중국과 일본의 지식인 사이에 진정한 대화는 가능한가? 앞에서도 말했듯이 그 여부는 전쟁책임과 관련하여 솔직하고 유익한 의견을 교환할 수 있는가, 서로 교류를 함으로써 서로의 사고를 진척시킬 수 있는가에 달려 있다. 이러한 노력은 전쟁역사에 관한 다양한 공동연구나 토론회, 공동출판기획 등의 형태로 지금껏 여러 학자들 사이에서 이루어져왔다. 그리고 이 모든 시도들이 직면했던 기본난점에 우리들도 부딪혔다. 바로 그건 중일의 양심적 지식인 사이에 솔직하게 대화를 나눌 수 있는 가장 기본적인 조건이 결여되어 있다는 것이다. 그 조건이란, 전후 반세기가 지나는 동안 전쟁책임을 분명히하기 위해서 지불했던 노력이나 희생의 역사를 '너와 내가' 공유하는 것이다. 지금의 중국 지식인은 가해국인 일본 지식인이 전쟁의 역사적 책임을 반성하고 나서는 선생을 일으키지 않겠나는 현실적 다짐을 실행하는 데 지불했던 댓가를 거의 알지 못하며, 알아차릴 능력마저 부족한 실정이다. 중일전쟁을 제2차 세계대전의 전체적인 판도, 특히 태평양전쟁과 연관지어 인식한다거나, 일본 지식인이 전쟁책임을 사고할 즈음 일본이 상정한 기본방향이 미국의 점령정책의 영향에서 자유로울 수 없었다는 일련의 복잡한 문제가 대화의 전제로 자리잡지 못했던 것이다. 따라서 표면적으로는 전쟁역사에 관한 '공동연구'식의 교류가 존재했지만, 그 심층에는 여전히 깊은 간극이 내재했던 것이다. 근래 일본 내 우익세력의 대두에 사람들은 신경을 곤두세우고 있지만, 중국대륙의 경우 중국인이 직접 접촉하고 있는 일본인은 대부분 일본의 진보적 지식인이다. 일본을 직접 방문할 기회가 없는 중국 지식인이 갖고 있는 대일감정(對日感情)이란 사실상 바로 이들 양심적 일본인을 통해서 형성된다. 실상이 이렇다면 다시금 성가신 문제에 봉착한다. 오늘날 중국과 일본이 서로를 이해하는 수준이 표피적이고 형해화(形骸化)된 상태라면, 이에 대해 책임을 져야 하는 사람은 일본의 우익이 아니라, 중국에 대해서 우호감정을 갖고 있는 일본의 진보적 지식인이다. 한편 중국에도 문제가 있다. 중국의 수많은 일본학 연구자들은 일반적으로 전쟁역사라는 민감한 문제를 건드리지 않는다. 더구나 일본 내에서 전쟁역사를 논하는 진보적 인사가 받는 심한 타격 등에 대해 알려주지도 않는다. 심지어 이러한 중요한 일을 사실을 단순화하고 정보를 취사선택하는 데 뛰어난 매스미디어에 일임해왔다. 제2차 세계대전이 종결된 지 반세기가 흘렀지만, 일본에 대한 중국인의 이해는 표피적인 차원에 머물러 있고, 그것도 내부의 세밀한 결들을 살리지 않고 중국을 한데 묶어 다루는 적의(敵意)로 가득 찬 이미지에 지나지 않는다.

지식공동체가 시작되었을 때의 상황도 바로 이랬다. 그래서 전쟁과 혁명을 둘러싼 논의를 시작하려고 해도 곧장 그 주제로 들어갈 수 없었다. 사실 제3회가 되어서야 비로소 이 주제에 발을 들여놓을 수 있었다. 초보적인 수준에서 이루어진 논의였다고 해도 실속 있었던 대화였고, 이 과정에서 확실하게 부각된 몇가지 근본적인 문제들은 이어서 진행될 토론에서 생길 수 있는 많은 장애를 미리 제거해주었다.

이번의 토론에서는 국제공산주의 운동사와 냉전체제라는 배경을 염두에 두고 전쟁책임과 중국혁명이라는 주제를 다루었는데, 이는 앞으로의 논의를 위한 중요한 발판이 되었다. 특히 일본과 중국의 원로지식인의 발언은 전쟁책임과 중국혁명이라는 주제가 다른 역사시기에 어떠한 구체적인 문제에 대응하고 있었는지를 더 구체적인 맥락에서 인식하게 했다. 전쟁책임을 묻는 활동을 포함해서 일본의 사회활동에 오랫동안 참가해온 어느 지식인은 다음과 같이 지적했다. "중국혁명은 중국인의 역사적 유산이자 세계인민의 유산이기도 하다. 전후 일본의 진보적 지식인은 진정으로 이러한 커다란 틀에서 중국인의 감정이나 관념 및 입장을 공유해왔다." 하지만 이렇게 이해된 공동의 입장과 관념이란 자신의 역사를 전제로 삼은 것이다. 이처럼 혁명과 전쟁이라는 주제로 한번 말려 들어가면, 우리는 우리 자신도 자각하지 못하는 사이에 자국의 민족적 입장에 동일화되고 만다. 우리는 이러한 현실상황을 직시해야 한다. 다른 토론주제에서도 민족적 입장에 대한 동일화가 나타났다. 어떤 학자는 전쟁과 혁명을 동아시아의 역사적 맥락에서 규정짓고 해석하며 근대 이전의 조공체계와 현대사 인식을 결합하고자 했다. 이런 시도는 일부 일본 학자들의 감정을 상하게 했다. 동아시아 학자들간에 동아시아와 서양의 충돌이나 길항관계를 논하는 일은 상대적으로 쉽다. 그러나 논자들간에 별도의 감정적 상처를 주는 일이 없을지라도, 동아시아 각국의 역사에서 모순이나 충돌을 논하는 단계에 이르면 상황이 달라진다. 특히 모순이나 충돌을 대상화하고 가치판단을 괄호치고 해석하는 단계에 다다르면, 즉각적으로 각국의 감정적인 반발에 직면하게 된다. 왜냐하면 '대중화(大中華)'와 '소일본(小日本)'의 이미지가 상당히 강하기 때문이다. 가령 동아시아의 전쟁과 혁명을 '중화문명권'이라는 역사적 틀 내부로 위치짓고 해석하려는 작업은 즉각적으로 '대중화사상'을 고무하는 것으로 이해할 수 있다. 이 모든 비약과 오해는 의미심장하게도 다음과 같은 사실을 드러낸다. 국민국가에 대한 동아시아 삼국의 감각이 대단히 불균형적으로 형성되었다는 점이다. '대중화'에 반발하는 이웃나라 사람들을 보고 나서야, 중국인은 국민국가의 출현으로 동아시아의 국제관계가 재조정되었다는 사실의 현실적 함의를 이해한다. 그리고 긴밀하게 서로 맞물려 있는 역사를 앎으로써 국제관계의 재조정이 오늘날의 세계에서 갖는 잠재적인 규정성을 이해한다. 왜 중국인의 국제감각과 세계화감각은 언제나 서구를 향하고 있는가? 중국인의 태도와 서구의 '근대'를 향한 일본인의 태도에는 어떤 근본적인 차이가 있는가? 전쟁과 중국혁명을 토론하는 과정에서 은밀한 형태로 드러난 감정충돌의 문제도 하나의 수확이라고 할 수 있다.

　토론이 전쟁 문제에 이르면 가장 민감한 난징대학살(南京大虐殺)과 만난다. 학살의 규모와 '숫자'는 얼핏 보면 아주 간단하게 보이지만 사실 많은 논쟁들이 덧붙여진 대단히 복잡한 문제이다. 오랫동안 이 문제는 아주 단순한 방법으로 몇번씩이나 재현되었다. 중국은 고집스레 '30만 사상자'를 견지했고, 일본은 대개 두 파로 나뉘어 있다. 한쪽은 이 숫자가 사실이 아니라고 비난했고, 다른 쪽은 고증의 방법으로 이 숫자의 진실을 구명(究明)하려고 했다. 그러나 더 중요한 문제는 '숫자' 문제를 어떻게 해결할 것인지가 아니다. 여러차례 다양한 방법으로 '해결'되면서도 실제적으로는 아무런 해결도 없었던, 따라서 언제나 거의 동일한 방법으로 새로운 문제인 양 다시 제기되는 것이야말로 문제다. 이러한 특수한 현상은 '숫자' 문제의 배후에 복잡한 문제군(問題群)이 집중되어 있음을, 더이상 '숫자'를 논의하는 것만으로는 이를 해결할 수 없음을 암시한다. 그러나 우리는 '숫자' 문제를 통해서 배후의 복잡한 문제군 속으로 효과적으로 발을 들여놓을 수 있고, 그럼으로써 그것의 기본적인 구조를 살필 수 있다.

제3회 회의에서는 비교적 유익한 대화가 오고갔다. 중일 참가자들 사이에 상당히 진지한 공명(共鳴)이 생겼다. 학자들은 난징대학살의 '숫자' 문제에 대한 자신의 입장을 표명하는 식으로 대화를 진행하지 않고, 구체적인 분석을 통해서 몇가지 기본적인 인식의 지점들을 만들어갔다. 우선적으로 공유해야 할 인식이란, 이 전쟁이 근대의 사건이며, 바로 국가행위였다는 점이다. 국가간 대항행위라는 문제설정을 벗어나서는 결코 전쟁책임에 관한 실태(實態)를 인식할 수 없다는 것이다. 난징대학살의 경우도 그렇다. '숫자' 문제를 둘러싼 전쟁책임론은 중국정부가 일본정부에 대항하는 정치적 입장으로 드러난다. 일본정부가 전쟁역사에 대한 근본태도를 바꾸지 않는 한 '숫자' 문제는 해소되지 않을 것이다. 둘째로, '숫자' 문제의 실정성(實証性)을 묻고 소란을 피우는 자는 일본의 전쟁책임을 고의로 부인하는 우익만이 아니다. 진보적 활동에 종사하는 일부 지식인이나 시민도 어떤 경우에는 동일한 태도를 보인다. 왜 그럴까? 깔끔하게 잘라 말하기 곤란한 문제다. 원인을 유추하면 다음과 같다. 5, 60년대 혁명적 이상의 붕괴라는 경험은 일본의 진보적 지식인들을 체제/반체제의 모델로 회귀하게 만들었다. 이 모델에서 '국가'(특히 일찍이 사회주의 진영에 속해 있던 국가체제)는 진보적 지식인이 대항해야 하는 기호 정도로 단순화되었다. 게다가 동일한 방식으로 '민주' 모델이나 '자유' 모델도 단순화되었고, 더구나 자신의 추상성으로 말미암아 이데올로기적 색채가 옅어져 보편적인 기준으로 절대화되었다.

이렇게 변화하는 과정에서 '과학'의 이름을 단 '학문의 객관성'이 역사를 심판할 재판관으로 승격했다. 난징대학살의 '숫자'를 의심하는 일본의 일부 지식인의 태도 밑바닥에는 전후 일본의 맥락에서 발생한 이런 종류의 '정치적 올바름'이 숨어 있다. 그들은 중국이라는 '국가' 체제에 대한 자신의 비판적 입장과 추상적인 '민주'와 '자유'로 중국의 '집권적 이데올로기 통치'를 심판한 정치적 올바름을 표현하고자 한 것이다. 따라서 중일 지식인 사이에서 벌어진 '숫자'와 판틴된 논쟁은, 한쪽이 타당하면 다른 한쪽은 반동이라고 말할 수 있는 것이 아니다. 오히려 각자의 맥락에서 그것들은 모두 정치적 올바름을 가지고 있다.

지식공동체 회의에서는 학문상의 '정치적 올바름'에 대한 의문이 제기되었다. 만약 중국과 일본이라는 두 컨텍스트가 서로 충돌하지 않았다면, 이런 질문 자체는 결코 단일 컨텍스트에서는 성립하지 않으리라는 점을 잠시 지적해두자. 어떤 일본 지식인은 난징대학살의 '숫자'를 의문시하는 사실 자체가 일본 사상계에 존재하는 지식의 추상성을 반영한다고 지적했다. 그의 발언은 중국 사상계가 지금까지 무시해왔던 중요한 문제, 즉 직관적인 감정의 발산으로 치부하기 힘든 전쟁에 대한 기억에 내재된 감정성을 진정한 역사로 진입하기 위한 원천으로 만들려면 어떻게 해야 하는지를 부각시켰다. 중국에서는 전쟁에 대해 그 어느 곳보다 연구가 많이 진행되어왔지만, 그저 전문영역에 한정된 채 역사적 자료를 제시하는 형태로 이루어졌다. 결코 현대사상을 구축하는 데 영향력있는 원천이 되지 못했다. 그 결과 전쟁에 대한 모처럼의 연구가 행해져도 역사와 현실의 가장 근본적인 문제를 다룰 수 없었고, 현대 중국사에서 가장 활기찬 부분으로 침투할 수 없었다. 이러한 상황과 맞물려 중국의 일반시민과 지식인 역시 광범한 현실과 연계된 넓은 시야를 확보하지 못했다. 중국의 전쟁연구는 한가지 물음, 즉 전쟁책임만을 묻는 것에 한정되어 있었다. 그래서 전쟁에 대한 기억이 보존된 감정기억은 중국사상사가 포괄하고 있던 중요 핵심을 나누어 가질 수 없었고, 복잡한 국제정치관계에 대처할 수 없었다. 감정기억을 제대로 다루지 않았다는 점에서 중국의 지식지형도 또한 일본 사상계가 적나라하게 보여주었던 한계와 통하는 셈이다. 그러면 그 한계는 무엇인가? 바로 '지식의 추상성'이다. 살아 숨쉬는 현실에 대처할 수 없는 지식은 역사를 살해하며 감정까지 살해한다. 사상과 연계되지 않은 감정은 말라버린다. 중국 지식인은 전쟁역사에 관한 자기 자신의 표면적 태도를 언급하는 데에 크게 만족해한다. 따라서 연구는 답보상태를 거듭하고 기존의 결론을 반복해서 논증할 뿐이다. 이것은 단지 이데올로기 때문이라고 할 수 없다. 문제는 차라리 우리들의 사유가 타성(惰性)에 젖어 있는 데 있다. 지식이 추상화된 이후로 역사적 자료는 단순한 소재에 지나지 않고, 감정은 단순한 인간의 직관적인 충동에 지나지 않는다. 중일 지식인은 전쟁에 대한 기억 또한 동일한 상황에서 다루었다. 아무리 구체적으로 미세하게 연구해보았자, 역사에 내재하는 긴장감을 전유할 수 없는데다 지금의 현실적 흐름에서는 사상의 원천이 될 리도 전무하다.

지식공동체 회의의 부분적인 성과는 『뚜슈(讀書)』 2000년 3월호와 6월호에 실렸다. 중일 학자가 동시에 전쟁역사를 다룬다는 일 자체는 그다지 신선하지 않지만, 『뚜슈』에 실린 글들이 서로 내재적으로 상호보완하고 상호호응한다는 점이 흥미롭다. 중일 지식인 사이의 상호보완과 상호호응에서 우리는 '지식공동체'의 공동입장의 가능성을 볼 수 있었다.

제3회 회의를 발판으로 제4회 회의는 한걸음 더 앞으로 나아갈 수 있었다. 주제는 '어떻게 전쟁역사(고찰)를 사상의 원천으로 삼을 것인가'였다. 그 자체로도 하나의 이론적 문제인 이론과 현실의 관계는 추상적인 논술만으로는 문제 지점을 정확하게 짚어낼 수 없는 어려운 문제다. 더구나 대칭적이고 정태적인 대립관계가 아닌데다 구조주의에서 이야기하는 비대칭적인 '이항대립'관계도 아니다. 물론 이론과 현실은 일반적으로 대립하는 두 개의 실체로 간주되기 때문에, 이론은 현실의 복잡함을 무시해도 괜찮다거나 현실의 문제를 해결할 때 꼭 필요하다고 여겨진다. 개별적 주제 분석을 수행할 때 반드시 고려해야 할 문제가 자족적인 이론과 끊임없이 변동하는 현실 사이의 '긴장관계'에서 튀어나왔다. 예를 들면 특정한 컨텍스트에서는 정당한 입장이 다른 컨텍스트에서도 마찬가지로 정당하다고 할 수 있는가, 곧 상대성 문제를 어떻게 다룰 것인가의 문제였다. 어떤 문화에서는 의심할 여지도 없이 바르다고 간주되는 행위와 담론이 다른 문화에서는 그 자명한 정당성을 잃고 만다. 극난적인 경우에는 똑같은 행위나 담론이 각기 다른 문화에서는 반동적 위치나 보수적 위치로 전환되어 버리기도 한다. 이른바 세계화시대에 이런 상대성은 국경을 넘나드는 교류에서 가장 어려운 질문이다. 정당한 자기 입장을 확보할 수 없음이 모든 컨텍스트에서 발화할 수 있음을 의미한다면, 보편성과 특수성의 공모관계를 비판하는 작업은 한층 복잡해지고 역사화되어야 하는 것이 아닐까?

한편 상대성에 관한 논의가 난관에 봉착한 틈을 타서 문화상대주의가 재등장하고 국경을 넘나드는 교류에서 타자를 거부하는 허위적인 개방태도가 출현할 가능성을 경계해야 한다. 요컨대 경제적 세계화가 진행되는 추세에서 우리들이 경계해야 할 문제는 역설적이다. 한편으로 각양각색의 얼굴로 거듭 등장하는 문화특수론을 내파해야 하지만, 역으로 이 논조는 모든 형태의 타자를 배척하고 문화 내부의 자기변혁과 '경계를 넘을' 가능성마저 차단한다. 다른 한편으로 추상적으로 논의되는 '국경을 넘나드는 교류'를 경계해야 한다. 이러한 종류의 이른바 국제화는 문화 가로지르기가 본래 배태하고 있는 긴장이나 충돌을 해소하고, 그러한 긴장과 충돌은 자기 문화 내에 존재하는 복잡한 문맥을 해소하기 때문이다. 이런 식으로 문화 가로지르기가 직면하고 있는 근본적인 문제가 교묘하게 은폐된다. 그러므로 우리는 문화특수론을 거부함과 동시에 추상적인 보편주의적 서술을 거부하는 이중작전을 수행해야 한다.

전쟁과 혁명에 대한 토론은 아주 유익한 시각을 제공해주었다. 우리들 내부에는 전쟁역사를 연구하는 전문가가 없었지만, 어쩌면 그 덕분에 전쟁과 혁명이 담고 있는 복잡한 역사적 맥락과 생생한 현실문제를 포착할 수 있었다. '왜 난징대학살의 숫자는 의심할 여지도 없는 진실이 되었는가'에서 '중국인은 왜 그렇게 간단히 일본을 용서하는가'에 이르기까지, 우리들은 가장 단순한 문제에서 출발하여 가장 복잡한 문화적 차이를 탐구하는 데까지 돌진해갔다. 이를 기초로 '우리 아시아인'이라는 어법은 과연 성립하는지, '아시아'로 포괄하는 방식은 어떤 문제를 야기하는지에 대해서 함께 고찰하게 되었다.

2001년은 중일관계와 동아시아 국제관계에 극적인 변화가 생긴 해이다. 기존의 사유방식으로는 감당할 수 없는 새로운 문제가 사유의 맹점을 육박하는 형태로 나타났다. 여기서 새로운 문제란 경제와 무역의 상호침투가 불러일으킨 새로운 타입의 정치감각에 관한 문제이기도 하다. 일본 후소샤(扶桑社)판 역사·공민(公民)교과서 검정은 한국정부와 중국정부의 항의를 불러일으켰고, 그 항의는 다시 일본 내에 격렬한 논쟁을 촉발시켰다. 일련의 사태는 새로운 정치감각의 표현양상을 집약적으로 보여주었다. 이전의 교과서 수정 문제가 국제정치상의 압력을 야기했던 것과 마찬가지로, 이번 교과서 사건도 한국정부와 중국정부의 압력을 유발시켰다. 일본 내에서는 여전히 '내정간섭'이라는 비판이 있었고, 이와 동시에 일본정부는 의연히 문부과학성(文部科學省)의 이른바 '가치중립원칙'을 견지하였다. 그런데도 지금까지와 다른 점이 있다면, 교과서를 검정함으로써 결국 백여곳에 달하는 부분을 수정하게 되었다는 것이다. 각 정부간의 줄다리기에 호응하여 교과서 검정과 비준, 그리고 중학교에서 교재로 채택되기까지의 전체과정에서 일본사회와 일본 사상계의 양심적인 인사들이 끈질기게 저항했다. 물론 저항운동 내부에서는 지속적으로 일본과 동아시아의 국제관계를 연관시켜 일본의 차세대교육을 논했다. 저항운동의 현실적인 효과로 저항운동의 성공 여부를 묻는 것은 쉽게 단정지을 수 없는 문제다. (저항운동 덕분에 후소샤판 교과서는 크게 수정될 수밖에 없었고 또한 그 교과서가 채택될 확률도 크게 낮아졌다. 하지만 동시에 일본 침략전쟁의 역사, 특히 종군위안부에 관련된 역사적 사실을 직접 취급한 출판사의 역사교과서가 채택될 확률도 크게 낮아졌다.) 확실하게 말할 수 있는 것은, 이러한 저항운동 덕분에 '내정간섭에 반대한다'는 극단적이고 선동적인 슬로건이 일본에서 처음으로 그 통합력을 잃었다는 점이다.

교과서 사건과 더불어 코이즈미(小泉) 총리와 일무 각료가 야스쿠니(靖國)신사를 참배한 일도 깊이 생각해볼 문제다. 문제의 핵심은 본디 8월 15일로 예정되었던 참배가 외부의 압력으로 일정을 앞당겨 실시된 것이 아니다. 문제는 이번 참배와 8월 15일에 발표된 코이즈미 총리가 일본의 침략 역사를 반성한다는 '총리담화' 사이에 존재하는 명확한 자기모순이고, 게다가 이 논리적인 자기모순이 일본의 여론에서는 그다지 중대한 문제로 취급되지 않았다는 점이다. 애초에 코이즈미 내각은 조각(組閣) 후에, 성난 파도 같은 기세로 기존의 '정치언어'를 붕괴시켰고, 일본 현대의 정치생활을 철저하게 '일상화(와이드쇼화)'했다. 그 결과 상당히 위태로운 상황이 연출되었다. 다시 말하면 오늘날 일본의 정치에서는 정문(正門)을 뿌리치고 이성을 배반하며, 공리(公理)를 무시하는 사태가 버젓이 통한다. 이러한 상황에서 비일상적인 사상적 과제에 길들여온 진보적 지식인은, 날로 증가하는 '심정화(心情化)'된 사회생활에서 급작스레 튕겨나감으로써 현실사회의 비판적 기능을 발휘할 수 없게 되었다.

그러면 뒤집어 이를 바라보는 중국사회와 사상계는 어떠한가. 일본의 상황을 단순화하고 정서화하는 경향은 일관되게 존재했지만, 교과서 사건이나 야스꾸니신사 사건을 다루는 데 이러한 경향은 더욱 강화되었다. 하지만 이 '강화(强化)'는 한국의 상황과는 매우 다르게, 일본에 대한 이해에 기반을 두고 있는 것이 아니라, 일본에 대한 '경시'에 기반을 두고 있다.

그렇기 때문에 일본에 대한 한(恨)이 '강화'되었다고 하기보다는, 한이라는 정서의 단순화와 공동화(空洞化)가 '강화'되었다고 할 수 있다. 최근 들어 시장경제가 발전하고 사회의 구조적 변화가 심화되면서 일본 문제에 관한 중국사회의 관심은 강화되기는커녕 약화되고 있는 실정이다. 특히 중국의 WTO(국제무역기구) 가입이 눈앞의 일로 다가온 상황에서, 중일관계는 더이상 중국인의 관심의 대상이 아니며 지식인을 고민하게 하는 근본문제도 아니다. 한편 일본의 입장에서 보면, 값싼 중국제품이 일본시장으로 물밀듯이 쏟아져 들어오면서 '중국위협론'의 새로운 변종이 거듭 확대되고 있는 실정이다. 중국제품을 구매하지 말자고 이데올로기적 선전을 펴서 선동하는 것도 불가능해졌다. 사실 중국이나 동아시아·남아시아·동남아시아라는 광대한 지역을 포기한다면 일본의 생산과 소비는 마비상태에 빠질 것이다. 코이즈미 내각이 안고 있는 이런 자기모순은 국제관계의 새로운 변화에 직면함으로써 노출된 고통스런 반응에 지나지 않는다. 이제 이데올로기적 비판에 의거한 '진보/반동'의 단순도식으로는 국제정치의 역학관계를 더이상 정확하게 파악하고 분석할 수 없게 되었다. 지식인은 이러한 새로운 과제에 직면한 것이다.

2001년 초와 여름에, 지식공동체는 토오꾜오에서 몇번의 회의를 계속했다. 여러가지 제약 때문에 참가자들은 주로 일본의 지식인들로 구성되었다. 그중에는 일본 매스미디어의 최전선에서 활약하고 있는 방송인도 있었다. 언론인의 자격이 아니라 지식인으로서 참가한 그들은 회의를 더욱 알차게 해주었다. 그들은 매스미디어계의 최전선에서 다루는 정보와 현실과 괴리된 정보를 둘러싸고 펼쳐지는 아카데미방식과 미디어활동 그리고 비판적 지식인과 사회현실의 긴장관계를 이야기했다. 여기에서 일차적인 과제로 부가된 것은 교과서 사건과 야스꾸니신사 사건을 둘러싸고 펼쳐진 다종다양한 사상적 입장을 중일 양국의 사회와 사상계가 어떤 식으로 처리할 것인가였다.

몇번의 회의로 많은 참가자들은 하나의 지점을 공유할 수 있었다. 바로 민족주의 비판을 포함한 이데올로기 비판만으로는 교과서 사건이나 야스꾸니신사 사건 같은 구체적인 사안에 신속하게 대처할 수 없다는 것이었다. 게다가 국제정치관계상의 압력도 더이상 일본사회의 보수화에 효과적으로 감당할 수 없다는 것이었다. 왜냐하면 코이즈미 총리가 반복해서 표명하고 있는 비논리적인 '심정'의 문제는 일본의 새로운 정치적 '논리'로서, 새로운 세계정치구조가 야기한 사회·정치감각의 변화를 반영하기 때문이다. 그러므로 기존의 투쟁방법으로는 이미 이러한 새로운 국면에 효과적으로 대처할 수 없게 되었다.

사실 일본의 우익정치가가 강조하고 있는 배타적 민족주의 이데올로기는 일본을 죽음으로 몰고 갈 궤변에 지나지 않는다. 차라리 일본이 부분적인 보호무역정책을 실시하게 되어 일부 국내 상품시장의 물가가 상승한 것이 어떤 선정적인 민족주의 슬로건보다도 일본인의 신경을 거슬리게 한다. 만일 일본의 실업률이 계속 상승하고 코이즈미 총리의 지지율이 낮아지면, 후소샤판 역사교과서나 우익정치가의 이데올로기 등이 일본인의 감정을 더욱 충동질할 것이다. 왜냐하면 이런 것들은 처음부터 일본인의 이성이 아니라, 일본인의 일상적 현실감각에, 즉 응어리진 마음을 풀 길도 없고 어떻게 해도 안된다는 무기력한 감정에 호소하고 있기 때문이다. 이와 더불어 '정치의 일상화'라는 국면은 '일상화된 이데올로기'의 새로운 표현방법과 호응하고 있고, 이것이 보수 및 우익정치세력이 사회적 지지를 얻게 된 결정적 요소였다. 그리고 진보적 지식인의 이론적이고 사변적인 비판은 그 비일상성 때문에 비판력과 유효성을 이미 크게 상실하였다.

2001년의 지식공동체 회의에 참가한 거의 모든 참가자들은 이러한 우려를 공유하고 있었다. 동시에 중요한 현실운동에 직접 참가한 일본측 참가자들 중 상당수는 해결하기 힘든 현실적 과제에 직면하고 있었다. '지식공동체'라는 특정한 공간을 이용하여 우리는 다음과 같은 문제를 집중적으로 논의했다. 일본의 내부문제를 단순히 '국내문제'라는 이유만으로 폐쇄적으로 논할 수 없게 된 지금, 일본인과 외부세계(특히 중국)의 관계를 어떻게 처리해야 할 것인가? 현실적이고도 상상적인 이 관계가 이미지와 미디어가 끊임없이 재생산하고 있는 사고방식과 직접 상관관계를 맺고 있는 지금, 우리의 눈앞에는 어떤 함정이 버티고 있는가?

　일본의 매스미디어에서 쏟아보내는 중국이미지는 급격한 국제정세 변화에 따라 조정(調整)되고 있다. 가령 중국제품이 국제시장으로 한꺼번에 쏟아져 들어감으로써 초래된 일련의 시장구조의 변화가 주목받고 있는 것처럼 말이다. 이와 더불어 일본의 미디어는 중국 내의 구조조정이 심화시킨 도시와 농촌의 격차, 빠른 속도로 진행되는 빈부의 양극화현상, 중국시민의 생활감각과 가치관의 변화에 일제히 주목한다. 이렇게 중국에 대한 새로운 이미지가 발딛고 있는 부분은 정확할 뿐만 아니라 중국의 대다수 지식인이 안고 있는 우려와도 상통한다. 그러나 이러한 착안점도 일본 매스미디어의 견고한 해석틀 내부에서 다루어지면 중국인 자신이 우려하는 심정에서 크게 괴리되며, 심지어 거꾸로 뒤집히기도 한다. 이전까지와는 전혀 다른 새로운 중국의 상황이 낡은 결론으로 회귀해버리는 것이다. 구체적인 예를 들어보자. 중일 합작으로 만든 전쟁영화 「천 빠오 이야기(陳寶的故事)」가 중국에서 상영금지되었을 때, 일본의 매스미디어는 중국에는 언론의 자유와 인도주의가 없다는 식으로 결론을 이끌고 갔다. 상영을 금지한 이유에 대해서는 완전히 무시한 셈이다. 지식공동체에서는 이 영화에 대해 상세하게 논의한 적은 없었지만, 촬영과정을 실마리로 다음과 같은 기본입장을 도출하였다. 중국인 영화감독이 만든 영화 가운데 「천 빠오 이야기」와 유사한 내용의 영화가 지금까지 없었던 것이 아니다. 그 가운데에는 상영을 금지당한 것도 있고 상영되어 호평을 받은 것도 있다. 게다가 상영금지처분을 받은 작품도 결코 일본의 방송이 보도하듯이 심각한 상황이라고 볼 수 없다. 많은 경우 상영금지처분을 받은 이유는 정치적인 이유나 이데올로기적 억압에서가 아니라 관료제에 기생한 다양한 조직에 그 원인이 있거나, 기타 다른 원인이 있어서였다. 더구나 상영금지처분을 받은 작품이 뒤에 상영되어 국가가 주는 상을 받는 경우도 있는 등 상황은 아주 다양하고 복잡하다. 중요한 것은 자신의 영화가 상영금지처분을 받았다고 해서 촬영을 그만둔 감독이 없었다는 점이다. 대개의 경우 그들은 곧장 다음 작품에 착수한다. 덧붙이자면 작품을 창작하고 발표하고 수상(受賞)할 수 있는 공간이 어디까지나 국내에 한정된 것은 아니었다.

일본의 방송이 최신의 정보에서 가장 낡은 결론을 이끌어낼 때, 일본의 방송은 자신의 인식론상의 잘못을 명확히 보여준다. 중국이라는 대상이 얼마나 복잡한지에 대한 자신의 무지와 단순한 이데올로기적 결론으로 문제를 '발견'하고 독해하는 자신의 모습을 말이다. 이럴 경우 「천 빠오 이야기」가 우리에게 건네는 중요한 '이야기', 곧 할리우드의 상업영화에 대항해서 중국과 일본의 영화시장이 어떻게 할리우드 모델에 동화하지 않으면서 자신의 관중을 확보할 것인가 하는 문제가 무시된다. '상영금지처분'에 담긴 함의는 '세계화'라는 보조선을 그음으로써 비로소 동태적으로 파악할 수 있다. 그 경우 영화시장에서 진정으로 도전해야 할 상대는 바로 진지한 사고의 전개를 방해하는 세계화된 오락(娛樂)감각이다. 정말이지 「천 빠오 이야기」의 도전상대는 중국에서 상영되었다면 얼마만큼의 관중을 확보할 수 있었을까, 또는 이 작품이 할리우드영화의 이데올로기와 중국인 관중의 역사적 감정기억 쌍방에 대응할 만큼 힘을 갖고 있었는가 하는 문제들이었다.

지식공동체는 빈곤화하고 고정화한 쌍방의 문화이미지를 동태적으로 분석할 수 있는 시각을 형성하고자 지금까지 노력해왔다. 주제는 몇차례나 바뀌었지만, 중국과 일본의 문제 혹은 중일 상호간의 문제를 추상적·정태적으로 분석하지 않는다는 기본입장은 일관되게 지켜졌다. 2001년은 사건이 많은 해였다. 일본에서 일어난 사건을 포함해서 일련의 국제적인 사건이 이어졌다. 특히 9·11사건이 터지고 나서 미국이 취한 강경한 입장은, 이른바 보편적 정의라는 주제가 구체적인 상황을 정확하게 분석하지 않고 행사될 수 있다면, 패권과 강도행위를 정당화하는 가공할 결과를 아주 쉽게 초래한다는 우려를 충분하게 각인시켰다. 국경을 넘나들며 활동하는 지식인에게 정의라는 이름으로 행해진 패권행위에 대해서 어떻게 저항할 것인가 하는 문제는 아주 중요한 과제다.

우리는 지금까지 논의를 불러일으켰던 '지식공동체'라는 명칭에서부터 일련의 복잡한 토론으로 이끌려갔다. 오늘날까지 일치된 하나의 인식을 얻지 못한 채, 아마 앞으로도 이렇게 논의는 계속될 것이다. 매회 토론은 으레 많은 불만을 남겼지만 그 불만은 다음번에 서로 교환될 대화로 우리들을 유혹했다. 이런 의미에서 우리가 기대한 것은 성공적인 식전(式典)이 아니라 '실패'의 시도였다. 그리고 국경을 넘나드는 지식이 처한 곤란함과 가능성을 체험하고 인식했다. 회를 거듭할수록 국경을 넘나드는 '지식공동체'가 둘 또는 그 이상의 문화 사이에서 지식인들이 서로 대화할 수 있는 공간을 제공했다기보다 이들 지식인이 몇번이고 새롭게 만들어낼 수 있는 장(場)을 제공했음을 깨달았다. '지식공동체'라는 문화적 차이로 충만한 이 공간에서, 문화는 자명하다고 여겨지는 자족성을 잃고 문화적 귀속의식은 새롭게 구축되었다. 이런 일은 단일한 컨텍스트에서는 나타날 수 없는 사건이고, 두 문화의 대변자가 대치한 상태에서는 결코 제시될 수 없는 문제로 진정한 지식공동체만이 다룰 수 있는 문제였다. 우리는 이러한 문제를 다룸으로써 국경을 넘나드는 지식의 차원을 진정으로 이해하고, 그러한 차원이 초보적으로나마 실현되기를 바랄 뿐이다. 국경을 넘나드는 국면은 우리 자신의 문화공간 내부에 출현할 것이고 그 출현의 새벽에 비로소 진정한 문화개방이 나타날 것임은 말할 필요도 없다.

중일전쟁

감정과 기억의 구도

- 1 -

상징으로서 아즈마 시로오

1999년 4월, 중국 중앙방송국의 프로그램인 「스화스쉬(實話實說)」는 '전쟁의 기억'이라는 제목의 토론을 2회에 걸쳐 방영했는데, 이 토론의 중심인물은 당시 중국을 방문중이던 아즈마 시로오(東史郎)였다.

아즈마가 중국에서 불러일으킨 반응은, 지명도에서 보자면 그의 동포인 일본인들 사이에서 불러일으킨 공명(共鳴)을 훨씬 웃도는 것이었다. 일본에서 전쟁책임문제를 전문적으로 연구하는 지식인조차 아즈마라는 존재를 알지 못했으며, 많은 진보적인 지식인을 포함해서 그를 알고 있던 일본인조차도 아즈마가 취한 '자신의 치부를 바깥에 폭로'하는 전략에 반감을 가졌던 것도 사실이다. 반면 중국에서 아즈마는 모르는 사람이 없을 정도로 유명한 화제의 인물이었다. 그가 이렇게 유명해질 수 있었던 것은 매스컴의 선전에 크게 힘입은 결과였다. 그러나 아즈마가 일본이 아닌 중국에서 더 유명할 수 있었던 것은 아즈마라는 사람의 등장이 난징대학살과 밀접하게 결부되어 있기 때문이다. 일본에서 아즈마의 종군일기인 『나의 난징 플래툰: 어느 소집병사가 체험한 난징대학살』[1]이 출판된 것은 1987년이었고, 그가 중국에서 화제의 인물로 부상한 것은 그로부터 11년이 지난 후였다. 1998년 12월 22일 토오꾜오고등재판소는 아즈마의 이심(二審)재판에서 패소판결을 내렸다. 아즈마와 그의 변호인단은 그 판결이 역사적 사실을 고려하지 않은 우익의 정치적 행위라며 재판결과에 불복했다. 이 일을 계기로 아즈마 시로오는 중국시민에게 각인되어 있는 전쟁의 상처를 상기시킨 화제의 인물이 되었고, 그의 일기는 난징대학살의 역사적 증거로 받아들여져 『아즈마 시로오의 일기』[2]가 1999년 3월에 중국에서 번역·출판되었다.

중국 여러 세대에 걸쳐 난징대학살은 단지 1937년 12월에 일어난 미증유의 참극이라는 구체적이고 역사적인 사건 그 자체만을 의미하지 않는다. 그들의 감정기억(感情記憶) 속에서 난징대학살은 하나의 상징이다. 그것은 제2차 세계대전 동안 일본군이 중국에서 저지른 범죄행위를 상징하고, 오늘날까지 진심으로 죄를 인정하려고 하지 않는 일본정부와 우익에 대한 중국인의 분노를 상징한다. 전후 50년이 지나도록 중국인과 일본인 사이에 깊이 골이 파인, 게다가 메우려는 의지조차 없는 감정적 상처의 심연을 상징한다. 중국인은 '난징대학살'이라는 아주 단순한 상징과 '피해자 30만명'이라는 숫자에 의거해서 일본인들을 적과 친구로 나눈다. 그리고 아즈마 시로오에 대해 말하자면, 그는 87세의 고령에도 일본 법정에서 난징대학살을 부정하는 원고들과 한치의 양보도 없는 투쟁을 전개했고, 더구나 난징의 피해자 기념비 앞에서 머리를 조아려 사죄하는 모습을 보여주었다. 그의 이러한 행동을 많은 중국인들이 전폭적으로 이해하고 받아들여 결국 영웅으로까지 비쳐진 것이다. 중국인의 입장에서는 그가 일본에서 무엇을 했으며 어떤 사람인지는 그다지 중요한 사실이 아니었다.

---

1) 東史郎 『わが南京ペテトーソ: 一召集兵の體驗した南京大虐殺』, 青木書店 1987.
2) 東史郎 『東史郎日記』, 江蘇教育出版社 1999.

중국의 언론은 1998년부터 아즈마 시로오에 관해서 보도하기 시작했는데, 기본적으로는 앞에서 말한 상징적 인식수준을 넘어서지 않았다. 유념해야 할 것은, 아즈마가 중국에서 불러일으킨 공명이 전후의 양식있는 일본인이 일본 내에서 전개했던 그 비슷한 어떤 투쟁보다 중국인에게 큰 반향을 불러일으켰다는 점이다. 가령 교과서에 일본의 침략사를 정확하게 기술하자고 오랫동안 싸워온 이에나가 사부로오(家永三郎)의 소송보다도 영향이 훨씬 더 컸다.

여기서 상당히 의미심장한 사실을 발견할 수 있다. 아즈마 시로오는 일본의 중국침략전쟁 때문에 법정싸움까지 갔던 최초의 일본인이 아니라, 소송에서 승리하기 위해 중국인들에게 응원을 구한 최초의 일본인이라는 사실이다. 아즈마와 그의 변호인단은 전후 전쟁책임 문제를 자각적으로 국외로 가지고 나가 중국과 세계여론의 압력을 이용해서 국내투쟁에서 승리를 얻고자 했다. 그랬기 때문에 그는 중국의 일반시민들에게서 열렬한 지지를 얻을 수 있었고 매스미디어의 영웅이 될 수 있었다.

하지만 이러한 언론에 비친 화려함 때문에 아즈마가 중국인에게 받아들여졌을 때 사람들이 주목해야 했던 또하나의 중요한 문제는 쉽게 간과되어버렸다. 87세의 이 노인이 실제로 보여준 행동은 중국과 일본의 지식인에게 엄정한 지적인 전쟁을 도발했다. 아즈마의 도전에 보여준 양국 지식인들의 대대적인 반응이야말로 그들이 지닌 협소한 민족주의적 정서와 전쟁역사에 대한 천박한 태도를 보여준다.

- 2 -
중국에서 『아즈마 시로오의 일기』를 독해하는 방법

이야기를 우선 중국어판 『아즈마 시로오의 일기』에서 시작하자. 중국어판은 일본어판보다 내용이 더 긴데, 아즈마가 1937년부터 1939년까지

중국의 화뻬이(華北), 화뚱(華東), 뚱뻬이(東北) 및 중원지방을 전전(轉戰)했던 경력이 첨가되었기 때문이다. 그 가운데 난징대학살에 관한 기록은 책 전체 분량 중 5분의 1에 지나지 않는다. 더구나 이 기술조차 사실상 난징대학살을 정확히 기록했다고 할 수 없다. 일본군이 중국군을 대량으로 학살한 것만 기록하고 있을 뿐, 쇠붙이 하나 몸에 지니지 않은 '비전투지역'의 양민을 폭행한 사실은 거의 기록하지 않았기 때문이다. 중국에서 아즈마를 화제의 인물로 만든 바로 그 소송에서 쟁점이 된 양민학살에 관한 기술(記述)도 기껏해야 한 페이지도 채 되지 않는다. 난징대학살이라는 역사기억에서 무고한 양민을 무차별하게 살육한 일이야말로 가장 핵심적인 부분인데도 일기가 제공하는 자료는 대단히 제한적이다. 오히려 양민학살의 진상에 대해서는 『라아베 일기(ラーベ日記)』의 기록이 가장 상세하다. 반면 『아즈마 시로오의 일기』는 몇부분에서 일본군이 저지른 폭행을 단지 선별(選別)해서 기록했을 뿐이다. 『아즈마 시로오의 일기』에서 난징대학살의 가해자 중 한 사람이기도 한 아즈마는 일본군의 행위에 대해 평가를 유보하고 있으며 전체적으로 볼 때 그다지 비판적이라고 할 수 없다. 심지어 일기에는 다음과 같은 부분조차 있다. 그의 부하가 많아야 16세가량의 중국인 소녀를 폭행하려고 했을 때, 아즈마는 부하에게 소녀를 어머니가 없는 곳으로 데려가라고 명령했다. 그리고 소녀는 끌려갔다. 이 부분에 대해 아즈마는 다음과 같이 썼다. "하얗게 빛나는 달빛이 두 젊은이를 감싸고 있었다. 그들의 모습은 마치 산보하는 연인들 같았다. 나는 문득 조국이 그리워졌다(이 대목은 일본판에는 없다)."

『아즈마 시로오의 일기』가 귀중한 역사문헌임은 틀림없다. 그 일기가 시원스런 문체로 난징대학살이라는 역사적 범죄에 관한 기록을 제공하기 때문은 결코 아니다. 오히려 더 중요한 것은 전시(戰時) 일본의 사회구조적 모습을 구체적으로 드러내주기 때문이다. 이 점은 『라아베 일기』 등의 문헌에서 찾을 수 없는 것이다. 토오꾜오재판에서는 전후에 개작되었거나 가공된 부분들을 찾아내느라 혈안이었고 이를 두고 서로 다투기도 했다. 심지어 일본의 일부 지식인은 일기의 신빙성이 논란이 된다는 유의 글을 쓰기도 했다.

그러나 일본에서 일어난 이런 움직임은 본말이 전도된 것이다. 가해자이자 집필자인 아즈마의 논리 그 자체에 『아즈마 시로오의 일기』의 신빙성이 내재되어 있으며, 이러한 신빙성은 부분적인 수정으로 덮어지고 감춰질 성질의 것이 아니다. 내가 보기에, 이 일기가 갖는 진정한 가치란 다음의 두 가지에 있다. 하나는 일본군 내부에 존재했던 폭력구조를 선명하게 드러냈다는 점이다. 이는 일본군이 어떻게 중국인에게 그토록 잔혹한 행위를 할 수 있었는지를 명백하게 보여준다. 다른 하나는 일본군이 중국인에 대해 가지고 있는 '일등국민'이라는 우월감을 은밀한 형태로나마 확실하게 보여준다는 점이다. 중국인 피해자의 면전에서 왜 일본군은 인도주의적 태도를 가질 수 없었는지를 이해할 수 있다. 일기에는 상관의 억압에 시달리는 병사들의 모습, 병사들이 반항조차 할 수 없어 별도의 산발적인 저항수단을 구할 수밖에 없었던 상황 등이 많이 기록되어 있다. 이 기록들은 오늘날 일본사회에 다른 모습으로 남아 있는 병적인 구조를 연상시킨다. 이뿐 아니라 아즈마가 '지나(支那)인'을 향해 던졌던 적나라한 모욕적 언사로 오늘날 일부 일본인에게 잠재되어 있는 '일등국민'의 우월감을 감지해낼 수 있다. 이 두 가지 중요한 정보야말로 일기를 읽을 때 가장 놀라게 되는 대목이다.

그런데 유감스럽게도 중국의 독자들은 베스트셀러가 된 『아즈마 시로오의 일기』를 『라아베 일기』 읽듯이 읽어버린다. 중국어판 서문은 "사람들에게 난징대학살에 관한 사료(史料)를 전체적이고 체계적으로 보여주어야 할 필요성" 때문에 출판하게 되었다고 강조한다. 즉 이 일기의 표면적 가치란 난징대학살을 증언하는 데 있다. 매스미디어의 선전도 이 틀에서 크게 벗어나지 않는다. 결국 이 일기를 구성하고 있는 앞에서 서술한 두 가지 정보를 파악하지 못한 중국인의 시선에서 『아즈마 시로오의 일기』는 아주 쉽게 기존의 일본의 이미지와 결합해버린다.

아즈마가 중국을 방문한 것도 이런 '접합(接合)'의 운명에서 벗어날 수 없었다. 다시 말해 대다수 중국인은 국경을 넘어 중국인의 도의(道義)적 응원을 구하려고 한 그의 입장에 흥미를 드러냈고, 그들의 이런 흥미는 즉각 자신들의 역사기억을 긍정하는 쪽으로 바뀌었다. 중국인들은 아즈마와 변호인단이 일본사회에서 차지하는 입장과 다른 일본인과의 관계에 대해서 관심을 갖지 않았던 것이다.

만약 아즈마가 차지하는 위치를 현실의 맥락과 연결해 고려한다면 다음과 같은 사실을 알 수 있다. 『아즈마 시로오의 일기』가 전해주는 두 가지 중요한 정보는 과거지사가 아니라 '지금'까지도 유효한 요소이다. 그렇기 때문에 그는 두 번씩이나 패소를 당했으며, 더불어 일본인의 관심을 널리 불러일으키는 데도 어려웠던 것이다.

일본에서 그의 변호인단이 당면했던 곤란은 재판에서 승리하기가 힘겹다는 것보다도, "마치 무물(無物)의 진(陣)에 들어간"[3] 것 같은, 자신이 놓인 상황에서 유래하는 곤란함이었다.

- 3 -
「스화스쉬」의 의도와 오산

중국 방송매체가 아즈마 시로오의 입장을 빌려 민족기억의 트라우마를 강화하는 데 만족하고 있었을 때 「스화스쉬」는 이와 다른 시도를 했다. 「뚱팡스쿵(東方時空)」 프로그램의 일요일판인 이 프로그램은 방영 초기부터 '유연한' 노선을 계속 지켜왔다. 특히 방영 초기 민간 촬영기자가 국영

---

3) 루 쉰의 『들풀(野草)』 중 「이러한 전사」에 나오는 말이다. 고독한 전사가 상대방과 충돌하지 않은 채 적에게서 경원(敬遠)시된 상태를 가리킨다.

텔레비전 방송국에 참가하여 만드는 형식(「뚱팡스쿵」이 중국에서 최초이다)에 대해 중앙방송국은 상당히 대담하고도 비판적인 자세를 취했다. 초기 「뚱팡스쿵」과 「초점 인터뷰」 같은 프로그램은 미디어 '폭로'가 갖는 특유의 힘을 빌려 각급(各級) 정치권력 내부에 만연한 부패와 다방면에 걸친 사회문제를 폭로하였다. 이러한 활동에 따라 중국대중들은 이 프로그램들을 '민간법정'으로 인식하게 됐다. 그리하여 결국 대중들은 이들 프로그램에 도움을 청해 현실문제를 해결하고자 했다.

이와는 대조적으로 「스화스쒀」는 중국시민과 친근한 일상의 사건을 토론했다. 그들이 다룬 주제들은 가정 내 세대간의 가치관 단절 문제에서부터 모든 사람이 직면하는 결혼과 교육문제에 이르기까지 일상의 자잘한 부분들을 다루었다. 이외에도 시민들의 관심이 집중된 좀더 최근의 논쟁, 예를 들면 1위안(元)하던 승차요금을 둘러싸고 수천 위안을 써가며 소송하는 것은 적당한가 하는 화제까지 포괄했다. 이런 토론에는 '일상적'인 대화가 중국시민의 일상적인 생활감각을 변화시킬 수 있으리라는 제작자의 깊은 의도가 숨어 있다. 하루가 다르게 증가하는 오락프로그램과는 달리, 전혀 오락적이지 않은데도 「스화스쒀」가 시청자에게 크게 환영받은 것은 다른 프로그램과 다르면서도 활기로 가득 차고 친근한 '일상'을 다룬 덕분이었다. 이 프로그램의 제작의도는 중국시민의 다양한 감각을 표면화하고 다양성을 합법화할 수 있는 공간을 모색하는 데 있었다. 그래서 거의 매회 한 주제에 대해 서로 견해가 다른 온갖 인물군상을, 특히 연령대가 다른 사람들의 견해를 소개해왔다.

'전쟁의 기억'편은 언뜻 보기에 「스화스쒀」 스타일과 전혀 다른 것처럼 보이지만, 전쟁기억에 대한 사람들의 다양한 견해를 보여준다는 제작의도는 같았다. 그러나 여기서 염두해두어야 할 것은, 중일전쟁이란 중국인의 감정에서 아주 강렬한 민족적 상처의 기억이자 동시에 쉽게 유화될 수 없는 피해자의식을 각인하는 사건이라는 점이다. 이와 더불어 정도의 차이는 있겠지만 중국의 젊은 세대가 역사에 대해 취하고 있는 방관자적 태도 역시 피해자의식과 마찬가지로 그간의 역사를 사상의 유산으로 전화하는 데 방해가 되었다. 이러한 문제야말로 「스화스쉬」를 제작하고 진행할 때 직면해야 했던 현실이었다. 중국의 지식계가 '전쟁의 기억'편을 제작하는 데 필요한 지적인 자양분을 제공하지 않았기 때문에, '전쟁의 기억'에 이용할 수 있었던 자료라고 해봐야 고작 난징대학살을 공정하게 평가하자는 정서적인 자세에 지나지 않았고 역사와 현상을 깊이 파고든 분석이 아니었다.

그런데도 '전쟁의 기억'편이 어려운 걸음을 내디뎠음은 확실하다. 중일 양국의 일반시민, 특히 보통청년들이 지닌 전쟁기억에 대한 태도를 명확하게 보여주고자 시도한 것이다. 프로듀서의 말을 빌리면, 중국인과 일본인이 '만나는' 기회를 만들고자 했다. 프로그램은 아즈마 일행을 초대했을 뿐 아니라, 그들이 중국에 머무르는 동안에 일본인 유학생을 초청하여 일본인과 중국인 사이에 모종의 대화가 가능하도록 노력했다. 사회자인 추이 융위안(崔永元)은 프로그램을 시작하며 다음과 같이 말했다. "교류는 다종다양합니다. 가령 하나의 사실을 인정하는 것만으로도 교류를 촉진시킬 수 있습니다." 사회자의 이 말은 제작자들이 갖고 있던 기본입장을 암시한다고 볼 수 있다. 그러나 '전쟁'에 대한 정서적인 반응에는 복잡한 요소들이 내포되어 있는데도 현재 중국의 여론에서 감지되고 확인되듯 종종 단순한 분노로만 표현된다. 한편 복잡한 내용들을 고려하지 않은 채 이러한 분노를 단순하게 부정하려는 태도 역시 중국의 사회상황에 대한 무지를 보여준다. '전쟁의 기억'편이 직면한 것은 바로 이런 종류의 '분노'였다. 하지만 프로그램은 이에 현명한 태도를 취했는데, 분노가 갖는 역사적 내용을 명확히할 능력이 없을지라도 적어도 이런 정서를 존중하고 신중하게 유도하고자 했지 단순히 부정하는 입장에 서진 않았다.

아즈마가 프로그램의 중심인물이었기 때문에, 프로그램의 프로듀서는 토론에 앞서 아즈마의 소송에 관련된 영상자료를 내보냈다. 이 화면자료는 이 프로그램이 아즈마의 소송에 관한 토론이라고 사람들이 착각할 만한 것이었다. 하지만 추이 융위안도 스튜디오의 청중들도 재판에 주의를 기울이지 않았다. 그들은 민사소송재판인지 정치재판인지에 대해서는 아무 흥미도 없었다. 프로그램 제목이 명시하듯, 이것은 '전쟁의 기억'에 관한 토론이었다. 편견을 갖지 않고 본다면, 아즈마의 소송은 단순히 이야기를 끌어가기 위한 것으로 토론의 중심내용이 아니었다. 뿐만 아니라 토론이 전체석으로 살인(殺人)을 경험한 그의 회상과 참회 및 전쟁에 관한 중국인의 기억을 따라 전개됨으로써 전쟁의 상처를 회상하는 것이 이 토론의 진정한 주제였음은 너무나 명백했다.

프로그램이 진행되는 도중에 사회자인 추이 융위안은 두 번의 이례적인 행동을 했다. 그는 상편과 하편에서 일본에 대한 적대감을 토로한 두 젊은이의 발언을 막고, 중일 양국 시민, 특히 청년들간의 적대감을 어떻게 하면 없앨 수 있는가 하는 화제로 방향을 돌렸다. 흥미롭게도 편집과정에서 두 장면은 잘리지 않았고, 추이 융위안의 이례적인 행동도 그대로 방영되었다. 이런 예 역시 「스화스쉬」의 기본입장을 잘 보여준다. 요컨대 중국인의 민족주의적[4] 정서를 선동하는 것을 의도하지 않았던 프로그램 제작자의 입장에서는, 두 젊은이의 발언을 그대로 방영하는 것도 전쟁의 '후유증'이라는 엄연한 현실을 직시하는 것과 다르지 않았다. 토론중의 이 일화는 역사에 대한 단순한 태도가 그들 젊은 세대에서 얼마나 쉽게 민족주의적 정서로 전화하는지를 보여주는 예일 뿐이다.

----

4) 중국어의 '민족주의(民族主義)'는 '국족주의(國族主義)'의 의미가 강하지만 여기에서는 '민족주의'로 쓰기로 한다. 현재 중국대륙에서 '민족주의'라는 말을 사용할 경우에는 민족의 실체적 핵심과는 별도로, 바깥을 향한 중국인을 하나로 모으는 구심력으로 작동하는 힘을 가리키는 경우가 많다.

- 4 -
전쟁의 기억: '일본'과 '중국'의 이미지

만약 그 프로그램에 참가했던 일본인 유학생이 이의를 제기하지 않았다면, 이 토론도 중국인이 갖고 있는 일본에 대한 이미지와 전쟁의 기억을 복제한 채 끝났을지도 모른다. 그런데 단순하기 그지없던 토론이 미즈따니 나오꼬(水谷尙子)의 발언으로 일순간 복잡한 국면으로 바뀌었다.

청중의 격앙된 정서가 계속해서 최고조로 고양되어갈 때, 미즈따니는 매우 강경한 자세로 아즈마를 힐난했다. 그가 제기한 문제는 다음의 두 가지다. 하나는 아즈마가 법정에서 한 증언에 '모호한 부분'이 있다는 점이고, 다른 하나는 일본의 진보적 지식인과 사회인사가 아즈마에 대해서 비판적인데 당사자인 아즈마는 이 점을 어떻게 생각하는지 질문한 것이다. 어쩌면 별 문제 아닌 것으로 치부할 수 있는 그의 문제제기는 겉으로는 완곡한 형태를 띠고 있었지만 사실은 스튜디오 내의 중국인을 향한 것이었다. 당신들이 말하는 것을 믿을 수 없다, 더구나 일본의 진보적 지식인들에게 비판을 받고 있는 사람을 영웅으로 받들고 있다니, 당신들은 잘못하고 있다고 말이다. 계속해서 그는 창 끝을 내빈석에 앉아 있는 일본인 비평가 쯔다 미찌오(津田道夫)에게 돌려 일본인이 전쟁책임을 반성하고 있지 않다고 비판한 그의 발언은 '일본인의 다양성을 무시하고 집합적 전체로만 다루는 것'이라고 비난했다. 그는 또한 중국인이 일반적으로 생각하는 것과는 달리 일본의 교과서는 중국침략전쟁과 난징대학살의 사실을 가르치고 있으며 일본의 젊은 세대는 모두 전쟁의 역사를 이해하고 있다고 강조했다.

미즈따니와 청중 간의 격렬한 논쟁은 편집과정에서 삭제되었기 때문에 실제 방영분으로는 후에 미즈따니가 말한 내용과 『산께이신문(産經新聞)』에 실린 장면을 볼 수 없다. 그러나 공중파를 타고 방영된 화면만을 참고하더라도 충분히 만족할 수 있는 몇가지 기본사실을 확인할 수 있다. 게다가 이러한 현상은 호기심을 더욱 부추겨 우리들에게 연구하도록 유혹한다. 내가 보기에 젊은 연구자로서 미즈따니가 지닌 비판정신은 소중한 것이다. 그러나 그가 견지하는 비판정신에는 그 혼자만의 속성도 아니고, 단순히 일본 지식계에 한정된 것도 아닌, 어떤 종류의 문제가 도사리고 있다. 이런 문제는 중국인이든 일본인이든, 오늘날 지식의 배치를 성찰하고자 하는 지식인이라면 어느 누구를 막론하고 스스로를 반성하게 만든다. 이런 이유로 나는 미즈따니가 '전쟁의 기억'편에서 야기한 충돌 그 자체를 분석하려는 것이지 미즈따니 개인에 대해서 평가를 내리고자 하는 것이 아니다. 이 글에서는 이러한 개별사례를 분석함으로써 몇가지 중요한 원칙적 문제를 도출하고자 한다.

우선 주의를 끈 것은, 미즈따니가 상식적인 잘못을 저지르고 있다는 점이다. 난징대학살의 존재 자체를 인정하는가, 이 학살의 성질과 규모에 대해 어떻게 생각하는가라는 질문을 받았을 때, 그는 대답하기를 거부했다. 이 토론의 주제가 난징대학살이 아니고 아즈마의 소송이라는 게 그의 이유였다.

이 일로 그는 자신을 일본 우익과 구별지을 수 있는 기회를 놓치고 말았다. 왜냐하면 스튜디오의 중국인에게 난징대학살은 적과 자기편을 판별하는 단순한 기호에 지나지 않기 때문이다. 동시에 미즈따니는 자신이 그 소송의 판결서를 읽었다고 강조하며, 이 소송에 대한 지식이 충분하다고 암시했다. 이 자세에는 다음의 두 가지 의미가 있다. 첫째, 그는 난징대학살에 대한 중국인의 감정기억상의 상징을 수용할 의사가 없다. 이는 다시 말하면 자신에게 각인된 감정의 상처를 출발점으로 하는 일반 중국인과 대화하기를 거부한다는 의미다. 둘째, 그의 거절에는 중일전쟁을 전공하는 '전문가'의 입장이 뒷받침되어 있다. '전문가'에게 감정기억이란 역사적 진실을 탐구하는 데 장애물이며 '전문가'인 자신은 이렇게 간주할 자격이 있다는 것이다.

이외에도 우리는 텔레비전 방영판에서 또다른 중요한 정보를 포착해낼 수 있다. 그것은 스튜디오에 있던 중국인이 미즈따니에 대해서 분노를 표현할 뿐 그와 진정으로 대결하고자 하지 않았다는 점이다. 아주 모호한 형태였지만 그가 내뱉은 말 이면에는 다른 숨겨진 의미가 내포되어 있었다. 따라서 진정한 대결이라면 말로 표현되지 않은 이 의미에 대해 토론을 해야 했다. 하지만 유감스럽게도 청중들은 전쟁책임에 관한 그의 자세만을 문제삼았고, 언어외적인 의미에 대해서는 예사로 넘겨버렸던 것이다. 이런 양상은 프로그램의 상편이 끝나갈 무렵 그가 발언한, 그러나 중국어로 번역되지 않은 "중국인은 일본을 너무 모른다!"라는 한마디에 응축되어 있다.

이러한 상황이니 더 의미심장한 다른 문제 역시 쉽게 간과되기 십상이다. 일례를 들어보면 '일본'과 '중국'의 이미지에 관한 것이다. 스튜디오의 내빈석에는 일본에서 온 손님들로 가득 차 있었는데도 이의를 제기한 일본인은 단지 미즈따니 한 사람뿐이었다. 그러나 일반적으로 중국인이 '일본'이라는 명사를 사용할 때, 이 명사는 대개 전쟁책임을 인정하기를 거부한다는 적대적 의미에서 규정되기 때문에, 아즈마처럼 국경을 넘어 연대를 구하러 온 일본인은 거기서 배제되어 규정된다. 한편 이런 식으로 '다양성을 무시하고 하나로 동일시하는 것'에 반대한 미즈따니의 발언 역시 '중국'을 '하나로 동일시하여' 추상적으로 이미지화한다. 이 점은 그가 후에 발표한 글에서 더욱 명료하게 발견된다.

'전쟁의 기억'이 방영된 지 1개월쯤 지난 6월 2일자 『산께이신문』 조간은 한 면을 전부 할애해 이 토론을 대대적으로 보도했다. 이 신문지상의 크고 작은 표제만 봐도 우리는 상당히 많은 양의 정보를 얻을 수 있다. 가장 눈에 띄는 표제로는 '역사인식, 일중(日中)간의 단층을 드러내다'가 있고, 그 옆에 달린 간단한 평론에는 '아즈마, 영웅으로 취급되다. 중국의 정치적 의도 명확'이라는 제목이 달려 있다. 작은 표제어들을 살펴보면, '국영 텔레비전에서의 토론' '"사건"에 대한 일방적인 자세' '아즈마 시로오씨는 중국에서 무엇을 말했는가' '난징사건 책에 관한 재판에서 패소, "학살을 부정하는 부당한 판결"이라고 규탄' '일본측 "사실에 반(反)함"이라고 비판' 등이 있다. 여기에서 반드시 정확히 인식하고 넘어가야 할 것은 우선 어려운 여건을 무릅쓰고 프로그램을 제작한 「스화스쉬」의 노력이 일본식 '중국이미지'라고 할 수 있는 '관민일체(官民一體)'식의 정치적 입장으로 고쳐 씌어졌다는 사실이다. 교류가 가능한 대화관계를 만들고자 했던 프로그램 제작자의 고심에 찬 시도가 완전히 말살되어버린 것이다. 일본언론 쪽의 이 '고쳐 씀'은 중국에는 체제측 목소리 하나만 존재한다는, 일본에 깊이 뿌리박힌 중국이미지를 반복한 것에 지나지 않는다. 다음으로 흥미로운 점은 보도의 표제가 '미즈따니'의 발언을 '일본측'의 입장으로 치환하고 있다는 점이다. 이 해석에서 또다른 중요한 문제를 도출할 수 있다. 『산께이신문』 같은 신문의 입장에서 보자면 아즈마 등의 일본인은 일본인 전체가 아니라 당사자 개인만을 대표할 뿐이고, 미즈따니는 일본 전체를 대표한다. 이처럼 판이한 지위를 부여하는 것은 아즈마와 미즈따니를 바라보는 중국의 시각과 상당한 부분 일치한다. 다만 가치판단이 거꾸로라는 점이 다르다.

1999년 8월 『세까이(世界)』지에는 미즈따니의 「나는 왜 아즈마씨에게 이의를 제기했는가」라는 글이 발표되었다. 그는 우선 난징대학살이라는 역사적 사실을 인정한다는 기본입장을 강조하고, 이에 머물지 않고 더 나아가 글의 말미에서 전쟁책임을 인정하지 않는 일본정부를 지탄한다. 그러나 정치적 정확성을 구비한 그의 자세가 이 글을 구성하는 기본틀이 아니다. 그가 전달하고자 한 것은 도리어 그것과는 반대로, 일본의 교과서가 난징대학살을 가르치지 않는다는 언급에 동의하지 않고 '숫자' 문제를 강조했기 때문에 방송이 끝난 뒤 끊임없이 자신을 위협하는 전화에 시달리게 된 일, 급기야는 런민(人民)대학의 한 직원의 입을 빌려 표현한 "중국의 민주는 도대체 어떤 것인가"였다. 다른 측면에서 그가 강조한 것은 프로그램의 사회자에서 청중에 이르기까지 모두 아즈마 재판에 대한 예비지식이 없으며, 아즈마의 변호인단은 자신들의 불리한 상황을 은폐하고 아즈마를 영웅으로 만들고 있다는 것이다.

분명히 미즈따니의 비난은 '전쟁의 기억'편이 설정한 주제와 상당한 거리가 있다. 앞에서 말한 대로 그것은 아즈마의 소송을 토론하는 프로그램이 아니었기 때문이다. 이러한 오해가 생긴 것은 일본인이 갖고 있는 기존의 중국이미지에서 연유한다. 그 이미지란 중국은 언론의 자유와 사법권의 독립이 없는 국가이고, 따라서 중국인은 일본의 삼권분립제도를 이해하지 못한다는 것이다. 미즈따니가 '전쟁의 기억'편의 주제를 아즈마의 소송에 못박은 것도 자신의 '기억'에서 유래했음이 분명하다. 1998년 12월 24일, 중국정부는 토오꼬오의 소송판결 결과에 항의를 표명했다. 이같은 중국의 움직임에 대한 일본사회의 일반적인 반응도 『산께이신문』의 보도와 마찬가지로, 중국이 일본의 삼권분립제도를 무시하고 민사소송과 정치적 판결을 혼동하고 있음에 초점이 맞춰져 있었다. 냉전구조의 기본틀을 연상시키는 이 대립은 전쟁책임 문제가 아직도 현대의 정치관계에서 쟁점적인 모든 문제와 밀접하게 결합되어 있음을 암시한다. 미즈따니 자신은 여러차례 자신을 냉정하고 객관적인 역사학자라고 소개했지만, 그 역시 포스트냉전구도라는 기존의 틀에 갇혀 발언했음은 물론이다. 그가 중국인은 일본의 사법지식을 모른다고 비판하고 중국의 비민주적 상황을 규탄한 것은, 일본의 매체가 끊임없이 재생산하고 있는 선진 자본주의사회가 개발도상국에 대해 품고 있는 우월감에 완전하게 결박당한 상태에서 나온 것이다.

역사학과 역사학자에게 '학술'이란 무엇인가

내가 여기에서 수행하려는 것은 젊은 연구자에 대한 비판이 아니다. 스튜디오에서도, 또 그후에도 그는 확실히 너무 지나친 지탄을 받았다. 나는 그런 종류의 단순화된 비판에 동조하고자 하는 게 아니다. 오히려 하나의 사건 속에서 쉽사리 간과되는 상황을 환기하고 그것을 강조하고 싶을 따름이다. 요컨대 미즈따니는 우익의 젊은이도, 또한 전쟁의 역사석 책임에서 도피하려는 '신세대〔新人類〕'도 아니다. 문제를 진지하게 토론하고 자진하여 역사책임을 짊어지려고 하지만 여전히 유감스러운 것은 바로 그가 받아온 역사교육 자체의 문제일 것이다.

미즈따니의 글이 실린 지 2개월이 지난 뒤, 『세까이』에는 아즈마 변호인단의 반론이 실렸고 '독자담화실'란에는 이시이 쯔요시(石井剛)의 짧은 글이 실렸다. 이 글들은 모든 일본의 역사교과서에 난징대학살이 기재되어 있다는 미즈따니의 발언이 커다란 개념적 전위(轉位)로 성립되었다고 지적했다. 그들의 비판은 그가 교과서에 주석형태로 달린 간단한 언급을 난징대학살에 대한 정확한 기술로 간주했으며, 동시에 아즈마의 소송에 관한 그의 '지식' 역시 사실은 토오꾜오고등재판소의 재판서를 기초로 한 표면적인 독해에 지나지 않는다는 것이다. 이것과 표리를 이루듯 중국시민이 그의 도발적인 발언에 대해 드러낸 진실한 분노에 그는 전적으로 개입하지 않겠다는 태도를 취했다. 미즈따니의 이러한 태도는 프로그램에 참가한 중국인 역사학자들을 향해, 다시 말해 중국 지식계를 향해 비판의 화살을 돌렸다고 봐도 좋을 것이다. "일반청중들이 난징대학살에 대해 감정적 분노를 갖는 것은 허락되겠지만 전문가들조차 '탐구하고자 하는 욕망'을 갖고 있지 않은 실정이니, 중국 인문학과 학술의 발전에 방해되진 않을지, 정말로 마음에 걸리는군요."

이것은 일개 젊은 연구자의 소양에 관한 문제에 그치지 않으며 일본 학술계의 특수한 문제도 아니다. 이 사건이 보여주듯이 제2차 세계대전의 피해자와 목격자가 아직도 건재한 현실은, 살아 숨쉬는 가까운 시기의 역사를 취급한다는 것이 얼마나 복잡한 문제인지를 잘 보여준다. 중국의 역사학자들을 포함해서, 학술계 내에는 미즈따니와 입장이 유사한 사람들이 적지 않다. 그들은 문헌자료를 고증하는 데 만족하며, 사람들의 감정기억을 전적으로 무시하거나 적대시한다. 그렇다면 실증적인 자료고증에 의한 역사학의 절대적인 합법성은 어디에서 온 것일까?

이 문제를 끝까지 파고드는 것은 서구에서 만들어진 근대 역사학 모델이 우리들의 담론 헤게모니와 밀접한 관계를 맺고 있다는 사실을 새삼스레 재고하는 작업과 닿아 있다. 그러나 이 글에서는 복잡하기 그지없는 이 문제를 깊이있게 취급할 여유가 없다. 다만 사유의 실마리만이라도 제시해두자. 난징대학살의 양민학살자 숫자를 둘러싸고 이러니저러니 논의하는 것은 일본인 연구자에 한정된 현상이 아니다. 서구의 학자들도 마찬가지다. 이런 자세를 떠받치고 있는 기본적인 학문원리는 역사의 '객관진리성'이다. 그리고 그 반대편에 살아있는 인간의 감정이 있다. 이런 역사관은 심각한 결과를 야기한다. 첫번째는 감정기억의 상실이다. 감정기억의 상실은 역사의 긴장감과 복잡성을 거세하고 역사 전체를 통계학으로 대체할 수 있는 죽은 지식으로 변질시켜버렸다. 이런 죽은 지식의 역사야말로 현재의 정치와 이데올로기에 아주 손쉽게 이용당하게 마련이다. 이런 맥락에서 볼 때 감정기억에 대한 미즈따니의 멸시는 '고루한 일본인'의 이미지를 무의식적으로 재생산할 위험이 있다.

마치 이에 호응이라도 하듯이, 미국 국적의 중국인 쟝 춘루(張純如)의 『난징의 강간』(Rape of Nanjing)에 대해 이언 부르마(Ian Burma)라는 네덜란드 역사학자의 평가가 1999년 일본의 우파잡지인 『싸피오』(SAPIO)에 실렸다. 그의 입장은 미즈따니의 그것과 놀라울 정도로 일치했는데 미즈따

니의 담론과 마찬가지로 내적으로는 냉전의 논리를 따랐다. 부르마 자신은 일본 우익의 '난징대학살 환상설(まぼろし說)'에 찬성하지 않는다고 강조하면서도, 쟝 춘루의 책은 "역사책이 아니다. 중국인의 기억을 기록한 책에 지나지 않는다"라고 공격했다. 또한 "난징대학살에서 학살당한 사람들의 숫자는 영원히 밝힐 수 없을 것이다. 바로 저 나라에는 정보와 언론의 자유가 없기 때문"이라고 했다. 역설적으로 부르마의 이 담화는 '학술성'을 이유로 '난징대학살 환상설'을 선전하는 『싸피오』의 특집호에 머릿기사로 게재되었다.

그런데 문제의 요체는 사건의 표면에 있지 않고 언어 바깥에 있다. 이것은 미즈따니가 드러내 보였던 민족감정의 문제와 마찬가지다. 구체적으로 풀어 쓰자면, 아즈마의 인격과 신빙성을 물고늘어지면서도 그를 꽉 붙들고 있던 원고를 좇지 않았고, 게다가 이런 선행작업도 하지 않은 채 그가 나라 안 일을 나라 밖 일로 비화시킨 점을 문제삼았다. 더군다나 중국인은 일본의 속사정을 전혀 이해하지 못한다고 지탄하였다. 그런데 뒤집어 말한다면 그녀의 행위는 일본의 컨텍스트를 어떠한 변화도 없이 중국의 상황으로 끌어온 것에 지나지 않았다. 그녀는 중국인에게 일본인인 자신의 말 바깥의 의미를 정확하게 파악해달라고 무리하게 요구했고, 그 목적을 달성하지 못하자 일본에서 글을 발표하여 일본인의 민족감정에 호소하는 형태로 자신의 불만을 발산하였다. 이런 악순환은 일본의 우익논리를 강화하진 않았지만, '양심있는 일본인'과 '중국' 사이의 역사적 감정의 골을 심화하기에 충분했다.

더 문제가 되는 것은 이러한 방식이 미즈따니에 그치지 않고 대다수 일본 연구자의 사유논리 속에 드러난다는 점이다. 중국인이 보기에, 전쟁책임을 중국인과 똑같이 추궁하고 있는 양심적인 일본 중 대다수가 아즈마 발언의 신뢰성 여부에 왜 그렇게 구애를 받는지 이해할 수 없다. 다시 말해 난징대학살 날조설을 지지하는 쪽이 소송에서 승소하여 공공연히 그

'승리'를 축하하는 현수막을 내건 마당에 이 재판이 민사재판인지 아닌지, 그의 증언을 믿을 수 있는지 없는지의 여부를 따지는 것은 이미 논쟁거리조차 되지 못한다. 왜냐하면 재판의 성질과 아즈마 개인의 문제를 추궁하는 일은, 학살당한 양민의 숫자를 논쟁하는 일과 효과 면에서 보면 다를 바가 없기 때문이다. 즉 난징대학살의 역사적 기억에 관한 관심을 비틀거나다른 방향으로 돌리는 효과가 있다. 문제는 원고측에 설 것인가, 그렇지 않으면 아즈마측에 설 것인가 하는 양자택일에 있지 않다. 이런 종류의 '왜곡'이 일본의 담론공간에서는 일종의 연구의 방향성으로 굳어졌고, 일본의 양심적 지식인 또한 이런 왜곡된 논의에 구애되는 사이에 그들조차도 양심적 중국인과 마주할 수 있는 매개를 상실해버리고 중국인과 그간의 역사를 공유할 계기마저 잃어버린 것이다.

– 6 –
감정의 기억을 사상의 자원으로

민족감정은 민족주의와 같은 뜻이 아니다. 나는 아주 간단하게 추상적인 수준에서 그것을 부정하고 폐기하자고 주장하는 것이 아니다. 그러나 민족감정이 민족주의에 쉽게 이용되는 것도 사실이다. 어떤 때는 좌우 구별로는 도저히 문제를 설명할 수 없고, 양심의 유무조차 가치판단의 결정적인 요소가 아닌 경우도 있다. 민족감정이 모든 것을 압도하는 상황에서라면 진보적 인사라 할지라도 우파적인 행동을 보여줄 수 있다. 일본의 경우 양심있는 지식인이 세계를 향해서 자신의 목소리를 전달하고자 할 때, 자기 자신의 민족감정을 어떻게 파악하는지가 그의 학문적 입장이나 깊이를 파악하는 데 중요한 시금석이 된다. 이른바 '학술의 객관성'이라는 가치척도만으로는 한 개인이 편협한 민족주의자의 역할을 연기하지 않는다고 확신할 수 없다. 설령 지식인이 주관적인 그 어떤 방식으로 자신에 대해 성찰을 하든지간에 말이다.

여기서 나는 단순히 일본인의 민족감정을 논의하고자 하는 것이 아니다. 무엇보다 먼저 나 자신을 포함한 중국의 지식인이 민족감정의 악순환을 끊을 수 있는지, 일본의 양심있는 지식인과 서로의 고통과 딜레마, 기억을 공유할 능력이 있는지, 기억이란 우리가 중국의 방송매체에서 습관적으로 보는 단순한 민족주의적인 분노를 의미하는지에 대해서 가장 먼저 묻고자 했다. 나는 바로 이것이 중국의 지식계가 아직껏 해결하지 못한 문제이고, 「스화스쉬」가 부닞쳤던 근본적인 난제였다고 믿고 있다. 일본의 우익 또는 보수세력에 대항한다는 의미에서 보자면 이런 단순한 분노도 필요하며, 때로는 효과적이기까지 하다. 그러나 '전쟁의 기억'편에서 중국의 청중과 미즈따니가 서로 토론을 할 수 없었던 상황이 암시하듯이, 단순한 민족감정으로는 결코 복잡한 국제정치관계에 대처하거나 살아 숨쉬는 역사 속으로 효과적으로 들어갈 수 없다. 만약 감정기억에 의지해 역사를 둘러싼 지식의 구조를 변화시키고자 한다면, 감정기억 속에 반드시 복잡한 역사적 내용을 포함해야 한다.

그러면 감정기억 문제와 관련해서 중국의 지식계가 전쟁책임 문제를 고려하는 양상을 살펴보자. 중국의 지식계에는 진실을 향한 부단한 연구가 양자택일의 태도로 표명되어야 한다는 타성적인 사유가 존재해왔다. 단적인 예를 들면 민족주의적 입장은 이미 화석화된 결론으로 변모하고 모든 자료는 그 전제를 증명하기 위해 사용된다. 여기서 우리들은 「스화스쉬」가 처했던 딜레마를 공유하게 된다. 복잡한 역사적 결들을 포함한 감정기억의 문제가 또 하나의 기호로 단순화된다. 따라서 중국의 지식인이 일본의 지식인과 역사적 사실을 공유하는 일이 불가능하게 되고, 낡은 역사학적 사고모델에서 벗어나지 못한 연구는 계속해서 '기억의 학살', 나아가 '역사의 학살'이라는 가공할 한계를 빚어낸다. 결국 우리는 이 속에서 질식당한다. 한편 '자료고증'은 여전히 중국의 역사연구를 좌지우지하여 살아있는 역사를 죽은 지식으로 대체하고, 역동적인 역사관계를 정체된 데이터 분석으로 변질시킨다. 역사의 무거운 짐을 감당할 수 있는 섬세한 역사학이 부재하고 여전히 자기 자리를 찾지 못한 '자료' 때문에 역사의 무게를 짊어지지 못한 '고증'은 그저 감정기억을 재단하는 법관의 역할만을 연기할 뿐이다.

진실한 이야기는 있는 그대로 전달될 수 있는가? 모험을 감행했던 '전쟁의 기억'편이 만난 딜레마는, 일본의 매스미디어가 중국의 문제점으로 선전하고 싶었던 '언론의 자유'가 있느냐 없느냐에 대한 문제가 아니라, 중국의 지식계가 지닌 사고의 빈곤함이었다. 중국의 지식인이 복잡한 층위의 감정기억을 단순히 피해자의 분노로 간주하기를 그칠 때, 감정기억은 피해자의 분노까지 포함해서 마침내 우리들의 사상자원이 될 것이며, 우리들은 처음으로 자신의 역사 속으로 들어갈 수 있을 것이다. 이때 역사는 이미 중국인에게 한정된 역사가 아니라 우리들과 기타 다른 민족이 공유하는 세계사가 될 것이다.

이상가(理想家)의 황혼

　　반세기 전 일본 요꼬하마(橫濱) 교외에서, 타고르(Tagore)는 감개를 토로했다. "나는 알고 있다. 영예가 존엄을 잃고 선각자가 시대의 착오자로 여겨질 때, 소리란 소리는 시장의 소음으로 잠식당할 때, 한 개인이 건장하고 원기왕성한 경쟁자들 중에서 홀로 이상주의자라고 불리는 것이 얼마나 위험한지를. 그러던 어느날 나는 요꼬하마의 교외에 서서, 형형색색의 현대적 도시를 뒤로한 채 저 남쪽 바다로 떨어지는 저녁해를 바라보았다. 그때 송림(松林)으로 뒤덮인 뭇 산의 평온과 장엄을 온몸으로 느꼈다. 해가 저물어감에 따라 웅장한 후지산은 금빛 지평선 위 어둠으로 드러났다. 마치 자신의 광채로 어둠을 돋보이게 하는 상제처럼. 저물녘의 고즈넉함에서 솟아난 영원의 음악을 통해 나는 깨달았다. 하늘과 대지, 여명과 황혼의 서정시는 시인과 이상가(理想家)의 것이지, 감정을 쉽사리 무시하는 모리배의 것이 아니라고. 인류가 자신들의 신성함을 망각했을지라도, 하늘이 인류와 언제나 함께한다는 사실을 기억해낸다면 인류세계를 성난 소리로 울부짖고 인혈(人血)에 목말라하는 현대의 승냥이에게 절대 내어줄 수 없을 것이다."

　　제발 타고르가 시인이라고, 그가 느낀 감회의 밑바닥에는 인도문화나 화해정신이 숨어 있다고, 나에게 말하지 말라. 내 감동의 진폭은 결코 그런 차원이 아니다. 타고르의 감회가 내게 울림을 준 까닭은 1916년 일본에서 행한 '일본의 민족주의'라는 강연의 끝자락에서 나온 묘사라는 점이다. 타고르가 고즈넉하고 아름다운 황혼에 벌거벗은 채 마주했을 때, 그의 뇌리를 스친 것은 동아시아를 제패한 서구의 민족주의라는 폭풍이었다.

20세기 초 어느날, 러일전쟁의 승리가 동방의 유색인종에게 가져다준 희열은 우리로서는 체험할 수 없는 것이다. 1924년 일본을 방문한 쑨 중샨(孫中山)이 '대아시아주의(大亞洲主義)'를 논했을 무렵에도 여전히 희열의 여운은 흘러넘치고 있었다. 이런 희열은 날로 팽창해가는 근대 서구의 세계패권에 대해 아시아 유색인종의 감정을 반증한다. 우려와 반항, 동양의 근대화에 대한 아시아인의 진지한 사유가 그것이다. 당시 일본은 서구에 대항해 분연히 일어선 아시아의 상징으로 비쳤다. 부분적으로는 러일전쟁의 승리 덕분이었고, 부분적으로는 서구 따라 배우기를 기조로 삼은 일본의 부국강병책 덕분이었다. 그러나 타고르와 쑨 중샨은 동양의 근대화나 서구에 대항하는 아시아의 현실문제는 인식하지 못했다. 일본에 머무르며 동방의 근대화를 논했을 때, 그들은 그저 일본의 근대화방식에 대해 회의했으며 경계했을 뿐이다.

타고르는 "다른 사람에게서 지식은 빌려올 수 있지만 성격을 빌릴 수는 없다"라고 말했다. 그는 일본이 서구를 모방한 덕분에 하룻밤 사이 동양의 강국으로 올라설 수 있었다고 믿지 않았다. 생명은 모방할 수 없고, 문화는 이식할 수 없다고 깊게 믿었기 때문이다. 일본에서 떠들썩하게 구가된 근대성(近代性) 승리의 배후에서 타고르가 발견한 것은, "그것이 갖고 있는 심후한 인성, 영웅주의, 아름다운 조화와 속깊은 자아억제 및 풍부한 자아표현"이었지 공리를 향한 추구가 아니었다.

일화를 소개하면 타고르가 일본 코오베(神戸)항에 도착했을 때, 서구와 직접 접촉하는 대표적인 항구가 서양식 건축으로 뒤덮여 있는 데 불쾌해했다고 한다. 불쾌감은 그가 탄 기차가 시즈오까(靜岡)를 통과할 때까지

지속되었고, 일군의 젊은 승려들이 손에 향불을 들고 그를 영접하러 왔을 때에야 가까스로 해소될 수 있었다. 이런 그였기에 강연에서 "진정으로 근대정신을 갖춘 사람은 근대화가 필요치 않다. 진정으로 용감한 사람들이 허풍쟁이가 아닌 것처럼. 근대성은 결코 서구인들의 복장을 따라 입는다고 달성되는 것이 아니며, 학교 수업을 위해 아동을 감금하는 혐오스런 건축물에 있는 것도 아니다. (…) 진정한 근대성은 정신의 자유이며 취미의 노예가 아니다"라고 설파하며 일본 근대화의 천박함에 대한 혐오를 토로할 수 있었다.

그런데도 일본을 바라보는 타고르의 시선에는 아시아 약소민족도 해방을 이룩할 수 있다는 희망이 담겨 있었다. 그는 심지어 "아시아는 장차 그대들의 목소리로 유럽이 인류에게 던진 문제에 답할 것"이라고 말하기까지 했다. 타고르에게 일본은 동양의 현대화를 실험한 장소이다. 일본은 아시아인이 자신감을 획득하고 자신의 생명과 힘을 발굴해낼 모델을 제공해야 한다. 그는 동양이 기계화된 곳에 생명을 불어넣을 수 있고, 냉엄한 공리를 인심(人心)으로 대체할 수 있기를 기원했다. 또한 그는 권력과 성공에 대해서 그렇게까지 집착하고 중시하지 않기를, 조화와 생기로 가득한 발전을 중요시하고 진(眞)과 미(美)를 중시하기를 기원했다.

타고르는 이상가이긴 하지만 도덕적으로 천박하고 공허하게 이야기되는 그런 이상주의자가 아니다. 그는 미와 선(善), 인도와 자유를 논할 때 결코 추상적 관념을 희롱하지 않았다. 누구보다도 분명하게 자신이 어떤 패권적 담론에 직면하고 있는지 알았다. 누구보다도 자각적으로 패권적 담론에 타협하지 않는 저항정신을 표현했다. 이때 패권적 담론이란 곧 서구 근대성에 붙어 있는 민족주의관념이다.

타고르는 반(反)서구를 부르짖는 동방주의자가 아니다. 그의 역사관에 따르면, 인도의 역사는 특정한 종족에 국한되지 않는다. 오히려 창조의 과정이며, 세계의 다른 종족들도 인도의 역사창조에 공헌한다. 이런 시각에서 보자면 영국조차 이 역사의 창조과정에 일조하는 셈이다. 그래서 타고르는 민족을 논하면서 약체 인도를 위해 정의를 신장해야 한다고 주장하지 않았고 인류의 생존방식 전반에 대해 토론했다. 타고르의 눈에 비친 서구 역시 단일하지 않았다. 그는 서구의 이상과 문화전통을 존중하였고, 서구의 민족주의가 서구정신을 배신했다고 공격하였다. "서구정신이 자유의 기치 아래서 전진했을 때, 역으로 서구의 민족은 전체 인류역사상 가장 무자비하고 가장 단단한 조직적 쇠사슬을 주조했다." "우리는 여태껏 한 번도 이렇게 가공할 만한 시기와 질투에 직면한 적이 없었다. 그들은 이빨을 드러내고 발톱을 치켜세우며 상대방의 심장을 찢으려고 준비한다." 근대의 이성과 과학기술을 바탕으로 한 서구 민족은 자신의 이기주의와 냉혹함, 교만함과 폭력을 동양에 가해 타자를 끝장내고 절멸(絶滅)시키려고 호시탐탐 기회를 엿보고 있었다.

오늘날의 민족국가와 민족주의에 대한 성찰적인 글들과는 달리, 민족주의에 대한 타고르의 비판은 민족주의 내부에서 진행되지 않았다. 서구식 이성적 분석방법을 채용한 것도 아니었다. 다시 말해 타고르는 형식뿐만 아니라 내용까지 서구의 근대성담론체계로 들어가기를 거부했다. 타고르가 동양이 스스로 느끼는 민족주의콤플렉스를 거부하는 입장에 서자, 한편으로 그는 다른 천박한 동양의 민족주의자들과 구별되었고 다른 한편으로 그의 비판은 서구의 근대성 내부의 비판과도 구별되었다. 그리하여 후자의 이성적인 분석틀에 있는 치명적인 문제를 폭로할 수 있었다.

타고르는 인도의 어느 지방에서는 특정한 날에 과부들에게 음식(飮食) 행위를 금함으로써 경건함을 표하는 습속이 아직 유지되고 있다고 말했다. 그는 '몰이성적'이라거나 '미신'이라는 잣대로 이런 습속을 비판하지도 않았다. 거꾸로 '비이성적'으로 보이는 행위야말로 서양 현대이성의 실제 성격을 가장 잘 설명하는 예라고 생각했다. "이런 완전한 진실도 아닌 추상적 경건함이 개인의 도의성(道義性)을 철저하게 없앤다." "이러한 개념은 우리들 지력(智力)의 산물이다. 논리에 따른 분류인 탓에 쉽사리 개인을 사라지게 만든다." 타고르는 이미 단단하게 굳어진 사유방식을 해체하며, 이성과 미신이 '추상'이라는 한 점에서 만나 만들어낸 공모관계를 폭로했다.

이것이 바로 타고르가 민족주의를 비판하는 기점이다. 그는 과학적 조직과 효율적 이성이 어떻게 현대 민족국가제도를 통해서 '지력의 산물'을 새로운 미신으로 변화시키는지를 보았다. 어떻게 민족의 자아숭배를 통해 가상 악독한 이기주의를 실현하려고 쐐하는지 보았다. 그는 생넝 개체의 존엄성이 어떻게 "'나는 자유로운 인민'이라는 미신" 속에서 용해되는지, 또 이윤과 권리의 희생물로 변질되는지를 간파했다. 타고르의 뇌리에 가장 깊게 뿌리내린 의문은, 복잡다단한 개인을 해체함으로써 탄생한 현대 민족주의 내부에 이와 똑같은 방식으로 대항할 수 있는 것이 존재하는지였다. 바꿔 말하면, 일본이 신속하게 구성해낸 근대적 민족을 과연 동양이 서구 민족주의가 던진 도전에 응답한 성공적인 모델이라고 볼 수 있을까?

타고르는 일본에서 그가 바라고 바라던 것을 끝내 찾을 수 없었다. 오히려 그는 일본이 서구 민족주의의 동력을 자신의 동력으로 삼은 것, 곧 '서구의 사회이성이 정치지배에 패배하는 것'을 보았다. 마찬가지로 그는 동양의 국가가 민족국가들의 세계 무대로 진입하는 것을 서구가 매우 두려워한다는 것을 발견했다. 그것은 서구에 대한 위협이었기 때문이다. 따라서 서양이든 일본이든 상관없이 타고르는 건장한 신체의 원기왕성한 경쟁자 중에서 이상가의 역할을 맡아 시인과 이상가에게만 속하는 '황혼'에 대해서 말하지 않을 수 없었다. '추상'의 은폐성은 인류의 동정심을 없애버린 결과를 낳았다. 타고르는 이를 예민하게 통찰하였고 황혼의 조화에서 일종의 진리를 파악했다. "그것은 일종의 내재적 지각, 곧 일종의 시각을 낳았다. 다시 말해 모든 유한한 사물들 속에서 발견할 수 있는 무한한 진실을 투시할 수 있는 시각을 낳았다." 이런 시각을 통해 타고르는 동양의 사랑과 미의 생명본체를 볼 수 있었고, 인도가 갖고 있는 복잡한 문제를 파악할 수 있었다. 타고르는 절대로 이상주의만을 소리 높여 부르짖는 공상가가 아니다. 그의 이상은 투철한 현실분석 위에 축조되었다. 서양의 역사는 결코 인도 문제를 해결할 근거가 될 수 없으며, 영국인을 좇아 서양식 민족주의를 목표로 삼는 것은 단지 사상적으로 국가에 대한 책임감을 희석하는 것에 지나지 않는다고 여겼다.

일본에서 타고르의 이상은 '실패한 인민의 시편(詩篇)' 정도로만 받아들였다. 당시 득의양양했던 일본인의 입장에선 서양의 현대이성과 과학이 인류의 동정심과 이상을 말살한다는 주장은 의심할 바 없는 약자의 담론이었다. 강대해지기 위해 자신의 영혼을 축소해야 한다느니 민족에게 원대한 목적이란 없고 그저 자신이 목적이라느니 하는 지적이 바로 그것이다. 일본인은 온갖 이유를 대며 타고르를 빈정댔다. 노벨상을 받은 문학가의 입에서 나온 주장이었음에도 말이다. 타께우찌 요시미(竹內好)는 일본인의 천박함과 난폭한 본성을 비판한 글에서 타고르는 일본에서 이해되지 못했다고 침통하게 말했다.

타고르는 동양에서 친구를 찾으려고 고심하진 않은 것 같다. 그가 보기에 '동양'은 서구에 의해 만들어질 뿐만 아니라 점차 자아를 잃은 새로운 민족국가가 될 것임이 분명했다. 따라서 타고르는 동서의 긴장관계를 직시하면서도 단순히 어느 한쪽으로 기울지 않는 새로운 사고방식을 만들고자 했다. 한번 생각해보라. 인도의 역사는 동서양의 서로 다른 민족이 공동으로 창조한 것이라고 힘있게 선포한 이상가가 어떻게 자기를 협소한 민족적 이익 속으로 던져놓을 수 있겠는가? 그러나 사정을 더 복잡하게 만드는 것은 설령 타고르가 살았던 시대라고 할지라도 민족형성이 이미 세계정치의 권력관계에서 가장 기본적인 요소로 자리잡고 있었다는 점이다. 후대의 역사에서 보자면, 인도든 다른 아시아 국가든 모두 자기를 민족이라는 작은 신발 속에 구겨넣지 않을 수 없었다. 타고르의 말처럼 "우리의 두 발이 자유롭게 움직일 수 있는 공간은 아주 미미한 정도일 뿐"이다.

타고르는 어찌할 수 없는 딜레마가, 결국 인류가 자신의 진정한 처지를 잊게 할 것이라고 분명히 인식했다. 그는 일말의 타협도 없이 단호하게 외쳤다. 우리들의 사상이 자유롭지 않을 때, 정치적 자유는 우리들에게 자유를 줄 수 없다. 정치적 자유를 이미 획득한 사람들이라고 해서 반드시 자유롭다고 할 수 없다. 단지 그들은 권리를 가지고 있을 뿐이다. 타고르의 '내재적 시각'은 사상의 자유에는 지역적 경계가 없어, 유럽에도 서구 민속수의를 막아낼 진정한 진구가 손재한다고 보았다.

그런데 「민족주의」(Nationalism)가 나를 '사상의 자유'에 관한 서구의 토론으로 이끌었을 때, 나는 홉스(Hobbes)의 『자유주의』(Liberalism, 여기에는 타고르가 공격한 자유와 관련된 제도와 '관념'에 대해 씌어 있다. 그러나 홉스는 사상의 자유에 관해 독립적으로 논술하지 않았다) 같은 책보다 그와 동시대인인 서구 초기 페미니즘 비평가에게 인도되었다. 놀랍게도 나는 미약하지만 굳건한 타고르의 목소리가 버지니아 울프(Virginia Woolf)의 『자기만의 방』(A Room of One's Own)에 요동치고 있음을 발견했다.

나는 『자기만의 방』을 여러번 읽었다. 페미니스트들이 '진부하다'고 선언하였는데도 나는 이 작품이 정교하고 복잡하며 강렬한 비판정신을 드러낸 다른 현대의 페미니즘 텍스트보다 훨씬 뛰어나다고 생각한다. 이 작품은 오늘날 페미니즘 저작처럼 남성들이 팔걸이의자에 깊숙이 앉아 자기 주변화를 보여주고자 할 때 빌려오는 존재가 아니다. 게다가 이 작품은 페미니즘의 이론을 갖고 있지 않으면서도, 가장 직접적인 방식으로 더 광활한 사상의 자유를 암시하고 있다. 그렇다, 초기의 울프는 소설을 말하고 있었을 뿐이지만, 고집스럽게 여성으로서 자신의 생활경험을 떠나지 않았다. 그런데 그가 제기한 문제가 진정 그렇게 직관적이고 간단했을까? 타고르의 황혼과 마찬가지로 유토피아식의 조화를 상징하는 것은 아닐까?

울프는 말했다. 여성은 자기만의 방을 가져야 한다고. 여성들은 줄곧 가족의 침실과 거실에서 눈과 귀를 닫은 채 글을 써왔다. 이런 환경은 여성들이 역사·산문과 시를 창작할 수 없게 했고, 중단되어도 괜찮은 소설만을 쓰게 했다. 진정으로 자기만의 방을 가졌다면, 고정수입이 있었다면, 여성들은 더 쉽게 자기의 전통을 건립할 수 있지 않았을까? 자기에게 알맞은 글쓰기방식을 찾을 수 있지 않았을까? 울프는 말했다. 이 세계는 저토록 복잡한데, 하나의 성(性)만으로 어떻게 그 복잡성에 대응할 수 있을까? 만약 어떤 여성이 한 사람의 여성으로서만 발화한다면, 그에게는 어떠한 구원도 없을 것이다. 그런 종류의 편협한 의식에서는 더이상 어떠한 글쓰기도 태어나 자랄 수 없을 것이다.

또한 울프는 사상은 자유의 습관을 가져야 한다고 말했다. 자유의 습관이란 남성들이 여성을 포위하고 '그것은 너의 길이 아냐, 그곳은 우등생과 연구생만이 갈 수 있어'라고 이러쿵저러쿵 떠들어댈 때, 주저하거나 당황하지도, 멈춰서서 욕하거나 웃지도 않고, 그 따위 충고는 거들떠보지도 않는다. 자기 앞에 가로놓인 난관을 반드시 뛰어넘어야 한다. 뛰어넘지 못하면 희망이란 없다. 이 습관은 뇌리에 박힌 장애를 제거하고 최대한 이 세계와 직접 대면하는 것을 의미한다. 그래야 양성(兩性)의 차원을 뛰어넘어 갖고자 했던 것을 능가할 용기를 획득할 수 있다.

이렇게 말했을 때 울프는 여성은 단지 소설 속에만 있을 뿐 역사 속엔 있지 않다고 알고 있었다. 여성이 역사와 사회의 바깥으로 배척되었기 때문에 다른 성과 평등한 관계를 맺지 못한다고 생각했다. 이런 불평등에 직면하면서 사상의 자유를 논했음에도, 그의 논의는 여성해방과 양성동체(兩性同體)의 사상에 그치지 않았다. 울프가 여성의 경험을 기반으로 설명한 자유관은 인류이상에 대해 여성이 공헌한 것의 일부이지, 여성의 이익만을 보호하려는 것이 아니다. 공교롭게도 이 점에서 울프는 타고르와 똑같은 입장에 서 있다. 울프 앞에 버티고 있던 패권적 담론의 강력한 힘은, 여성으로서 그가 갖고 있는 분노에 대한 자각적 해소라는 형태로 표현되었다. 타고르가 대면해야 했던 민족주의의 안하무인 격인 힘 역시, 민족주의를 초월하려는 인류의 이상으로 표현되었다. 우리가 동서 혹은 남녀 대립이라는 이분법적 사유구조를 뛰어넘어 이 두 텍스트와 씨름할 능력을 갖출 때, 이 텍스트들의 깊은 곳에 숨어 있는 비판력이 놀라울 정도로 일치한다는 점을 발견할 수 있을 것이다.

　과학이성에 대한 타고르의 가차없는 비판과 마찬가지로, 울프도 남성중심담론에서 비롯된 패권적 산물에 대항해 비타협적인 비판을 견지했다. 그러나 타고르와 달리 그는 더욱 철저한 각성을 표현했다. "자기가 뇌는 것은 다른 어떤 것보다도 중요하다. 다른 사람에게 영향을 주겠다고 꿈꾸지 마라. 가령 이런 식으로 말하면 더 고상하게 보이고 더 감동적일지라도. 내가 말하고 싶은 것은, 사물 그 자체를 생각해야 한다는 것이다." 이런 관점을 바탕으로 그는 다음과 같이 말했다. 여성은 얼마의 돈을 갖고 있는지, 몇칸의 방을 갖고 있는지가 여성의 능력을 옹호할 수많은 이론을 만들어내는 것보다 훨씬 중요하다. 케임브리지의 사각모자는 결코 가치에 대한 최종판결이 아니다. 오히려 이러한 판결에 굴복하는 것이 가장 노예적인 태도다. 그녀는 여성들에게 격렬하게 외쳤다. 권위적인 교장과 교수를 위해 꿈에서라도 자기의 머리카락 한올을 희생한다거나 심지어 머리카락 한올이라도 염색하지 말라고, 이런 일이 가장 비루한 자기기만이라고.

　여성이 제대로 된 교육을 받지 못하고 글 쓸 공간을 확보하지 못했을 당시, 울프가 외쳤던 "가장 비루한 자기기만"에 관한 경각심은 무엇을 의미하는가? 그것은 학술과 이론의 얼굴로 출현한 남성중심담론의 억압에 대한 철저한 비판정신을 의미한다. 패권이라고 반드시 칼을 동반하는 것이 아니며, 때로는 '찬미와 비난'으로 표현될 수 있음을 선포한 것이다.

　울프가 '신생(新生)의 어린 나무'처럼 여성의 '관대하고 열정적이고 자유로운 감각'을 논했을 당시는 마침 타고르가 서구에서 아시아로 침투해 들어온 민족주의를 토론하던 시기였다. 울프가 맞서야 했던 것은 서구 백인의 남성중심담론이었다. 타고르는 동서양의 민족주의가 만들어낸 권력구조에 맞서야 했다. 나는 그들이 쉽사리 우정을 맺을 수 있으리라고 상상하는 게 아니다. 설령 그들이 서로 교분을 맺을 수 없을지라도 나는 그들의 텍스트를 함께 놓고 토론할 경우, 우리가 누락하고 지나친 부분을 더 풍부하게 살펴볼 수 있다고 생각한다.

타고르가 황혼을 바라보며 느꼈던 감회로 돌아가자. 나는 그가 '영원의 음악'을 느낀 순간, 동시에 배후의 '형형색색의 현대적 도시의 면모'를 분명 의식했을 것이라고 추측한다. 그렇다고 그가 훗날 「민족주의」에서 이야기한 적 있는 감각, 즉 인도인이 "모래와 자갈이 깔린 땅 위를 맨발로 걸어갈 때"의 감각을 기억해냈는지 모르겠다. 극도로 혐오스러운 것에 직면해서도 여전히 자유롭게 생명의 선(線)으로 자신을 구축하게 하는 감각 말이다. 타고르는 통계숫자를 거론하며 두 발로 밟고 지나오면서 부딪쳤던 모래알 수(數)와 눈앞의 제도의 결점을 비교하는 우리에게 말한다. 제도는 밀폐식(封閉式) 신발이기에 모래가 신발 속으로 들어올 경우 두 발이 자유롭게 움직일 수 있는 공간은 아주 미미한 정도일 뿐이다. 통계숫자는 어떠한 경우에도 문제의 본질에 근접하지 못한다. 이것은 외재적 장애가 얼마나 있는가 하는 수량의 문제가 아닌 개인이 이러한 장애를 극복할 만한 능력이 있는가 하는 문제다. 황혼의 평온함이 환기하는 것은 타고르의 유토피아적 이상이 아니라, 그가 직면해야만 했던 인도와 아시아의 현대화과정에서 겪은 딜레마였다. 타고르는 인도의 민족 독립을 주장하고 동서양의 대항을 강조하는 방식이 인도와 인류의 출구가 될 것이라고 보지 않았다. 인도사회의 발전을 방해하는 모순, 즉 카스트제도로 인한 자존심의 결핍과 통치자에게 빌붙는 맹목성과 타성을 극복하는 것이야말로 중요하다고 생각했다. 그러나 극복해야 할 대상인 카스트제도의 종족차별을 용인하는 산물일지라도, 서구가 외족을 배척할 때 작동하는 민족주의에서는 볼 수 없는 다양성이 있다고 여겼다. 따라서 카스트제도는 서구의 민족주의로 대체할 수 없다. 아울러 그는 인도 민족주의자의 최대의 폐단이 전통의 완미(完美)함을 강조하면서 모든 죄과를 외부의 우연적인 요소에 떠맡기는 태도라고 생각했다. 이런 민족주의자들의 태도가 카스트제도를 역사의 진실한 흐름을 가로막는 방해물로 간주한다고 보았다. 우리는 타고르가 신발과 발의 변증법을 논할 때, 그가 온몸으로 마주 했던 것이 오히려 인도의 현실에 대한 고심에 가득 찬 사고였음을 깨닫게 된다. 그가 과학과 이성이라는 개념의 유해성(有害性)을 강조한 것은, 어떤 기존의 틀과 고정관념이 모두 20세기에 인도인이 부딪쳤던 복잡한 문제를 해결하는 데 유효하지 않다고 간파했기 때문이다. 그리하여 그는 생명의 끊임없는 운동과 이 운동이 가져온 "부단한 자기개혁의 과정 및 형식과 내용"을 강조했다. 이는 기존의 어떠한 질서도 융통성 없는 기계적인 적용으로는 해결할 수 없다고 말하는 것이다.

울프가 사상의 자유에 대해 자신의 이상을 서술한 부분을 다른 측면에서 살펴보면, 사람들이 타고르를 가장 오독(誤讀)하기 쉬운 지점이 명확하게 드러난다. 울프는 가난과 억압, 나아가 분노에 이르는 모든 감정이 사람들의 감각이 자유로워지는 데 가장 큰 장애라고 파악했다. 여성이 여성 자신을 글쓰기와 사고의 전제로 삼아서는 안되며, "성(性)이 자기를 망각"할 때 비로소 성이 자각적인 성숙을 이룰 것이라고 강조했다. 이에 대해 당연히 울프가 역사와 사회의 바깥에서 발화한다고 반론할 수 있다. (물론 여성이 바라든 바라지 않든 여성들에게는 오직 이런 가능성만이 주어진다.) 그러나 당신은 울프가 이처럼 고귀한 용기를 표현했다는 점은 부인할 수 없다. 울프는 용감하게 선언했다. 현실의 복잡성과 서로 부딪치는 모든 '견해'가, 대단히 정중할 뿐만 아니라 이유가 명확하고 기세가 당당할지라도, 진정한 자유를 막는 최대의 장애물이라고.

타고르와 울프의 텍스트, 그리고 우리 사이에는 제2차 세계대전과 전후(戰後)라는 일련의 역사적 변동이 가로놓여 있다. 하지만 누가 감히 자유에 관한 그들의 이해가 시대에 뒤떨어졌다고 말할 수 있을까? 오늘날 자유라는 글자가 대량으로 재생산되는 상황에서, 오늘날 우리의 사고가 그들보다 더 자유롭다고 그들과 마주한 채 감히 말할 수 있을까?

루 쉰이 벗어던진 옷

- 1 -

9년 전쯤이었다. 토오꾜오에서 「샹하이의 달(上海的月亮)」이라는 연극을 본 적이 있다. 주인공은 루 쉰(魯迅)이었고, 극본을 쓴 이는 그 유명한 이노우에 히사시(井上ひさし)였다. 그는 왕성하게 활동중인 극작가로서, 관중의 폭소를 자아내는 우스꽝스러운 몸짓과 재치있는 입담으로 유명했다. 당시 나의 일본어 실력은 영 시원찮았다. 따라서 시종일관 웃음을 불러일으키는 이 연극의 힘을 도무지 느낄 수가 없었다. 지금 생각해보니 이노우에 선생이 한없이 대단하게 느껴진다. 그는 언어에 잠재된 엄청난 힘을 자유자재로 다룰 수 있었던 듯하다. 나같이 일본어에 서툰 외국인도 그의 지휘봉을 따라 돌다보면 어느덧 그가 파놓은 웃음의 함정에 빠지곤 했다. 굳이 사전을 찾아볼 필요도 없었다. 관객들이 말의 흐름 속에 전해오는 바를 깨우치는 데에는 굳이 단어 하나하나의 사전적 의미를 알아야 할 필요가 없었다. 물론 그때 나는 단어의 사전적 의미 외에 또다른 무엇으로 말하고자 하는 바를 전하는지에 대해 뚜렷한 답이 없었다. 이 글 역시 당시의 느낌이 아니라 지금 다시 대본을 읽으며 새롭게 떠오른 인상에 근거한 것이다.

이 연극의 배경은 1930년대 샹하이(上海)이다. 하지만 사람 이름을 제외하면 모두 허구였다. 루 쉰은 국민당 정부의 백색 테러를 피해 우찌야마(內山)서점에 피신중이었다. 극중에서 몇몇 일본인이 쇠약해진 루 쉰을 치료하려 애쓰고 있었다. 루 쉰은 한사코 치료를 받으려 하지 않았다. 일본인들은 루 쉰의 일본 망명을 계획하고 있었다. '샹하이의 달'은 루 쉰이 일본으로 망명한 후에 쓰고자 했던 소설의 제목이기도 했다. 극중 루 쉰의 말을 따르면, '샹하이의 달'에는 두 가지의 의미가 있다. 하나는 추악함이 어둠 속에서 드러날 때는 도리어 아름답게 보일 수 있다는 것이고, 다른 하나는 사람들 사이에 가로놓인 장벽을 제거하기 위해 애쓴다는 것이다. 두 가지 모두 일본적 '유현(幽玄)'이라는 관념으로 채색되어 있다. 언뜻 타니자끼 준이찌로오(谷崎潤一郎)를 떠올리게도 하고, 일본의 시라까바파(白樺派)를 떠올리게도 했다. 어느 쪽이든 실제의 루 쉰과는 거리가 멀다. 그러나 이 점은 그다지 중요하지 않다. 결국 극중의 루 쉰이나 실제의 루 쉰은 일본으로 망명하지 않은 채, 샹하이에 남아서 적들의 세계에 '균열'을 내기로 결심했기 때문이다.

소설 『샹하이의 달』이 창작되지 않았다는 사실과 연극 「샹하이의 달」이 창작되었다는 사실은 서로 무관하다. 극중 루 쉰이 우찌야마서점으로 도피해오자 마음씨 착한 우찌야마 칸조오(內山完造)는 일본인 의사 두 명을 불러온다. 한 사람은 내과와 외과 진료를 겸하던 스도오 이오조오(須藤五百三)[1]이고, 또 한 사람은 치과의사 오꾸다 아이조오(奧田愛三)이다. 그러나 루 쉰이 의사의 치료를 받으려 하지 않았던 탓에, 스도오는 루 쉰의 애독자로 행세했고 오꾸다는 루 쉰의 초상화를 그리려는 화가로 변신한다. 그들은 온갖 수단을 동원한 끝에 루 쉰의 건강상태를 확인할 수 있었다. 결과는, 현재 루 쉰은 다섯 가지의 질병을 앓고 있고, 쇠약해진 몸은 이미 한

---

1) 현실의 루 쉰이 임종할 때 그 옆을 지켰던 사람도 스도오였다.

계에 다다랐으니, 곧 치료를 받지 않으면 생명이 위독하다는 것이었다. 이 두 사람은 먼저 루 쉰의 이를 치료하기로 한다. 치아가 튼튼해야 소화 기능도 회복될 수 있기 때문이다. 그들은 '웃음가스'를 이용해 루 쉰을 마취시킨 다음 이를 뽑을 계획을 세웠다. 그런데 뜻하지 않은 상황이 발생한다. 마취가스 때문에 루 쉰이 환각상태에 빠진 것이다. 환각상태에 빠진 루 쉰은 무대 위의 사람들을 센다이(仙臺)의학전문학교 재학시절의 은사였던 후지노 곤꾸로오(藤野嚴九郎) 선생, 동향 출신의 동지 츄 진(秋瑾), 첫째부인 쥬 안(朱安), 젊은 작가 뤄 원(洛文)[2] 등으로 오인한다. 루 쉰은 일일이 그들을 붙잡고 참회하며, 마음속에 담아둔 말을 뱉어내기 시작한다. 그는 후지노 선생에게 당신의 기대를 저버리고 문학의 길로 접어들어 마음이 늘 편치 않았다고 고백한다. 츄 진에게는 귀국하여 혁명에 투신했을 때 자신은 비껴서 있었으며, 그 탓에 깊은 병이 생겼다고 고백한다. 쥬 안에게는 한번도 그녀를 자신과 평등한 사람으로 여기지 않았으며, 그녀를 단지 봉건제도의 낡은 유산으로 취급했다고 고백한다. 그리고 젊은 작가 뤄 원에게는 루 쉰 자신이 글을 쓰지 않았다면 뤄 원이 국민당(國民黨)에 살해당하지는 않았을 것이라고 자책을 거듭한다.

아직 이는 뽑지도 못했는데 루 쉰에게 새로운 증상이 하나 더 생긴 셈이다. 서점 주인과 두 일본인 의사는 더욱더 다급해졌다. 루 쉰의 '사람 오인 증세'를 고치기 위해 이들은 고심 끝에 각각 후지노 선생, 츄 진, 쥬 안, 뤄 원으로 분장한 후 루 쉰 앞에 나타나 '당신을 용서한다'는 뜻을 내비친다. 고질병을 방치함으로써 서서히 죽음을 맞이하겠다던 루 쉰에게 따사로운

---

2) 뤄 원은 루 쉰의 필명이다. 이노우에는 이 이름으로 루 쉰의 영향을 받아 혁명에 나섰다 목숨을 잃은, 예컨대 '좌련오열사'(左聯五烈士, '좌련'은 혁명을 위한 문예활동을 벌인 진보적 작가들이 창립한 '중국좌익작가연맹'을 뜻하며, 여기서 활동하다 국민당에 살해당한 젊은 작가 5명을 '좌련오열사'라 부른다 ─ 옮긴이) 같은 젊은 작가들을 대표한 듯하다. 그러나 이노우에가 루 쉰에 대한 전문 연구가가 아닌 만큼 이러한 오류를 굳이 따지고 들 필요는 없을 듯하다. 그래서 나 역시 그냥 '뤄 원'이라는 이 이름을 그대로 쓴 것이다.

용서의 음성이 이어진다. 그 결과 루 쉰은 삶의 의욕을 되찾아 차츰차츰 회복된다.

그러나 샹하이에 거주하던 일본인들은 병자라면 국적을 불문하고 차별 없이 치료해주는 스도오와 오꾸다를 마뜩찮아한다. 그들은 국민당의 백색 테러를 이용해서 이들에게 위협을 가하기 시작한다. 사태가 매우 위급해졌다. 루 쉰은 말할 것도 없고 두 일본인 의사마저 안전을 보장받을 수 없게 되었다. 우찌야마 칸조오가 재빨리 이렇게 제안한다. 루 쉰을 일본의 카마꾸라(鎌倉)로 옮겨 계속 치료하고 자신들도 새로운 생활을 시작하자고.

이 위급한 순간에 루 쉰에게 또다른 질병이 찾아든다. 실어증에 걸린 것이다. 이노우에는 특유의 풍자와 포복절도를 유발하는 언어들로 루 쉰의 대사를 채운다. 관객들은 떼굴떼굴 구르며 쉴 새 없이 웃음을 터뜨렸다. 그러나 이 실어증 때문에 사람들은 더이상 웃지 못할 상황에 직면한다. 루 쉰은 자신이 일본으로 망명한다면 이는 곧 국민당에 굴복하는 일이라고 생각한다. 그의 마음속에서는 격렬한 전투가 벌어지고 있었고, 그것이 실어증으로 나타난 것이다. 루 쉰의 실어증을 치료하기 위해 스도오는 일본으로 돌아가 유능한 의사와 특효약을 수소문하였다. 나머지 사람들은 샹하이에 거주하는 일본인의 위험에서 루 쉰의 신변을 보호한다. 이때, 쉬 꽝핑(許廣平)[3]이 등장한다. 그녀는 루 쉰의 도피 계획에 반대하며 루 쉰은 샹하이에 남아 있어야만 한다고 주장한다. 루 쉰에게는 우찌야마 등이 여러 해 동안 샹하이에서 일궈온 터전을 빼앗을 자격이 없다는 것이었다. 루 쉰 또한 절대로 일본으로 도피할 수 없다는 입장을 분명히한다. 자신은 평생 도망치기만 했다고 말한다. 역사적 사건의 현장에서 늘 비켜서 있었고, 이 때문에 평생토록 커다란 마음의 짐을 지고 살았으니, '사람 오인 증세'와 실어증은 그런 자신에게 스스로 부과한 형벌이었다고 고백한다. 실어증은

---

3) 루 쉰의 실제 부인. 첫째부인 쥬 안은 모친의 명 때문에 억지로 맞이한 부인이고, 쉬 꽝핑 은 자유연애를 해서 맞이한 부인이다 ― 옮긴이.

고백하는 과정에서 저절로 완치된다. 루 쉰은 다시 원래의 활달하고 적극적인 성격으로 되돌아간다. 그가 적극적으로 치료에 임해 투쟁정신을 더욱 견고하게 할 뜻을 비치자, 무대의 분위기는 한껏 고양되어 낙관적인 투쟁정신으로 들끓는다.

루 쉰의 도피생활이 끝나면서 연극도 끝난다. 극의 말미에서 루 쉰이 세상을 떠나기는 하지만, 결말은 해피엔딩이다. 극중의 쥬 안조차도 고아원에서 아이들을 돌보며 외로움을 잊는 것으로 처리된다. 쉬 쾅핑은 쥬 안에게 보내는 편지에 이렇게 쓴다. 루 쉰이 임종할 때 그를 지켰던 사람은 몇몇의 일본인이었으니 이 점이 참으로 불가사의하다고.

사실 불가사의할 것은 하나도 없다. 루 쉰은 애초에 일본인들이 재해석한 '일본의 루 쉰'이었기 때문이다. 다만 다음에 이어질 진정한 '일본의 루 쉰'과 비교해보면 이 연극 속 인물은 겉모습만 닮은, 그러나 전혀 다른 인물일 뿐이다.

– 2 –

진정한 '일본의 루 쉰'은 1940년대 초에 태어난다. 얇지만 문제적인 한 권의 책 속에서 루 쉰은 다시 태어난다. 그 책은 『루 쉰(魯迅)』이고, 저자는 타께우찌 요시미(竹內好)이다. 일본의 현대사상사에 조금이라도 관심이 있는 이라면 누구나 타께우찌 요시미라는 이름을 듣는 순간 숨이 턱 막히는 경험을 한다. 유명한 일화가 하나 있다. 1977년 그가 병으로 세상을 떠났을 때, 마스다 와따루(增田涉)가 추모식장에서 추도사를 읽던 중 심장발작으로 급사하는 사건이 일어났다. 현장에 있던 타께우찌 요시미의 부인은 자신도 모르게 마음속으로 이렇게 외쳤다고 한다. '여보, 제발, 이제는 그 손길을 거둬주세요!'

타께우찌 요시미에게는 늘 거역하기 힘든 위엄이 있었다. 마루야마 마사오(丸山眞男)는 그를 '경외하는 벗'이라 불렀다. 그 말은 마루야마가 할 수 있는 최고의 찬사였다. 오늘날과는 달리 그 시절의 일본 지식인은 매우 궁핍했다. 기록에 따르면, 토오꾜오 변두리에 자리잡은 마루야마의 집에는 당시 내로라 하는 엘리뜨들이 모여서 토론을 일삼곤 했다. 그때마다 마루야마 마사오의 웅변과 타께우찌 요시미의 침묵은 늘 묘한 조화를 이루곤 했다. 누구도 감히 마루야마의 웅변을 거역할 수 없었지만 타께우찌의 침묵 또한 거역할 수 없었다고 한다. 아니, 마루야마의 웅변은 타께우찌의 침묵 속에서 빛이 바래곤 했다는 것이다. 타께우찌 요시미는 누구나 인정하는 정신적인 지주였으며, 그 사실은 그가 죽은 후에도 여전히 힘을 발하고 있었다.

어쩌면 타께우찌는 자신의 이러한 기질 때문에 루 쉰과 만나게 되었는지도 모른다. 타께우찌가 루 쉰과 조우한 이후, 그는 한 번도 루 쉰을 떠난 적이 없었다. 『루 쉰』이 출간된 후 타께우찌는 루 쉰을 근거로 저술활동을 벌였고, 또 현대 일본에 대한 비판적 시각을 구성했다. 타께우찌가 루 쉰에 비해 훨씬 타협적으로 보일지라도, 그는 일생 동안 논쟁을 주된 활동방식으로 삼았다. 타께우찌가 없었더라면 루 쉰이 일본에 스며들 수 있었을까? 더 나아가 1990년대에까지 일본인이 만든 연극에 루 쉰이 주인공으로 등장할 수 있었을까? 루 쉰의 성공 여부와 관계없이, 그는 항상 타께우찌의 글에 아로새겨져 있었다. 타께우찌로 인해 중국 이외의 나라들에서도 루 쉰을 기억하는 사람들이 있음을 환기시켜준다.

『루 쉰』은 지금 읽어도 여전히 신선하다. 타께우찌는 이 명저에서 루 쉰을 매우 독특하게 그려낸다. 타께우찌는 기존과는 전혀 다른 관점에서 루 쉰을 새롭게 부각시킨다. 루 쉰의 삶에는 기존의 루 쉰이 완전히 바뀌는 한 계기가 존재한다고 한다. 타께우찌 요시미는 이를 '회심(回心)'이라 표현한다. '회심' 이전의 루 쉰의 삶은 모두 '회심'을 예비하는 과정이었고,

'회심'이 도래하자 루 쉰은 곧바로 자신의 온몸을 바치는 새로운 행로로 접어들게 된다. 타께우찌는 루 쉰의 글을 읽을 때마다 움직이지 않는 그림자 같은 것과 마주치게 된다고 한다. 그 그림자는 늘 동일한 장소에서 출몰한다. 화려한 무도회장에서 춤추는 해골 같다고나 할까. 무도회장을 메운 모든 실체들이 사라지고 나면 이 해골만이 어느덧 유일한 실체처럼 비치게 된다. 루 쉰은 이 그림자를 짊어지고 일생을 보냈다. 타께우찌 요시미는 이 그림자에 '속죄문학(贖罪文學)'이란 이름을 붙여주었다.

『루 쉰』에서 타께우찌는 자신의 일생 동안 결국 풀지 못했던 질문을 시종 던지고 있다. 그 질문은 타께우찌 요시미 자신의 삶을 관통했던 것이기도 하다. 루 쉰은 자신의 작품에다가 자신에 대한 성찰을 담았다. 그러나 루 쉰이 성찰한 것은 과거의 자신이지 현재의 루 쉰 자신은 아니었다. 현재의 루 쉰은 대부분 자신의 작품 바깥에 있었다. 마치 옷을 벗어던지듯이 자신의 작품을 내던짐으로써, 사람들이 작품을 통해 자기 자신을 찾을 수 없도록 하였다. 예컨대 그를 아큐(阿Q)와 동일시하는 방식으로는 작가와 작품의 관계를 이해할 수 없다.

타께우찌는 『루 쉰』에서 '속죄문학'이라는 그림자의 흔적을 추적하였다. 그는 루 쉰의 사상에도 단계별로 변화가 있었음을 인정한다. 그러나 타께우찌는 이러한 변화를 루 쉰과 당시 중국 문단이 함께 겪었던 사상의 격동과 관련하여 파악했다. 그러므로 루 쉰은 선지자 혹은 선구자적 존재가 아니었다는 것이다. 사실 타께우찌 요시미가 주목했던 점은 루 쉰의 변화 자체가 아니다. 타께우찌는 그 변화 속에 은폐되어 있는, 루 쉰을 진정한 루 쉰으로 변모시킨 결정적 계기에 주목했던 것이다. 타께우찌는 마치 자장(磁場)과도 같이 상호대립적인 요소들마저 모두 끌어들여, 볼 수는 없지만 분명히 존재하는 어떤 공간을 창출해냈다. 일생 동안 루 쉰이 겪은 변화는 이 공간을 둘러싸고 일어났다. 루 쉰은 루 쉰일 뿐, 그 어떤 다른 존재가 아니라는 사실도 그의 작품 속에 투영된 이 '낚아챌 수 없는 공간' 탓이다.

그러나 그것은 쉽게 드러나지 않는다. 만약 어휘나 개념적 이해 능력만을 지닌 채 접근하는 사람이라면 분명 그런 공간은 존재하지 않는다고 주장할 것이다. 그러나 어휘의 배후를 꿰뚫는 감수성을 지닌 사람이라면 그 공간에 발을 들여놓을 수도 있을 것이다.

타께우찌는 이런 문제를 제기하였다. 루 쉰의 냉정함과 풍자, 역설이 단지 그의 빼어난 창작 기교에 지나지 않는가? 타께우찌는 루 쉰의 성품과 루 쉰 문학의 본질은 밀접하게 연계되어 있다고 보았다. "나는 그 어떤 것이라도 그냥 넘어가지 않았다"와 "가장 큰 경멸은 아무런 대꾸도 않는 것이며, 눈길조차 던지지 않는 것"이라는 기본태도는 루 쉰 문학의 본질을 가장 잘 설명해준다는 것이다. 루 쉰 문학의 정치성은 이러한 태도에서 비롯되었다. 예컨대 「행인」에 나오는 소녀의 '헝겊'으로 대표되는 화해는 도리어 앞을 향한 전진을 멈추게 한다[4]는 의미다. "아무것도 없는 진지(無物之陣)"에서 맹렬하게 투창을 휘두르는 전사에게는 "자신의 방식대로 인사"를 건넸다.[5] 냉정함과 풍자는 허구적인 '태평성대'를 끊임없이 까발리

---

4) 「행인(過客)」은 루 쉰의 산문시집 『들풀(野草)』에 실려 있다. 이 글은 노인과 소녀가 자신의 집을 지나치는 행인과 나눈 짤막짤막한 대화로 이루어져 있다. 행인은 자신이 언제부터 걷기 시작했고 또 어디에서 어디로 가는지도 모르는 채로 한없이 걸어왔고 또 걸어가려 한다. 그는 단지 "시빗거리가 없는 곳, 지주가 없는 곳, 추방과 감금이 없는 곳, 거짓 눈물이 없는 곳"을 목마르게 찾고 있을 따름이다. 소녀는 해지고 상한 행인의 발을 보고는 상처를 감싸라며 헝겊조각을 건넨다. 순간 행인은 이제는 그만 걷고 싶다는 생각에 빠지나 다시 발걸음을 떼기 시작한다. 소녀가 건넨 헝겊조각은 현실과의 타협·화해를 의미한다고 볼 수 있다 ─ 옮긴이.

5) 『들풀』에 실려 있는 「이러한 전사(這樣的戰士)」에 나오는 이야기이다. 내용은 다음과 같다. 한 용감한 전사가 투창을 곧추들고 적진으로 뛰어든다. 그러나 적진은 "아무것도 없는" 적진으로, 만나는 사람마다 자신의 방식대로 전사에게 인사를 한다. 전사는 그 인사가 바로 적들의 무기임을, 사람을 죽이고 피를 보지 않는 무기임을, 많은 전사들이 바로 그것으로 멸망했다는 것을, 그리고 포탄처럼 전사를 무력하게 할 수 있는 것임을 잘 알고 있었다. 전사는 투창을 높이 들어 적들의 심장을 꿰뚫는다. 적들의 진지가 와르르 무너지고, 학문·도덕·정의·동방문명 등이 아로새겨진 적들의 웃옷만이 남는다. 전사는 "아무것도 없는" 적진 속을 성큼성큼 나아간다. 또다시 자신의 방식대로 인사하는 적들을 만난다. 들고 있던

는 것이며, 모든 도식적이고 고착화된 사유의 타성을 거부하는 것이었다. '영원한 혁명자'라 함은 그 자신의 사유가 끊임없이 흐르고 또 흐른다는 것을 의미한다. 타께우찌 요시미는 이를 '행동의 문학'이라 불렀다. 바로 그 '행동성' 때문에 루 쉰 문학은 중국 현대문학의 전통이 될 수 있었다. 그것은 어떠한 고정관념에도 구속받지 않으며, 어떠한 이론으로도 귀납되지 않는다. 그것은 결론을 내리는 순간 그 결론의 외부에 존재한다. 중층적인 의미를 내포한 이러한 '혼돈' 가운데서, 중국 현대문학은 풍요로운 전통과 현대 세계문화에 대한 선택의 태도를 단련하여왔다. 현대문학의 형성과정은 현대 중국의 건설과정과 시종일관 발걸음을 같이한 것이다. 그러므로 타께우찌 요시미는 죽을 때까지 문학혁명에 도태되지 않은 유일한 '현역 문학가'가 바로 루 쉰이었다고 단호하게 주장한다. 루 쉰은 단 한번도 시대를 앞선 선각자였던 적이 없다. 생활력이 강인했던 사람이자 내적 모순으로 가득했던 사람이다. 그렇기 때문에 현대 중국의 가장 기본적인 모순과 늘 함께할 수 있었다는 것이다.

루 쉰을 이렇게 자리매김하면, 우리는 다시 타께우찌 요시미가 제기한 가장 기본적인 문제로 돌아갈 수밖에 없다. 곧 루 쉰은 자신의 작품 내부에 존재하지 않으며, 그와 작품의 관계는 사람과 그가 벗어던진 옷처럼 그 사이에는 '거리'가 존재한다. 그는 대부분의 문학가와는 달리 자신의 작품보다 위대하지도, 또 자신의 작품에 의존하지도 않는다. 이 점은 문학에 대한 우리의 모호한 감각을 교정해줄 수도 있다. 더 나아가 루 쉰에게는 중국 현대문화의 기본문제에 대한 우리의 접근방식을 교정할 수 있는 계기가 있음을 의미하는 것이 아닐까? '영원한 혁명가'라는 의미에서 루 쉰 문학의 '행동성'은 앞서 말한 '거리'의 의미를 암시해준다. 그것은 독자의 시선을 개별 텍스트 표면에서 그 이면의 보이지 않는 공간으로 향하게 만든다. 나

투창으로 내리친다. 웃웃만이 남는다. 전사는 다시 나아간다. 이렇게 전사는 "아무것도 없는" 적진 속에서 수명을 다하고 죽는다 ― 옮긴이.

아가 루 쉰의 작품을 도달해야 할 종점이 아니라 기점으로 이해하도록 만든다. 독자들이 루 쉰을 읽으면서 루 쉰과 자신을 동일시하는 순간, 루 쉰은 그 작품에서 사라져버린다. 그렇게 되면 독자는 비로소 진정한 루 쉰에게 다가설 수 있게 된다. 그렇지 않았다면 독자들은 단지 루 쉰이 벗어던진 옷만을 마주하게 될 것이다.

『루 쉰』을 쓸 당시, 타께우찌는 이 문제에 답할 능력이 없었다. 이후 30여 년 동안 이 문제를 풀고자 줄곧 노력하였다. 각종 논쟁에 개입할 때나 중요한 사건에 자신의 태도를 표명할 때, 그는 어떤 특정한 맥락을 따라 자신의 논리를 전개했다. 그것은 문학과 정치의 관계에 대한 사유였다.

『루 쉰』의 집필을 시작으로 타께우찌는 문학과 정치의 관계를 부단히 탐구했다. 그는 줄곧 루 쉰을 자양분 삼아 일본 사상계에서 진정한 의미의 정치감각을 구축하고자 하였다. 그는 지적한다. 루 쉰은 문학이 절대로 포탄이 될 수 없음을 알고 있었으니, 문학은 단지 무기력한 루 쉰 자신을 각성케 하고 정치성을 획득하게 해주었을 따름이라고. 루 쉰은 일종의 '행동'을 통해, 문학의 정치성은 그 '정확'한 '설교'라는 면사포를 찢고, 열린 태도로 사회에 관심을 갖는 것이라 보았다. 루 쉰이 "가장 중요한 것은 생존이요, 그 다음은 배부르고 등 따뜻한 것이며, 그 다음이 진보"라고 하면서, "피의 쓰임새는 마치 돈과 같다. 인색함이 가장 좋지 않은 것이고 낭비 또한 커다란 착오이다"라고 강조할 때, 그는 이미 성숙한 정치적 지혜를 체현하고 있었다. 타께우찌 요시미는 일본의 무산계급문학에는 바로 이러한 정치성이 결여되어 있다고 비판한다. 일본의 무산계급문학은 코바야시 타끼지(小林多喜二)의 희생을 절대화함으로써 도리어 그를 대중과 괴리된 우상으로 만들어버렸다. 그 결과 아무도 그를 본받을 수 없게 되었다. 아무도 그를 본받을 수 없었기에 사람들은 그에 대해 공허한 느낌을 갖게 되었다. 이는 코바야시의 의의를 소멸시킨 것과 같다는 점이다. 이에 타께우찌 요시미는 일본의 무산계급문학운동은 비정치적이라고 단언한다. 바로 그러한 비정치성 때문에 사람들은 기성 이념에 굴종하고 만 것이니, 정치의 전제가 선험적인 목적으로 전도되었다고 비판한다. 그는 더 나아가 무산계급문학운동뿐 아니라 일본의 문화구조 자체가 성숙한 정치의식의 성장을 방해하고 있다고 주장한다. 제2차 세계대전중 일본 군대의 이른바 '특공대 정신'이 바로 이러한 문화구조의 산물이었다고도 지적한다.

1943년 말, 타께우찌는 유서를 쓰는 심정으로 『루 쉰』을 집필하고는 곧바로 전장으로 나갔다. 그는 일본 황군의 문화전사로서 정의롭지 못한 침략전쟁에 직접 참여했다. 전쟁이 끝난 후 타께우찌 요시미는 "중국인이 도덕 면에서 승전하였고 야만민족 일본은 전쟁에서 졌다. 따라서 나는 '국민성 개조'를 내 자신의 목표로 설정했다"라고 단언하였다. 그때 루 쉰은 그에게 정신적 지주가 되었다. 루 쉰은 그에게 일본 지식인의 가장 암울했던 그 시기를 건널 수 있도록 해주었다. 타께우찌 요시미는 그후 몇십년간 일본 지식계의 '추상성'을 비판하는 데 온 힘을 기울였다. 이는 결코 방법론의 층위에서 일어난 작업이 아니었다. 그가 구축하고자 한 것은 일본 지식인의 정치의식이었다. 그것은 사회를 열려 있는 방식으로 대하는 감각이었다. 그는 현실정치에 대한 자신의 '무력감'을 잘 알고 있었다. 그렇기에 현실정치를 자신의 '현장'으로 삼았을 뿐 궁극적인 목표로 삼지는 않았다. 이러한 전제 아래서 타께우찌 요시미를 중심으로 일본 사상계에는 국민주체성이나 아시아주의 등에 관한 일련의 토론이 연속적으로 진행되었다. 그러나 타께우찌 요시미는 자신이 기대했던 만큼의 정치의식을 결코 구축할 수 없었다. 그가 만약 1990년대까지 살아서 「상하이의 달」을 보았더라면, 일본의 정치의식에 분명 절망하고 말았을 것이다.

「샹하이의 달」은 루 쉰을 단순히 연극의 소재로 활용한 것에 지나지 않지만, 사실 이는 무척 고무적인 일이다. 우리 중국에서 일본에 대한 관심이 줄어드는 것처럼, 오늘날의 일본에서도 중국에 대한 관심이 줄어들고 있기 때문이다. 안타까운 점은 이 연극 또한 엄연히 일본문화의 산물이라는 사실이다. 그 연극이 중국이나 루 쉰을 다루는 수법이 타께우찌 요시미가 일생 동안 그렇게 비판해 마지않던 바로 그 일본식 휴머니즘이었기 때문이다.

타께우찌 요시미는 『루 쉰』에서 다음과 같이 사람들을 일깨운다. "사람에게서 사상을 추출해낸다는 것은 애초부터 실현 불가능한 일이다. 다만 그러한 사상을 만들어낸 사람의 결단은 살펴볼 필요가 있다. 그렇지 않다면 그 사상의 타당성을 판단할 방도가 없을 것이다." 그 연극에는 루 쉰을 '절취(截取)'한 부분도 있고, 타께우찌 요시미를 '절취'한 부분도 있다. 애석한 점은 두 경우 모두 루 쉰과 타께우찌 요시미의 현실에 대한 사유를 간과했다는 점이다. 그러한 절취는 추상화와 단순화를 초래할 뿐이다. 극중에서 루 쉰은 사람을 오인하는 병을 앓다가 '용서'라는 약으로 이 병을 치유한다. 이는 타께우찌 요시미의 '속죄'라는 화법을 차용한 것이지만, "그 어느 것 하나도 절대로 용서하지 않았던" 루 쉰의 정치의식은 이 유쾌한 휴머니즘 속에서 눈 녹듯 사라져버리고 말았다. 문학과 정치의 관계에 대한 타께우찌의 견해도 지극히 단순화되었다. 그 결과 루 쉰의 정치성은 "피해 다니지 않는", 앞뒤 가리지 못하는 반항적 태도로 단순화되었다.[6] 이는 타께우찌가 절대로 용납하지 않았던 방식이다. 또한 타께우찌 요시

---

6) 설령 루 쉰이 양 싱포(楊杏佛)의 장례식장에 열쇠를 챙기지 않고 집을 나섰더라도, 이러한 태도로 루 쉰을 개괄하는 것은 그의 풍요로운 정치의식을 지나치게 단순화하는 것일 뿐이다.

미의 『루 쉰』에는 루 쉰의 「위·진(魏·晉)시대의 기풍과 글·약·술의 관계」라는 글에 포함되어 있는 지혜로운 정치투쟁방식이 상당한 분량에 걸쳐 인용되고 있다. 그러나 그 연극에서는 이와 관련된 대목이 한군데도 없었다. 어색하게 끼여 있던 루 쉰에 대한 존경심과 문학적 감화력은 군더더기로 느껴지기까지 했다.

나는 당시 타께우찌 요시미의 비유를 떠올릴 수밖에 없었다. 그 연극에서 내가 본 것은 단지 루 쉰이 벗어던진 옷일 뿐이다. 물론 그 옷들은 루 쉰이 겪었던 몇몇 '사실'을 보여주긴 한다. 그러나 그것은 루 쉰과도 그의 작품과도 아무런 관계가 없었다.

루 쉰은 한참 전에 우리 곁을 떠나갔다. 지금은 16권짜리 『루 쉰 전집(魯迅全集)』만이 그에게 다가갈 수 있는 유일한 길이 되었다. 그러나 루 쉰은 그렇게 쉬운 접근을 허용하지 않는다. 고정관념만으로 역사에 접근할 수 없는 것처럼, 추상화된 이념이나 선험적인 전제에만 기댄 채로는 내적 모순으로 충만한 루 쉰에게 절대로 다가갈 수 없다. 루 쉰에게 덧씌워진 신성성을 벗겨내는 것과 인간 루 쉰의 진면목을 복원하는 것은 전혀 다른 문제다. 설령 루 쉰이 보통사람이 된다 하더라도, 루 쉰에게는 여전히 뭔가 특별한 것이 남는다. 그것은 그의 작품에 흥건하게 젖어 있는 어떤 '분위기'인 듯싶다. 타께우찌 요시미는 '속죄'라는 말로 그러한 분위기를 표현했지만, 이는 일종의 비유일 따름이다. 연극 「상하이의 달」은 이 비유를 '사실'로 여겨 루 쉰에게 용서를 구하게 했던 것이다. 그러나 그 '분위기'는 용서 정도로 풀어질 수 있는 것이 아니다. 그것은 종교적 혹은 현실적 의미의 죄책감과는 전혀 다르다. 루 쉰은 결코 명랑해질 수가 없었다. 그는 항상 시대의 분위기를 자신의 방식으로 현현(顯現)하고 있었다. 절망에 대해 또 절망할 수밖에 없었을 때조차도 그는 가장 근원적인 시대적 모순과 고통을 생생하게 드러내고 있었다. 이미 늙어버린, 중화(中華)라는 덩치 큰 문화가 변혁기에 취한 행보를 그는 고통스럽고도 침울하게 펼쳐냈던 것이다.

메이지유신(明治維新) 이후 일본은 자신의 진로를 신속하게 결정하였다. 일본은 소국인 동시에 섬나라였던 까닭에 쉽게 변신할 수 있었다. 그러나 변신한 결과, 일본은 침략전쟁이라는 엄청난 댓가를 치렀다. 그런데도 일본인들은 아직도 중국이 변신하는 과정에서 겪었던 내적 충돌을 전혀 이해하지 못한다. 대륙국가로서의 중국은 복잡다단하게 구성되어 있다. 타께우찌 요시미는 중국의 이러한 차이점을 날카롭게 짚어냈다. 그의 비평에 따르면, 근대 이래로 일본인이 받들어왔던 '우등생의식'은 어떻게 하면 세계열강의 반열에 오를 수 있을지만을 고민한 것이기에, 부단히 변신하는 과정에서 결국은 자아를 잃어버리고 만다. 그러나 루 쉰으로 대표되는 '끝까지 저항하는' 정신은 중국 특유의 기질을 상징한다. 이로 인해 중국은 자아를 방기한 채 강자에 순순히 동화되지도 않고, 내적인 충돌로 신속하게 자신의 진로를 결정하지도 못한다.

타께우찌 요시미는 「현자와 바보와 노예」[7]를 이러한 차이를 상징하는 것으로 읽는다. 만일 현자를 바보와 대립시킨 후 이를 휴머니즘의 한 유형으로 추상화하면, 이는 이해하기 힘든 장면이 아니다. 그런데 일본식 휴머니즘 작가는 자신들을 바보의 자리에 놓고, 노예도 결국에는 구원받게 한다. 사실 루 쉰은 이 우언(寓言)에서 현자와 바보를 가치관의 층위에서 상호대립적인 것으로 결코 묘사하지 않았다. 그가 사람들에게 말하고자 한 바는, '바보는 결코 노예를 구원할 수 없다'라는 점이다. 루 쉰이 보여준 것은 꿈의 미망에서 깨어나지 못하거나 꿈에서 깨어나도 갈 곳 없는 노예의 곤혹스런 처지였다. 또한 그러한 처지를 자신의 처지로 내면화한 것이다. 타께우찌 요시미는 말한다. 메이지유신은 성공했고 신해혁명(辛亥革命)은 실패했다. 신해혁명이 실패한 까닭은 바로 그것이 '혁명'이었기 때문이며, 내부에서 격렬하게 저항한 결과였다. 일본의 상층 지도자들은 충

---

7) 「聰明人和傻子和奴才」, 『들풀』에 실렸다 ─ 옮긴이.

분히 우수하였다. 그들이 메이지유신을 실패로 보는 움직임을 철저하게 억압하고 또 교묘하게 이용하였기에, 일본의 역사는 아무 저항 없이 탄탄대로를 걸을 수 있었다. '일본문화는 늘 바깥에서 새로운 것이 도래하기를 고대'한 것이다. 타께우찌 요시미는 루 쉰을 통해 일본 휴머니즘의 환호성 속에서 '타락'을 목도하였다. 루 쉰이 말한, "거절은 자기를 구성하는 동시에 그것은 자기 이외의 모든 것을 구성한다"라는 상황을, 타께우찌는 이해했다. 그것은 동양문화가 전환기에 취했던 가장 진솔한 자기보존방식이었다. 타께우찌는 일본식 휴머니즘이 '바보'가 '노예'를 구원할 수 있다고 본 근본적인 원인을 여기서 찾는다. 거기에는 루 쉰에게 보이는 그러한 내적 자아부정이 결여되었기에, 낙관적으로 '바보'가 '노예'를 구원할 수 있다고 보았다는 것이다. 타께우찌 요시미는 가슴을 치며 울부짖는다. "일본문화는 그 어떤 것도 다 그것이 아니다"라고.

타께우찌 요시미가 일본에게 실패란 영원히 없다는 사고를 비판한 때는 제2차 세계대전이 종결된 직후인 1948년이었다. 일본의 우등생문화가 다시 한번 '변신'[8]하는 것을 바라보며 타께우찌 요시미는 루 쉰이 "절망이 허망한 것은 희망이 그런 것과 같다"라고 한 말에 담긴 절망의 심연을 체험하게 된다. 루 쉰이 벗어던진 옷, 그때의 중국 역시 날로 절대화되고 단순화되고 있었으며, 추상적인 '사상'이 되어 있었다.[9]

타께우찌 요시미는 1940년대에 "루 쉰은 고전이 될 수 없다. 이는 그와 함께했던 그 시대가 아직 자신의 과제를 해결하지 못했기 때문"이라고 예언하였다. 그 예언은 오늘날에도 여전히 유효하다.

----

8) 당시 일본에서 붐이 일었던 서방세계의 강자로 떠오른 미국을 배우자는 움직임을 말한다 ― 옮긴이.

9) 전후 일본에서는 중국의 사회주의국가 건설을 서구적 근대를 극복한 획기적인 사건으로 보는 경향이 강했다. 이에 근대화에 실패한 듯했던 중국은 근대를 극복하고, 그것에 성공한 듯했던 일본이 망하게 된 원인에 대한 고찰이 크게 일었다. 그러나 그 대부분은 어디까지나 일본의 입장에서 중국을 전유하는 수준에 머물러 있었다 ― 옮긴이.

루 쉰이 특정한 시대의 산물인 것처럼, 일본 또한 특정한 시대에 루 쉰의 이해자를 배출하였다. 타께우찌 요시미가 일본에서 태어난 것은 우연이다. 그러나 중국이 루 쉰을 배출한 것은 필연이다. 그 특정한 시대는 이미 과거가 되었다. 그런데 우리는 왜 아직도 루 쉰을 상기하고 루 쉰을 다시 말하는 것일까?

우리는 단지 우리 자신의 역사 속에서 살아가고 있을 뿐이다. 이것이 답이다.

대 담

對 談

대담

동아시아, 딜레마의 공간 속에서

대담자
쑨 꺼·류준필

쑨 꺼와의 정식 대담은 2003년 1월에서 2월 사이 두 차례 진행되었다. 첫번째는 중국 뻬이징에서, 두번째는 일본 토오꾜오에서였다. 본문의 기본 내용은 이 두 차례 대담을 통해서 마련되었다. 그러나 시간이 한정되어 있어서 전후 맥락을 충분히 담아내기는 어려웠다. 대담 내용을 정리하면서 쑨 꺼의 다른 대담 내용을 적극 참고하고 활용하였다. 본인과의 대담에서 직접 하지 않은 말을 인용할 때는 출전을 밝혔다.

중국 지식계에서의 위치

류준필 • 이번에 창비에서 기획한 '동아시아의 비판적 지성' 씨리즈에, 중국 측에서는 추이 즈위안(崔之元), 왕 후이(汪暉) 두 분과 더불어 쑨 꺼 선생이 포함되어 있습니다.

쑨 꺼 • 예, 그 말씀을 처음 들었을 때 무척 영광스러웠습니다. 창비 측에 감사를 드려야겠습니다. 솔직히 추이 선생이나 왕 선생은 중국에서도 무척 명성이 높은 분들이라 당연한 선택이라는 생각이 들지만, 거기 비한다면 저는 관심 영역도 조금 다르고 이름이 널리 알려진 것도 아닙니다.

류준필 • 추이 즈위안, 왕 후이 두 분은 '신좌파' 그룹으로 지목되고, 이미 중국 지식계 논쟁의 당사자들이기도 합니다. 그래서 비교적 일찍부터 주목받은 분들로 알고 있습니다. 이 분들이 1990년대 이후 중국사회의 역사적 성격이나 전망 등에 관한 논의를 주도하였다면, 쑨 꺼 선생께서는 '동아시아' 특히 중일관계 문제를 통해 주목받으신 듯합니다. 그래서 그런지 중국보다 일본에서 더 많이 알려진 것 같은데, 혹시 그 두 분과 선생님의 입장을 비교해서 말씀해주실 수 있는지요? 중국 지식계의 현 상황을 알려준다는 취지에서 말입니다.

쑨 꺼 • 그건 좀 어려운 문제입니다. 분명 세 사람의 사상적 입장은 각기 다릅니다. 그렇지만 우리 세 사람의 입장을 비교하는 일은 무척 난감한데요. 추이 선생과는 관계가 그렇지 않지만, 왕 후이 선생과 저는 오랜 친구이자 동료입니다. 서로 토론도 자주 나누는 사이입니다. 비교해달라는 것은 은근히 논평해달라는 뜻으로도 들립니다. 글쎄요, 좀 난처한데요(웃음).

류준필 • 한국에서도 왕 후이 선생은 몇차례 소개된 적도 있고 해서 비교적 잘 알려져 있습니다. 왕 후이 선생은 『뚜슈(讀書)』 편집위원으로 활동하면서 대륙 지식계의 특정한 경향을 이끄는 듯한데, 선생께서는 여러 사람들과 함께 작업하시지는 않습니까?

쑨 꺼 • 예, 뭐 특별한 그룹을 형성하고 있는 상태는 아닙니다. 그렇다고 꼭 혼자서 활동한다고 하기도 어렵습니다. 국내외 지식인들과 서로 토론하고 협력하는 일이 자주 있으니까요. 물론 제가 주관하는 잡지나 상시적인 모임은 없습니다.

류준필 • 쑨 꺼 선생 주위에는 특히 젊은 후배들이 많다는 느낌을 받습니다. 『학술사상평론(學術思想評論)』의 책임편집자인 허 쟈오톈(賀照田) 등 30대 후배들과 모임을 자주 가지시는 것 같고요. 지난 겨울 토오꾜오에서 있었던 학술회의 때는 근대사 연구자 양 녠췬(楊念群), 마오 딴(毛丹)씨 등과 함께 참석하셨더군요. 혹시 기존의 지식계에 불만이 있어서 새로운 가능성을 탐색하시는 의도는 아닌가 싶은데, 조금 불편하시더라도 약간 설명해주신다면 좋겠는데요(웃음).

쑨 꺼 • 솔직히 이렇게 생각합니다. 추이 선생과 왕 선생 그 두 사람 사이의 차이보다는 그 두 사람과 나 사이에 존재하는 차이가 더 크다고 봅니다. 두 사람은 기본적으로 서양이론을 자신의 사상적 원천으로 삼고서, 뭐랄까, 강한 이론적 자각성을 바탕으로 중국의 역사와 현실 문제에 접근한다고 생각합니다. 반면에 저는 가급적이면 이론적인 방식으로 문제에 대면하지 않으려고 의식합니다. 그렇다고 오해하지는 않았으면 합니다. 중국 본토의 자생적 이론과 서양에서 수입한 이론이라는 식으로 구분하려는 뜻은 아닙니다. 또, 이론과 경험 현실을 대립시키려는 것도 아닙니다. 가치판단의 성격이라기보다는 선택하는 경로 차이라고 할 수 있겠네요.

말의 수위를 조절한다는 느낌이 들었다. 매우 조심스런 태도였다. 애써 두 사람과 자신의 차이를 명시적으로 구분짓지는 않았지만, '이론'에 대한 입장은 쑨 꺼가 줄곧 관심을 기울여온 문제였다. 지인들에 대한 논평이 부담스러운 탓인지 직접 이야기를 듣기는 어려웠다. 그러나 다른 대담에서의 발언을 통해 간접적이나마 쑨 꺼의 입장을 엿볼 수는 있다. 우회의 길을 선택하기로 한다.

쑨 꺼 • 1980년대 이후 중국 지식계는 서양이론으로 중국의 문제를 해결하려는 경향이 강화되었습니다. 그래서 생산적인 작업도 가능하게 되었지만, 우리 자신의 지적 전통이 박약하다는 느낌도 주었어요. 이렇게 말하면 마치 보편적인 지적 자원을 배제하는 듯한 오해를 받을 수도 있겠는데, 사실은 ㄱ 반대입니다. 서양이론은 난순한 이론이 아니라 서양의 역사 속에서 형성된 것입니다. 그들에게는 이론 자체 혹은 지적 자원 자체가 살아있거든요. 예컨대 '계몽'의 문제에 관해 칸트에서 시작하여 그로부터 한참 떨어진 푸꼬까지 다시금 문제를 제기했던 것처럼, 그들은 동일한 사상과제를 여러 형태로 반복해서 논의하고 마찰도 일으키는 가운데 전통을 만들어왔습니다. 그러나 우리는 그런 과정 없이 서양이론을 '이론'으로 사용해왔습니다. 우리 이론이 늘 서양인보다 추상적인 것은 그 때문이지 않을까 해요. 더욱 안타까운 건 그 이론만으로는 현실의 복잡함을 설명하지도 못할 뿐더러 거꾸로 서양을 실체화하게 됩니다.[1]

류준필 • 제가 이해하기로, '동아시아'를 매개로 근대의 문제를 고민하고 거기서 사상의 원천을 길어올리자는 것이 선생의 기본입장이 아닐까 합니다. 솔직히 이런 입장은 중국 대륙에서는 예외적인 위치로 보입니다. 예컨대 왕 후이 선생과는 거의 같은 세대이고 중국문학연구를 출발점으로 삼았다는 공통점에도 불구하고, 두 분의 작업은 적잖은 차이를 보입니다. 여기엔 어떤 의식적인 선택이 개입되어 있는 것은 아닌가요?

쑨 꺼 • 그렇게 듣고 보니 서로의 작업은 분업이랄까 분업을 통한 합작이랄까 그렇다고 말할 수도 있겠네요. 그렇지만 협업을 하고 있다고 의식한 적은 없습니다. 그분들이나 저나 중국의 사회·역사·지식계에 대해 자기 나름의 방식으로 응답하고 있는 것이겠지요. 공통의 문제를 각각의 입장에서 대응하고 있다고 생각합니다.

'동아시아', 피부감각에서 국민국가까지

류준필 • 선생께서는 일본의 중국사상 연구자인 미조구찌 유우조오(溝口雄三) 선생과 함께 여러 해에 걸쳐 '중일 지식공동체 회의'를 주도하셨습니다. 중국의 지식인과 일본의 지식인이 함께 모여 난상토론 형식으로 회의를 진행했다는 글을 읽은 적이 있습니다. 저도 2002년 1월 칭화(清華)대학에서 열린 회의를 방청한 적이 있는데, 매우 독특한 방식이라고 느꼈습니다. 뭐랄까, 공통의 주제를 놓고 다양한 시각을 표출하는 형식이라기보다는, 오히려 '우리는 정말 서로를 제대로 이해하지 못한다'는 전제를 바탕으로 왜 얼마나 소통이 어려운지 확인하려는 인상이었습니다.

쑨 꺼 • 그렇게 보았다면 제 의도를 어느정도 이해한 듯하군요.

류준필 • 그 말씀은 '동아시아'는 실체가 아니라 특정한 효과를 산출하기 위한 방법이라는 뜻으로 이해할 수 있을까요? 예컨대, 논쟁 당사자로 참여했던 '아즈마 시로오(東史郎) 논쟁'(문선 「중일전쟁」 참조)에서 선생이 보여준 논조도 비슷하다고 생각하는데요.

쑨 꺼 • 그렇습니다. 솔직히 중국 지식계는 동아시아에 대해 별로 관심이 없어요. 전문가 이외의 사람들에게도 관심을 불러일으킬 만한 동아시아 논의는 아직까지 없었다고 해도 과언이 아니죠. 그러면서도 동아시아를 말하는 것 자체는 대단히 전략적인 작업이라고 실감하고는 있습니다. 제가 '아즈마 시로오 논쟁'에 관여하면서 '감정과 기억을 사상의 원천으로 삼자'라고 말했을 때, 저로서는 중국과 일본의 지식인들이 각자 자기 사회에 대해서는 비판적이면서도 서로 협력을 하지 못하는 이유가 무엇인지를 물었던 것입니다. 저는 감정의 기억 문제보다도 더 중요한 것이라고 생각합니다만, 국경을 넘어서 대화를 하는 순간 우리는 왜 자기 사회의 내부에 대한 비판의 타당성이 그토록 제한적으로 되는지를 물어보아야 합니다. 감정기억이 충돌할 때 일국적인 논리가 상대국가 속에서는 통하지 않는 게 일반적인 현상이니까요. 그런 문제에 직면할 때 비로소 '동아시아'라는 관점의 필요성을 느끼게 될 것입니다.⑩

류준필 • 감정과 기억을 강조하는 논리는 자칫 이론을 배격하는 인상을 줄수 있는데요. 구체적인 실감의 차원을 적극적으로 고려할 필요가 있다는 말인가요?

쑨 꺼 • 이론 자체를 반대하는 것이 아니라 현실의 문제를 제대로 발견하지 못하고 그에 따라 현실에 개입하는 힘을 지니지 못하는 추상적인 이론을 비판합니다.

추상적 이론에 대해서는 누구나 비판적이지만 동시에 누구나 추상성의 혐의에서 쉽게 벗어나기는 어려운 듯하다. 비판을 위한 비판, 이론을 위한 이론이 더 위세를 떨친다는 느낌은 비단 나만의 것은 아니지 싶다. 근래에 특히 많이 소개되고 있는 일본 지식계의 논의들을 접하면서도 동일한 느낌을 받곤 한다. 가령 비판적 지식인으로 자처하는 이들은 거의 다 천황제를 비판하지만, 그 논리는 다소 공허하게 들린다. 쑨 꺼는 일본의 비판적 지식들에게서 그런 느낌을 받은 듯하다. 일본의 국기(國旗)와 국가(國歌)의 법제화를 놓고 벌인 코모리 요오이찌(小森陽一)와의 대화를 참조할 만하다.

쑨 꺼 • 일본 지식계에서는 천황제를 근대적 표상체계로 이해하는 방식이
유행하고 있습니다. 코모리 선생의 논리도 신체론(身體論)에 가깝다고 생
각합니다. 그러나 지식인의 언어로 구성된 세계와, 언어가 개재되지 않는
피부 감각의 세계 사이에는 분명한 단층이 존재하는 듯합니다. 제가 일본
지식인들의 비판성을 경시한다는 뜻이 아니라, 지금까지의 비판은 거의
일본 국기의 상징화 문제에 집중되었기 때문에 실제적인 문제제기로 이어
지지 못하고 있다는 말입니다.[2]

류준필 · 그럼에도 여전히 '감정과 기억'을 문제화하려는 선생의 의도는 자
칫 '비이성적' '비논리적' 경향처럼 해석되기 쉽습니다. 일본 아시아주의
담론의 역사를 분석한 글에서 선생은 와쯔지 테쯔로오(和辻哲郎)의 '풍토
론'을 독특하게 해석하고 있는데, 거기서도 그런 인상을 받을 수 있습니
다. 제가 알기로 와쯔지의 작업은 서구사상과의 대결의식에서 마련된 것
이고, 그로부터 비서구사회(일본)의 독자성을 정초하기 위해 주체와 환경
의 결합체로서 '풍토론'을 제기하였습니다. 요컨대, 아시아 혹은 일본이라
는 지리적 실체성은 서구적 근대성을 굴절시키거나 반성하는 계기로 작용
할 수 있다는 시각이 아닌가 합니다. 그럼에도 불구하고, 이런 논의는 주
로 아시아 내부의 다른 지역보다 일본이 우월하다는 우파의 이데올로기에
활용되곤 했습니다. 비이론적·비이성적 성향에 대한 새로운 관심이 필요
하다는 고민이 자칫 우파적 입장을 강화하기 쉽다는 의문이 드는데요.

쑨 꺼 · 제가 생각하기에 많은 위대한 사상가들이 비이론적으로, 심지어는
비논리적으로 자신의 사유를 전개하였습니다. 물론 와쯔지나 그의 풍토론
모두 이데올로기적 차원에서 문제가 많습니다. 일본 파시즘과의 친연성이

라든지 국가주의적 경향 등이 여러차례 비판받았지요. 저도 전적으로 동의하는 바입니다. 그렇지만 전혀 다른 가능성도 발굴할 수 있습니다. 제가 쓴 논문에서도 밝혀놓았지만, 단적으로 이런 가능성이 타께우찌 요시미(竹內好)에게서 확인됩니다. 이론 자체는 대개 보편성을 지향합니다. 반면에 비이론적 서사는 자칫 국수성·폐쇄성·배타성과 구분되기 어렵습니다. 그래서 제가 말하는 '심정' '감각' '상황'을 살피는 일은 신중을 기할 필요가 있습니다. 그렇지만 바로 이 두 측면, 즉 이론과 심정의 상호관련성 문제는 동아시아 근대사상사를 올바르게 이해하기 위한 관건이라고 믿습니다. 우리는 통상적으로 좌파/우파 혹은 진보/보수의 이분법을 선택합니다. 이러한 이항대립의 틀 속에서 좌파는 이론적 비판방식을 선택하고, 우파의 선택은 내적 동질성을 지향하는 심정적 호소에 가깝습니다. 이 구조는 서로 배타적이지요. 상호 충격이나 접촉의 가능성은 거의 희박합니다. 저로서는 비판적 지식인이 보수파의 영향력을 감퇴시키지 못하는 기본적 이유가 여기에 있지 않나 생각합니다. 늘 올바른 말을 하는데도 상황이 달라지지 않는다면, 결국 그 올바른 말은 상황을 변화시키지 못한 채, 계속 반복해서 하는 말이 되고 맙니다.⑨

류준필 • 현실의 피부 감각 혹은 실감의 영역에 다가가는 방식은 어떻게 가능한가요? 하나의 국가 내부에서도 이렇다면 국가간 경계를 넘는 '동아시아' 논의는 근본적으로 불가능에 가깝다고 해야 할 것 같습니다만.

쑨 꺼 • 그 문제 역시 무척이나 복잡하면서도 어려운 문제입니다. 단적으로 한국인이 문제삼는 동아시아와 중국의 동아시아는 다르다고 생각합니다. 한국인과 일본인들은 이런 모습에 대해 중국인은 자기중심적이고 중화주의적이라고 비난하곤 하는데, 이 또한 일면적인 비판이라는 게 제 생각입니다.

198

류준필 • 선생께서는 현실의 구체적 감각 차원으로 하강해야 한다는 말씀이시지요? 삶의 감각 혹은 현실적 조건이 구성하는 감각의 차이는 실제 체험하지 않으면 잘 이해하기 어려운 영역입니다. 좀더 구체적으로 말씀해주셨으면 합니다.

쑨 꺼 • 가령 평범한 일본인과 평범한 중국인이 사귈 때 중국인은 위화감을 갖는 것 같아요. 이때의 위화감이란 이데올로기와 다른 것이죠. 여기에는 전쟁의 역사보다도 훨씬 뿌리깊은 문제가 관련되어 있지요. 중국인에게 국가라는 건 극히 추상적입니다. 그래서 실감의 차원에서는 그다지 중요하지 않게 느껴집니다. 반면 일본인에게 국가란, 내셔널리즘을 비판하는 경우조차, 자기와 친밀한 존재입니다. 국가를 단위로 사물에 대해 말하는 것이 일본인에게는 더 손쉽다는 뜻이죠. 이 문제에 대해서 좀더 깊이 논의할 필요가 있지만, 다소 거친 형태로나마 말을 꺼낸 것은 출발점을 가지기 위해서입니다. 즉 이웃 국가의 비판적 지식인이 당연하게 여기는, 내셔널리즘 비판이라는 명제에도 공유 불가능한 부분이 있을 수 있다는 점을 강조하고 싶습니다. 한국인의 경우 어떤 의미에서는 일본인과 비슷한 감각을 지니고 있어 양자 사이에 논의가 성립합니다. 그러나 중국인의 경우에는 논의가 그렇게 매끄럽게 되기 어렵습니다. 중국인은 중국 내부의 유동상태에서부터 세계를 본다는 느낌을 갖고 있어서 일국 단위라는 실감이 간단하게 확립될 수 없기 때문이죠.[1]

중국인들을 만나 이야기를 나누다보면 한국인은 중국의 현실을 이해하기 어렵다는 전제를 은연중에 깔고 있다는 인상을 받곤 한다. 뭔가 설명하기 어려운 지점들이 존재한다고 생각하는 듯하다. 한국의 동아시아론이 기본적으로는 한국을 중심에 둔 동아시아이고, 따라서 지리적으로 중국의 서부나 동남아시아지역까지 포괄한다고 보기는 어렵다. 그런 점에서 한국의 공간감각은 분명 상대화될 필요가 있다. 그렇지만 동시에 반대되는 시각도 가능하지 않을까 싶다. 뻬이징에서 만난 중국 지식인들은 다양한 지역 출신이다. 솔직히 그들의 공간감각도 체험의 영역이라기보다는 뻬이징 등을 매개로 한 관념적 감각일 가능성이 높다. 감각의 차원에서라면 중국의 규모(大國)도 단지 상상된 것일지 모른다. 한국인에게 한국의 공간감각이 하루면 다 찾아갈 수 있는, 따라서 마음만 먹으면 실제로 갈 수 있다는 감각에 기반한다면, 중국인에게 중국이란 갈 수 없거나 거의 가기 힘든 곳까지도 포함하는 공간감각일 수 있지 않을까. 한국인에게 실감인 것이 중국인에겐 허상일지도 모를 일이다.

쑨 꺼 • 일본인에게는 일련의 사태를 국가 단위로 혹은 민족이라는 담론으로 수렴하는 것이 가능합니다. 패전을 매개로 하여 자기동일성의 문제가 복잡하게 되는 이유도 바로 여기에 있다고 생각해요. 하지만 중국인은 자기동일성의 문제를 그다지 중요하게 생각하지 않기 때문에, 자기동일성 문제는 사상 형성의 자원이 되기 힘듭니다. 실제로 중국인은 때때로 일본과 같은 소국(小國)을 부러워합니다. 대국(大國)에 있을 법한 동란이 없기 때문이죠. 반대로 중국인의 발상형식은 일본에서 통용되기 어렵습니다. 유동성이 있는가 없는가, 유동성에 대응하는 지혜가 있는가 없는가 하는 것이 다르다고 할 수 있죠.[①]

류준필 • 마찬가지 이유에서 중국에서는 문제가 되지 않는 것이 한국에서는 중요한 문제일 수 있습니다. 선생께서는 중일관계를 전쟁을 중심으로 접근하시지만, 솔직히 한국인에게 전쟁하면 6·25전쟁이 먼저 떠오릅니다. 이것은 민족문제나 이데올로기 문제와 곧장 결합되고 맙니다. 선생께서 강조하시는 전쟁의 의미가 한국에서는 식민지 경험 문제와 더 가깝게 느껴집니다. 뿐만 아니라 선생의 말처럼 한국이 중국에 비해 국민국가적 안정성이 훨씬 높다고 한다면, 중국과는 달리 한국에서는 공간감각이나 실감을 강조하는 일이 문화본질주의와 쉽게 결합해서 이데올로기적 효과를 발휘할 수 있으니까요.

쑨 꺼 • 인정합니다. 비록 만주정권이 존재하였다고 하더라도 중국인의 감각으로 식민지 문제가 결정적으로 이해되기는 어렵습니다. 공간감각에 따른 차이를 강조하다보면 자칫 환경결정론처럼 보일 수도 있습니다. 근래에 들어 이런 방식의 논의는 거의 사라지다시피 하고 있습니다. 포스트모더니즘의 영향 탓에 이런 논의 자체를 금기시하잖아요. 그럼에도 불구하고 그 속에서 빚어진 피부 감각, 실감, 태도 등은 구체적인 현실로 인정할 필요가 있을 듯합니다.[2]

류준필 • 말씀을 들어보면, 중국도 근대국가인 것은 분명하지만 한국이나 일본과 동일한 개념으로 볼 수 없다는 의견을 피력하신다는 생각이 듭니다.

쑨 꺼 • 제 입장에서 '동아시아'의 방법론적 의의 가운데 하나가 그것이기도 합니다. 근래에 쑨 원(孫文)의 글을 검토하고 있는데, 쑨 원은 국족(國族)이라는 개념을 가지고 있었던 듯합니다. 대륙 내부에 존재하는 여러 민족들의 연합을 의식한 것입니다. 다섯 개 이상의 큰 민족들 사이에 새로운 방식으로 응집력을 부여하고 하나의 단위로 만드는 일이 어떻게 가능한가 고민했다고 생각합니다. 중국의 고유한 문제 가운데 하나가, 국가와 사회가 일치되지 않는다는 점입니다. 달리 말해 국가와 사회(민간) 사이의 관계가 무척 모호합니다.

이 문제는 한편으로는 공간의 규모와 관련되겠지만 다른 한편으로는 중국 국가체제의 특수성을 강조하는 논의들과도 연결된다. 특히 국민국가와 세계체제의 상관성은 중국이라는 국가의 성격은 예외적이라고까지 간주되곤 한다. 중국의 영토 규모가 유럽만하고 다민족국가를 기본원리로 하며 전근대 조공체제의 복잡성이 전제되어 있다는 사실 등을 감안할 때, 중국의 국가모델은 유럽적 국가모델을 통해서는 그 실상에 접근하기 어렵다는 것이다.

쑨 꺼 • 중국은 항일전쟁, 마오 쩌뚱(毛澤東) 정권의 중공업정책 등을 거치면서 민족국가화의 길을 걸었습니다. 한국이나 일본을 기준으로 보자면 중국은 그 단계에 훨씬 못 미친다고 해야 합니다. 그러나 한편으로 중국은 민족국가가 되는 과정에서 이미 지역화·구역화되는 경향이 뚜렷하였습니다. 도시와 농촌 사이의 대립, 연안지역과 내륙 지역의 적잖은 차이 등이 그렇습니다. 이에 따라 90년대 이후 농촌개혁 모델이 많이 제시되었지만, 개별적인 모델 하나가 적용될 수 있는 지역적 범위는 무척 제한되어 있습니다. 중국 전체를 놓고 보자면 거의 모든 모델들이 다 적용되어야 한다고 할 수 있을 정도입니다. 국가와 사회를 이렇게 이해하다보니, 중국에서는 한국이나 일본과는 달리 '동아시아'라는 지역적 개념이 널리 수용되기는 힘듭니다. 엄밀히 말하면 제가 중국에서 얼마간의 주목을 받은 것도 동아시아를 문제삼아서가 아니라 일본을 문제삼았기 때문이었습니다. 20세기 전반기 15년에 걸친 일본의 중국침략은 상당한 전쟁의 상처를 남겼습니다. 그런데 이상하게도 이 문제가 사상의 원천으로 활용되지 않았습니다. 예나 지금이나 표면적 수준의 반일감정을 벗어나지 못하는 상태입니다. 그 즉자적 수준의 감정을 문제로 삼았다는 점에서 내가 약간 주목을 받았을 뿐이지, 동아시아라는 화두 때문은 아닙니다.

방법으로서의 '일본', 경계의 딜레마

류준필 • 동아시아 문제는 역시 어렵다는 생각이 듭니다. 여기서 약간 방향을 틀어 선생의 개인이력에서 동아시아와 어떻게 대면하게 되셨는지 말씀을 듣고 싶네요. 그럼 아무래도, 일본에 관심을 가지게 된 계기는 무엇인가 하는 질문부터 시작되어야겠지요?

쑨 꺼 • 내가 일본에 가게 된 것은 정말 우연한 기회였습니다. 다니던 직장에서 일본을 방문할 수 있도록 해주었습니다. 솔직히 특별한 문제의식을 가지고 있지는 않았습니다. 전 원래 중국현대문학을 공부하고 싶었습니다. 그래서 일본에 간 초기에는 당연히 일본문학에 대해 많은 관심을 기울였습니다. 일찍부터 발달한 일본의 중국학 전통이 궁금하기도 했습니다.

류준필 • 그럼 일종의 비교문학 연구를 지향했다는 말씀이시군요.

쑨 꺼 • 의식적으로 지향다기보다는 자연스레 궁금했던 거지요. 그런데 결과적으로는 별다른 성과를 얻지 못했습니다. 저는 당시 일본의 '국문학계'(일본문학연구) 연구풍토에 꽤 답답함을 느꼈습니다. 에컨대 일본문학 연구자들은 중국에서 온 저에게 이렇게 묻곤 했습니다. 당신은 어떤 작가를 연구하고 있나, 혹은 어떤 작품을 전공으로 하는가. 여기에 대해 난 작가나 작품만을 다루고 싶지는 않고 좀더 넓은 문제와 만나고 싶다고 대답한다면, 돌아오는 반응은 다소 냉담합니다. 그러면 그건 연구가 아니다, 학문이 아니다, 뭐 이런 종류의 반응이었던 듯합니다.

류준필 • 이미 규정되어 있는 틀 안에서 무엇을 할 것인가, 또는 분업화된 틀 속에서 어떤 일을 맡을 것인가. 이런 방식만 고집하면 틀은 더 공고해지고, 그 규정된 틀 자체의 역사성은 망각해버리기 십상이겠지요.

쑨 꺼 • 바로 그렇습니다. 비판적 되물음을 동반하지 않는 지식이란 도대체 무슨 의미일까 고민하곤 했습니다. 그러다가 우연히 일본사상사 관련 토론회에 참여했는데, 거기서 느낀 바가 많았습니다. 비록 우연한 기회였지만 그 경험이 내겐 큰 행운이었습니다. 저로서는 연구의 방향과 가능성을 확인하는 기회였으니까요. 그렇지만 일본에 장기 체류해야겠다는 생각은 아니었습니다. 대부분의 사람은 박사과정을 거치면서 학위를 받았지만, 나는 그냥 돌아왔습니다.

류준필 • 일본에서의 체험이기는 하지만, 그때의 체험은 아무래도 당대 중국의 지식 상황과 무관할 수는 없을 것입니다. 일본사상사 연구가 어떤 자극으로 작용하였다면, 거기서 중국 지식 상황에 선생 나름의 방식으로 개입하는 방향을 찾았다는 뜻으로도 들리니까요. 선생께서 마루야마 마사오(丸山眞男)의 '픽션' 개념을 다룬 글이 아마 그런 맥락에서 나온 것이겠지요? 중국어로 발표한 동일 논문은 '문학의 위치'로 제목을 바꾸셨던데, 결국 경계의 문제를 부각함으로써 학술 규범의 고착화에 비판적으로 접근하겠다는 의도로 읽힙니다.

쑨 꺼 • 당시 제가 느끼기에, 중국의 지식 풍토는 직관성에 경도된 경우와 서양이론을 추상적으로 적용하는 경우로 대별되었습니다. 일본사상사 연구를 통해 그것을 넘어서는 계기를 획득하고 싶었습니다. 마루야마 마사오에 관한 글이 그 출발점이라고 할 수 있습니다. 그 글에서 마루야마의 입을 빌려 던진 질문은 '문학의 위치는 어디인가'입니다. 이 질문은 문학에 대한 실체론적 접근을 넘어서며 문학의 바깥을 겨냥하기 때문입니다. 패전 직후 마루야마는 어떤 글에서 일본 근대문학의 자연주의적 전통은 매개 없이 현실과 직접적으로 결합하기를 희구한 것으로 파악했습니다. 마루야마에게 근대(정신)란 픽션을 현실보다도 존중하는 정신, 매개된 현실을 직접적인 현실보다도 높은 차원으로 이해하는 정신인데, 그러니 일본의 근대란 근대 미달로 파악됩니다. 이 '직접성'은 두 가지 폐해를 재생산하게 됩니다. 소시민의 일상경험에 고착되어 어떤 정신적 매개 없이 현실 그대로를 무한정 추구하는 방식으로 드러나거나, 정신을 마치 사물처럼 대하는 일본 지성의 관념 편향성으로 드러난다는 것입니다.

류준필 • 선생의 글을 통해서 알게 된 사실이기는 하지만, 비슷한 문제의식이 타께우찌 요시미에게서도 확인됩니다. 타께우찌는 1930년대에서 40년대 초에 걸쳐 중국문학연구회를 결성하여 주도적으로 모임을 이끌어갔습니다. 1940년대 초에 연구회 회보에서 요시까와 코오지로오(吉川幸次郎)와 논쟁을 벌였습니다. 논쟁의 발단은 요시까와가 번역한 후 스(胡適)의 책 『사십자술(四十自述)』에 대한 논평에서 비롯되었습니다. 타께우찌의 입장은 번역에는 번역자의 태도가 선행되어야 한다는 것이었습니다. 그렇지만 요시까와는 번역이란 원텍스트의 객관적 실체에 일치될 수 있도록 한없이 접근하는 것이라고 반박했습니다. 타께우찌의 글에서 아주 인상 깊었던 구절이, "나에게는 중국문학을 존재하도록 만드는 것이 바로 나 자신인데, 요시까와에게는 중국문학에 무한히 근접하는 것이 학문의 태도이다"라는 것이었습니다. 이른바 학문과 지식의 '객관성' 논리에 대한 비판이 아니었나 싶습니다.

쑨 꺼 • 그렇습니다. 당시 용어로 '지나(支那)학자'에 대해 타께우찌는 그들이 객관성을 빙자해서 자신의 책임과 윤리를 회피한다고 비판한 것입니다. 지나학자들은 매일 책가방을 옆에 끼고 지나문학 연구실로 출근한다고 비꼬았습니다. 타께우찌는 줄곧 중국문학을 왜 연구해야 하는가 하는 질문을 놓지 않았습니다. 지식과 학술의 대상을 객관적 존재물로 간주하고 거기에 한없이 접근하고자 하는 것이 이른바 지식전문가들의 태도입니다. 타께우찌는 이것이 불만이었습니다. 그러니 학문의 분야별 경계를 넘고 지식생산자와 지식대상의 구획에 안주하지 않는 길을 찾을 필요가 있습니다.

류준필 • 비단 한국만의 상황은 아닙니다만, 지식인의 고립이랄까 지식의 고립현상이 심해지는 실정입니다. 지식과 학문의 객관성 주장은 현실적 조건 때문에라도 적극적으로 논의되어야 한다고 생각합니다. 푸꼬적인 의미에서 지식 = 권력 테제가 일세를 풍미하고 있고 담론 비판의 방식이 지배적이라 그런지 지식인의 주체성 문제는 거의 문제로 인정되지도 못하는 실정입니다. 저로서는 타께우찌 요시미가 또다른 경로의 참조점이 될 수 있지 않나 생각합니다. 무엇을 말하는가, 어떻게 말하는가, 누가 말하는가 보다도 '어디서' 말하는가로 관심을 옮겨야 하지 않을까 싶습니다.

쑨 꺼 • 지식인의 '위치' 문제를 제기하는 것으로 들립니다. 저는 '딜레마' 혹은 '양난지경(兩難之境)'이라는 말을 통해 그 문제를 표현하고자 합니다. 서로 복잡하게 얽혀 있는 동아시아국가 '사이'에 존재하는 문제라고도 생각합니다. 개인적으로는 중일 지식공동체 회의에 참가할 때나 중일전쟁의 기억 문제를 다룰 때 심각하게 마주하게 되는 문제였습니다. 일국의 경계를 넘어서는 연대와 소통을 흔히 이야기하지만, 이는 그리 쉬운 과제가 아닙니다. 한편으로는 국가라는 경계를 넘어서야 되지만 다른 한편에서는 국가 혹은 국적이라는 틀을 인정해야 하기 때문입니다.

류준필 • 외국인과 만날 때 아주 역설적인 상황에 처하는 경우가 많습니다. 가령 한국인이 일본인을 만날 때, 한국인은 한국을 대표하는 위치를 벗어나려고 하지만 동시에 그 일본인에게는 한국의 조건 전체를 이해시켜야 한다는 어려움이 있습니다. 한국의 조건에 갇히지 않기 위해 경계를 넘어서지만 그렇게 해서 만나는 일본인에 대해서는 한국인으로서 발언해야 하는 이중적 역할이 있다는 뜻입니다. 소위 '자이니찌(在日)'가 일본 국가 속에서 차지하는 의미와 동일한 효과가 한국 내부에서 생겨나지는 않습니다. 일본에서는 민족주의 비판이 한국에서는 민족주의 강화로 귀결되기도 합니다. 국가간 경계를 넘거나 혹은 경계 위에 서면 그 존재는 어떤 역설적 상황에 빠지는 듯합니다.

쑨 꺼 • 그런 모순에 동감합니다. 가장 상식적인 방법은 국가에서 벗어난 자유로운 개인을 설정하는 것이겠지요. 나는 국민국가의 경계를 벗어난 자유로운 개인이라는 식으로 말입니다. 그 사람은 자기 국가의 현재 조건에 대해 매우 비판적인 시각을 견지합니다. 특히 지식인에게 이 문제는 중요합니다. 나는 지식인으로서의 위치과 국민으로서의 위치가 구분된다고 보지 않습니다. 양자 사이에는 복잡하고 미묘한 관계가 존재합니다. 근래에 저는 쿄오또(京都)학파의 저작들을 읽고 정리한 적이 있습니다. 그들의 사유는 '학리(學理) 우선'에 근거합니다. 전쟁시기 암흑했던 시절에 그들은 지식인의 사유가 국민의 사유를 능가한다는 점을 밝히는 데 힘을 기울였습니다. 그런데 그 둘 사이의 긴장관계를 무시한 탓에 현실문제에 대해서는 단순하고 피상적인 이해에 머물렀습니다. 여기에서 뛰어난 지성과 열등한 이데올로기의 결합물이 탄생하였습니다. 저는 오늘날 우리도 여전히 쿄오또학파가 직면한 문제를 과제로 삼아야 한다고 봅니다. 지식인과 국민이라는 이중성의 관계를 어떻게 처리할 것인가. 이 둘을 대립적으로만 처리했을 때 은폐되는 정작 중요한 문제가 있습니다. 조금은 다른 문제지만, '근대의 초극'을 토론하던 1943년에 쿄오또학파는 '세계사적 입장과 일본'이라는 좌담회를 개최합니다. 정치를 외면하던 그들은 도리어 정치에 이용당하고 말았습니다. 이런 의미에서 그들은 분명 정치적입니다. 그들은 근대 민족국가를 단위로 세계사를 사고하였고 대동아공영권을 부추기기도 하였습니다. 이로 인해 그들의 사유에 내재된 깊은 문제의식은 계승되지 못하고 말았습니다. 하지만 동아시아인에게 세계사는 어떤 의미인가, 또 그것은 민족국가와 어떤 관계가 있는가 등 그들이 제기한 문제가 여전히 해결되지 않았으며 우리 자신의 문제이기도 하다고 믿습니다.

중국의 근대성과 학술규범

류준필 • 논의가 자꾸 확대되는 느낌입니다. 제 수준에서 감당하기 어려운 문제가 서로 긴밀하게 연결되어 있기 때문인 듯합니다. 하지만 이 논의 자체가 학술과 지식의 객관성 문제를 토론하는 데서 비롯된 것이므로, 다시 그 문제로 돌아가볼까 합니다. 앞서도 말씀드렸듯이, 선생님의 마루야마 마사오 연구 혹은 일본 근대사상사 연구는 중국의 학술규범 혹은 학문의 자율성과 객관성 논란을 의식한 결과물로 이해됩니다. 아무래도 중국의 현 상황에 대한 선생의 입장이랄까 기본적 시각이 은연중에 작동한 것일 텐데요. 선생의 저서를 열어보면 정작 중국에 대해 직접적으로 논의한 글을 찾기 어렵습니다. 이런 자리에서 직접 여쭈어야 될 것 같군요.

쑨 꺼 • 마루야마 마사오에 관한 논술을 그렇게 이해하였다면 나의 작업을 잘 이해한 것이라 고맙게 생각합니다. 내가 일본의 근대사상사, 특히 마루야마 마사오에 주목한 것은 중국 현대 학술계에서 근대성 문제에 대한 토론이 제대로 이루어지지 않는 상황에 개입하는 내 나름의 방식이라고 볼 수 있습니다. 현재 중국 학계에서는 중국의 근대성 문제를 제대로 다룰 수 있는 학술적·제도적 여건이 상당히 미흡한 상태라고 할 수 있습니다. 요즈음 각광받는 분과학문인 정치학과 사회학 분야라도 사정은 마찬가지입니다. 내 전공 분야와 다소 거리가 있어 단정지어 말할 수는 없지만 크게 다르지 않을 겁니다.

류준필 • 어쩌면 학술제도가 안정적으로 정착될수록 지적 취약성은 더 강화되지 않을까요? 한국에서도 대학을 위시한 아카데미즘 영역이 안정될수록 지식은 현실과 더 유리된다는 느낌이 강한데요.

쑨 꺼 • 전적으로 동의하는 바입니다. 제가 말씀드리는 것은 학과제도나 씨스템의 구축이 현실의 문제를 발견하고 해결하고자 하는 능력을 보장하지 못한다는 점입니다. 가령 정치학 분야에만 한정해서 근대성 문제를 탐구한다면, 중국 근대의 복잡성과 전체적 면모를 제대로 파악하기는 불가능할 것입니다. 제 생각에 근대성 문제와 관련해서 깊은 토론이 필요한 지점이 전쟁입니다. 근대성 현상이 불러일으킨 가장 큰 문제가 바로 전쟁이기 때문입니다. 그렇지만 중국이나 일본 정치학의 제한적 수준에서는 전쟁의 역사적 의미나 근대성과의 관계 문제에 깊이있게 접근하기 어려운 실정입니다. 근대성의 문제는 이론적 차원의 문제라기보다는 현실 혹은 시간성과 관련된 문제에 더 가깝다고 생각합니다. 중국 학술계는 이 영역을 문제화하지 못하는 지적 취약성을 계속 드러내고 있습니다.

류준필 • 그 원인은 어디서 찾을 수 있을까요?

쑨 꺼 • 물론 여기엔 나름의 변명거리가 있습니다. 이전 시기 중국의 정치학은 주로 정치 이데올로기적 경향이 강했기 때문입니다. 이에 따라 자신의 학적·지적 독창성과 상상력을 충분히 발휘할 만한 기회를 별로 얻지 못했지요. 그렇지만 90년대 이후에도 그런 상황은 별다른 호전을 보이지 않고 있습니다. 뿐만 아니라 대부분의 서양이론들이 소개되었지만, 그들의 지적 전통을 충분히 수용하고 있는지에 대해서는 근본적인 의문이 듭니다. 가령 칼 만하임(Karl Manheim)의 저작은 거의 대부분이 번역되어 있습니다. 그렇지만 그런 번역에 걸맞은 토론은 거의 진행되지 않고 있습니다. 칼 만하임을 위시하여 서구 사상가들의 지적 작업이 우리에게 소중한 것은, 그들이 1차대전과 2차대전 사이의 역사적 상황을 고민하면서 모색한 지적인 대응을 포함하고 있기 때문입니다. 현재 중국 지식계는 이런 점들을 적극적으로 고려하지 않습니다. 아주 오래된 서양의 고전적 저작이나 아주 최근의 서구사상을 직접적으로 수용하고 있을 뿐이지요.

류준필 • 그럼 마루야마와 일본 근대사상사라는 우회로는 결국 일본이 아니라 근대(성)의 문제에 접근하기 위해서라는 뜻이군요.

쑨 꺼 • 그렇습니다. 저는 개인적 특수성 때문에 일본을 매개로 삼고 있습니다만, 서구의 역사적 경험이나 이론을 참고한다고 하더라도, 근대의 내적 문제와 혼란을 제대로 이해하기 위해서는 20세기 전반기 지성들의 지적·사상적 분투를 외면해서는 안된다는 생각입니다. 그렇지 못하기 때문에 근대의 경험을 이해하는 데에 관건이 되는 전쟁 문제에 대해서 깊은 천착을 보이지 못하고 있습니다. 내가 마루야마 마사오에 관심을 가지게 된 이유도 여기에 있습니다. 마루야마 마사오는 20세기 전반기에 태어나 전쟁을 체험했을 뿐만 아니라 그 역사적 경험을 자신의 사상적 원천으로 삼은 20세기 후반기 일본 지식계를 대표하는 존재라고 판단했기 때문입니다.

원칙적으로는 동의한다고 해도, 서양의 지적 전통을 사상의 원천으로 삼는 경우와 쑨 꺼처럼 동아시아의 역사 경험과 사상 전통을 근거로 하는 경우는 어떤 차이가 있지 않을까 생각된다. 마루야마 마사오 스스로도 일본 정치사상사 연구과정에서 칼 만하임의 패러다임을 적극 참조하였다고 밝혀놓았음을 상기할 때, 여기엔 또다른 매개나 굴절이 있다고 보아야 할 것 같다. 이런 항목을 설정하지 않는다면 서양과 동아시아는 필시 이항대립 구조 속으로 흡수되기 십상이기 때문이다. 이것은 동아시아 역사를 어떻게 이해하고 그 내적 차이를 어떻게 고려할 수 있는가를 살피는 일이기도 하다. 동아시아는 서로 역사를 공유할 수 있는가 하는 문제를 토론하면서 쑨 꺼는 다음과 같이 말한 적이 있다.

쑨 꺼 • 동아시아에서 서양에 접근하는 데에는 근본적인 난점이 존재합니다. 세 가지 차원에서 이 문제에 접근할 수 있다고 생각합니다. 먼저 어떤 단층을 직시하는 데서 출발해야만 합니다. 동아시아는 외부의 충격을 받아 자기 역사를 구조적으로 다시 만들었고, 그런 까닭에 우리는 근대 이전의 역사로 쉽게 돌아갈 수 없습니다. 문제는 근대와 전근대가 대립하느냐 마느냐가 아니라, 이러한 역사를 어떻게 파악할 것인가입니다. 이것이 아시아를 말할 때 직면하는 첫번째 난점입니다. 두번째, 한중일 세 나라가 모두 유교문명권이라고 하면서도 사실은 서로를 경멸하는 형태로 역사를 공유해왔다는 겁니다. 경우에 따라서는 동아시아 지식인 사이에서 '서양(이론)'이 서로를 경멸하기 위한 도구로 이용된 사례도 적지 않아요. 게다가 무척 고통스러웠던 전쟁의 기억이 아직까지도 살아있거든요. 그러니까 그 문제는 결코 간단히 극복될 수 있는 성질의 것이 아니죠. 세번째 난점. 칸트적인 의미에서 '이성을 위한 이성'은, 동아시아지역의 전통에서 보자면 대단히 드문 것이라고 생각해요. 그와는 달리, '전문가'가 현실과 무관하게 생산하는 '학문을 위한 학문'이 아카데미의 주류가 되었죠. '학문을 위한 학문'이 '이성을 위한 이성'과 동등한 것이 아니라는 건 말할 필요도 없지만, 실제로는 그 둘이 늘 혼동되고 있습니다. 사상이나 이성을 학문과 대립하는 것으로 간주하는 경우, 복잡한 현실에서부터 사상과제를 추려내어 그것을 성장시키는 작업보다는 이미 만들어진 서양이론의 결론에 현실을 교묘하게 끼워맞추는 경우가 많으니까요.[①]

사상적 스승들, 루 쉰과 타께우찌 요시미

류준필 • 선생께서는 여러 차례 마루야마 마사오의 작업에 빚을 지고 있다고 술회하셨지만, 그에 못지않게 타께우찌 요시미가 보여준 행로에 관심을 기울이시는 것 같습니다. 물론 타께우찌가 중국문학 연구자였다는 점이 일차적인 이유겠지만, 솔직히 선생의 입장은 타께우찌에 더 경도되어 있다는 인상을 줍니다. 설명을 부탁드려도 될까요?

쑨 꺼 • 시기적으로만 말하면 마루야마 마사오에 관한 연구나 타께우찌 요시미에 관한 연구는 거의 동시적으로 진행되었습니다. 두 사람 다 정말 탁월한 공력의 소유자라고 생각합니다. 그렇지만 내가 보기에 이 두 사람은 지식인 혹은 이론가가 현실과 관계맺는 방식에서 상호보완적인 방식을 제시한다고 생각하는 쪽입니다. 마루야마는 서양이론을 가져다가 일본 상황에 적용함으로써 일본의 문제를 드러내고 해결하는 방향을 모색했던 사람입니다. 반면에 타께우찌는 현실문제에 대한 열패감 혹은 어찌할 수 없는 낭패감에서 적수공권(赤手空拳)으로 현실에 맞서려고 했던 사람으로 이해됩니다. 이런 점에서 이 두 사람은 서로 대비되는 한편 상호보완적인 관계겠지요. 마루야마가 스스로를 전위이고 선진적이라는 입장 즉 비판적 지식인이 자신의 자리라고 규정했다면, 타께우찌는 자신을 모순적이고 어쩔 수 없는 상황에서 무엇인가를 해야 하는 존재로 인식한 듯합니다.

류준필 · 하지만 그 차이라는 게 어쩌면 상호의존적이지는 않을까요? 혼자서는 자신의 의미를 다 드러낼 수 없는 그런 관계 말입니다. 선생이 글에서 하신 말씀을 끌어들이자면, 60년대 토오꾜오 지식인들의 모임에서 마루야마의 웅변과 타께우찌의 침묵은 묘한 조화를 이루고 있었으니까요.

쑨 꺼 · 일본사상사 연구에서 이론적 방법을 가장 능숙하게 활용한 이는 마루야마 마사오입니다만, 저로서는 마루야마의 작업 속에서도 타께우찌와 유사한 문제의식을 발견할 수 있다고 생각합니다. 예컨대 서구의 단순한 이론적 틀을 가지고 어떻게 동아시아 지식인의 사유를 포착할 수 있는가 (그렇지만 이론의 단순화는 동아시아에서 그렇게 된 것이지, 서구적 맥락에서는 결코 단순하지 않았겠지요). 그러므로 이렇게 단순화된 이론적 틀에서 동아시아의 내부적 복합성을 어떻게 발견해낼 수 있는가. 마루야마에게도 이런 측면이 존재합니다. 근자에 마루야마 마사오를 다시 읽었습니다. 그 과정에서 왜 마루야마는 후꾸자와 유끼찌(福澤諭吉)로 회귀하는 것일까 질문하곤 하였지요. 아마 후꾸자와야말로 일본 사상가들 가운데 주어진 조건에 가장 정확하게 대응할 수 있는 능력을 지닌 사람이었기 때문일 것입니다. 마루야마의 최초 출발점은 후꾸자와였고 최후로 도달한 곳도 후꾸자와였습니다. 나는 여기서 근대성과 대면하는 동아시아 지식인의 곤경을 느낍니다.[①]

류준필 • 흥미롭습니다. 하지만 마루야마를 '회귀'의 관점에서 접근한다는 것 자체가 이미 타께우찌적이라는 생각이 드네요. 루 쉰의 '회심'을 계속 파고들던 타께우찌의 방법과 유사하다는 느낌입니다. 솔직히 타께우찌를 더 높이 평가하시는 거지요? 너무 직설적으로 물었나요?

쑨 꺼 • 하여간 대답하기 난처한 질문을 잘하시는군요. 예, 타께우찌 식의 작업방식이야말로 현실의 문제를 정당하게 다룰 수 있는 길이라고 생각합니다. 이런 의미에서 나는 타께우찌가 보여준 방식에 조금은 더 적극적인 평가를 내리고 싶습니다. 마루야마는 줄곧 이론과 실천의 관계를 문제삼았습니다. 또 중요한 이론적 문제들, 예컨대 현대 사회제도의 허구성에 대한 분석은 날카롭기 그지없습니다. 현대 사회제도가 일단 실체화되고 나면 그것을 근거짓고 있는 시민사회 자체에 대한 부정으로 나아가게 된다는 정도로 요약할 수 있는 내용입니다. 전쟁기간에 나타난 일본국민의 자발적 복종상태를 문제삼고, 독일 나찌즘과 연관지어 설명하였습니다. 거기서 특정 경계 안으로 외부의 상황이 수용될 수 있는 개방성을 강조하고, 이와 관련해 지식인의 책임의식을 주장했습니다.

류준필 • 그런 점에서 보자면 타께우찌 못지않게 마루야마도 현실문제에 적극 개입하고 사상적 대응을 지속했다고 해야 할 듯한데요. 어떤 점에서 구별된다고 보시는지요?

쑨 꺼 • 궁극적으로 따지고 들면 마루야마는 복잡한 현실상황에 직접 개입하는 방식을 선택하지는 않았다는 게 내 생각입니다. 이를 테면, 일본 내에서의 아시아주의나 대동아공영권의 이념에 대해서는 다소 간단하게 비판하는 정도에 머물렀지, 타께우찌처럼 그 자체를 자신의 문제로 끌어안고 함께 뒹구는 그런 방식은 아니었습니다. 이미 많은 사람들이 지적했듯이, 타께우찌 요시미의 정치적 입장에 대해서는 논란이 있습니다. 이 문제는 전후 일본의 아이덴티티를 어떻게 설정할 것인가 하는 문제와 깊은 관련이 있습니다. 일본에서 민족주의는 일본 우익의 정치적 입장과 연결되어 있기 때문에, 민족주의 문제를 자신의 문제로 품어안은 타께우찌는 늘 자신의 정치적 입장과 관련해서 논란거리가 되었던 것으로 이해됩니다.

류준필 • 현실적 상황의 외부자로 위치하는가 그 혼돈 속으로 뛰어들어 스스로 그 혼돈을 살아내는가의 차이를 말씀하시는 듯합니다. 타께우찌가 명작 『루 쉰(魯迅)』에서 설명한 루 쉰의 방식과 유사한 시각인 듯합니다만.

쑨 꺼 • 그렇습니다. 그런 상황은 루 쉰에게서도 비슷하게 반복되는 측면이 아닌가 생각합니다. 예컨대 루 쉰은 '역사적 중간물'로 표현되는데, 달리 말하면 루 쉰은 결코 선구자나 전위가 아니었다는 뜻입니다. 루 쉰은 역사의 전위로서 혹은 책임자로서 역사에 뛰어들지 못한 존재이기도 하다는 말이지요. 이 사람들은 자신과 동아시아의 뒤틀린 역사적 운명을 늘 동일시함으로써 자신이 정치적으로 늘 위험에 빠질 수밖에 없는 그런 상황을 스스로 승인하는 것을 전제로 발언하고 행동했습니다. 그래서 이들은 상황에 따라 끊임없이 동요하고 있습니다. 진정한 사상가라면 현실에 뛰어들어 현실과 함께 동요하기 때문에 사후적 관점에서는 부정적으로 평가될 수도 있습니다. 이것은 약점이라기보다는 오히려 강점(장점)으로 이해할 수 있겠지요. 그런 점 때문에 타께우찌에게서 더 적극적인 의의를 발견할 수 있다는 입장입니다.

류준필 • 타께우찌가 계속 정치적으로 올바른 입장 자체를 우선적으로 고려하지 않았다는 말씀은 무슨 뜻인지요?

쑨 꺼 • 타께우찌의 입장이 일반적인 의미에서 정치적 올바름에 관한 반대라고 보기는 어렵습니다. 전후의 맑스주의나 좌파 지식인의 관점에 대해서는 타께우찌가 기본적으로 동의하였다고 생각합니다. 타께우찌는, 어떻게 지식인이 사회의 동요하는 복잡함 속으로, 또 사회 발전의 역동적 과정 내부로 들어갈 수 있는가 하는 문제를 자신의 사상적 과제로 삼는다는 입장에 서 있었습니다. 그래서 '정치적 올바름' 조차도 비판과 반성의 대상으로 설정하였다는 생각입니다.

류준필 • 정치적으로 언제나 올바른 입장이란 없다는 뜻인가요? 입장의 올바름 자체를 우선적으로 설정하면 결국 현실의 복잡성은 단순한 판단 대상으로 변화한다는 말로 이해하면 될까요? 혹은 정당성 자체를 끊임없이 되물어야만 하고, 그런 점에서 언제나 정당하다는 것은 성립할 수 없다는 뜻으로 말입니다.

쑨 꺼 • 대체적으로 동의합니다. 이런 의미에서 타께우찌는 동아시아사회가 공유하고 있는 기본전제 자체에 대해 근본적인 비판을 감행하였다고 볼 수 있지요. 가령 1960년의 안보투쟁 당시에 타께우찌의 강연을 보면, 일본사회에서 민주주의는 일종의 제도이고 남한테서 받은 아름다운 선물이지만, 전후 헌법으로 대표되는 이것이 과연 우리에게 어울리는 옷인가, 이것이 민주주의라는 형식을 통해서 독재체제를 강화해가는 것은 아닌가 하는 통찰을 보이고 있습니다. 민주주의라는 제도가 실제로 민주주의를 낳을 수 있다는 환상을 공격한 것입니다. 그러므로 설령 '정치적 올바름'에 반한다고 하더라도 그 속에서는 남들과는 다른 통찰력이 발휘되는 지점들이 있다고 생각됩니다.

류준필 • 말씀을 듣다보니, 선생의 다음 작업이 궁금해지네요. 문학에서 출발하셨는데, 솔직히 문학(자)에 대한 글은 거의 안 쓰셨더군요. 일본에서의 아시아담론의 역사를 정리하셨고, 또 근대의 초극론과 쿄오또학파에 대한 연구도 진행하셨습니다. 마루야마 마사오와 타께우찌 요시미를 매개로 일본 근대사상사에 대한 대체적인 구도를 파악하신 상태이기도 하고요. 긴 우회의 길이 어느정도 끝나간다는 인상인데요. 이제 중국(문학) 내부로 들어가시는 일이 다음 작업이 아닌가 싶은데요?

쑨 꺼 • 그렇군요. 외유를 마치고 다시 집으로 들어서려는 심정입니다. 아마 루 쉰과 중국문학이 제가 좀더 자세히 살펴야 할 문제영역이 되겠지요. 그간 미조구찌 선생의 도움으로 진행해온 중일 지식공동체 회의도 후배들과 함께 새롭게 변모시켰으면 합니다. 나는 오래 전부터 한국의 역사적 경험과 지적 전통에 깊은 관심을 가지고 있었습니다. 최근 들어 욕구가 더 강렬해졌는데, 중국과 일본에서는 느끼기 어려운 역동성이 한국에는 존재한다는 비록 막연하지만 강한 느낌을 받았습니다. 한국 지식인들과의 교류가 넓어지면 중국 지식계의 지적 자원이 훨씬 풍부해질 것이라는 기대를 가지고 있습니다.

류준필 • 이번에 창비가 '동아시아의 비판적 지성' 씨리즈를 기획한 의도도 거기에 있을 것입니다. 선생의 글이 소개되어 좀더 다양하고 문제적인 논의들이 펼쳐졌으면 합니다. 갈 길은 멀어 보이지만 가능성은 풍부하다고 믿습니다.

참고자료

① 孫歌·丸山哲史 대담, 高橋哲哉 編, 『歷史認識論爭』, 東京: 作品社 2002.
② 孫歌·小森陽一 대담, 『世界』 666호, 東京: 岩波書店 1999.
③ 孫歌·溝口雄三 대담, 『主體彌散的空間』, 南昌: 江西敎育出版社 2002.
④ 孫歌·陳光興 대담, 『主體彌散的空間』, 南昌: 江西敎育出版社 2002.

원문출처

아시아라는 사유공간

타이완에서 출간된 쑨 꺼의 저서 『亞洲意味著什麼』(臺灣: 巨流圖書公司 2001)의
'이끄는 말(導言)'에 해당하는 부분.

아시아는 무엇을 의미하는가

「亞洲意味著什麼」, 『亞洲意味著什麼』, 臺灣: 巨流圖書公司 2001.

세계화와 문화적 차이: 국가간 경계를 넘는 지식상황에 대한 고찰

중국에서는 「全球化與文化差異」라는 제목으로 『동방문화(東方文化)』 2001년 2월
호에, 일본에서는 「グロ バリゼ シュンと文化的差異: 國境を越えた知の狀況に對
する考察」이라는 제목으로 『세까이(世界)』 2001년 11월호에 발표.

중일전쟁: 감정과 기억의 구도

중국에서는 「實話如何實說」이라는 제목으로 『뚜슈(讀書)』 2001년 5월호에, 일본
에서는 「日中戰爭: 感情と記憶の構圖」라는 제목으로 『세까이(世界)』 2001년 6월
호에 발표.

이상가(理想家)의 황혼

「理想家的黃昏」, 『讀書』 1999年 3月號.

루 쉰이 벗어던진 옷

「魯迅脫掉的衣裳」, 『收穫』 2000年 4月號.

대담자 및 번역자 소개

대담자

류준필

柳浚弼

1966년 부산에서 태어났다. 서울대 국문학과를 졸업하고 동대학원에서 박사학위를 받았다. 현재 성균관대 대동문화연구원 연구교수이며, '연구공간 수유+너머' 회원이다. 「형성기 국문학연구의 전개양상과 특성」 등 한국문학과 관련된 논문을 다수 발표하였다. 이 책의 번역에도 함께 참여했다.

번역자

김월회

金越會

1967년 서울에서 태어났다. 서울대 중문학과를 졸업하고, 동대학원에서 박사학위를 받았다. 현재 서울대 중문학과 교수로 재직중이며, '연구공간 수유+너머'의 회원으로 활동하고 있다. 「20세기 초 중국의 문화민족주의 연구」 등 중국근대문학과 중국문화에 관한 다수의 논문이 있다.

최정옥

崔貞玉

1971년 부산에서 태어났다. 부산대 중문학과를 졸업하고, 고려대 대학원 박사과정을 마쳤다. 현재 고려대 강사로 있다. 「장이우의 '제3세계 문화론'에 관한 시론」 등 중국근현대문학에 관한 여러 편의 논문이 있다.

'동아시아의 비판적 지성' 기획위원
—

백영서 연세대 교수/중국사학
이연숙 일본 히또쯔바시대 교수/사회언어학
이욱연 서강대 교수/중문학
임성모 연세대 교수/일본사학
—

아시아라는 사유공간
동아시아의 비판적 지성

초판 1쇄 발행 • 2003년 10월 1일
초판 2쇄 발행 • 2014년 11월 8일

지은이 • 쑨 꺼(孫歌)
펴낸이 • 강일우
편집 • 염종선 김태희 김경태 김종곤 서정은 조형옥 백은숙
표지 및 본문 디자인 • 이선희
조판 • 아람디자인
펴낸곳 • (주)창비

등록 • 1986년 8월 5일 제85호
주소 • 413-120 경기도 파주시 회동길 184
전화 • 031-955-3333
팩스 • 영업 031-955-3399 편집 031-955-3400
홈페이지 • www.changbi.com
전자우편 • human@changbi.com

ⓒ 孫歌 2003
ISBN 978-89-364-8515-3 03300
      978-89-364-7990-9 (전6권)